# VOYAGE
# DE LA PÉROUSE
## AUTOUR DU MONDE.

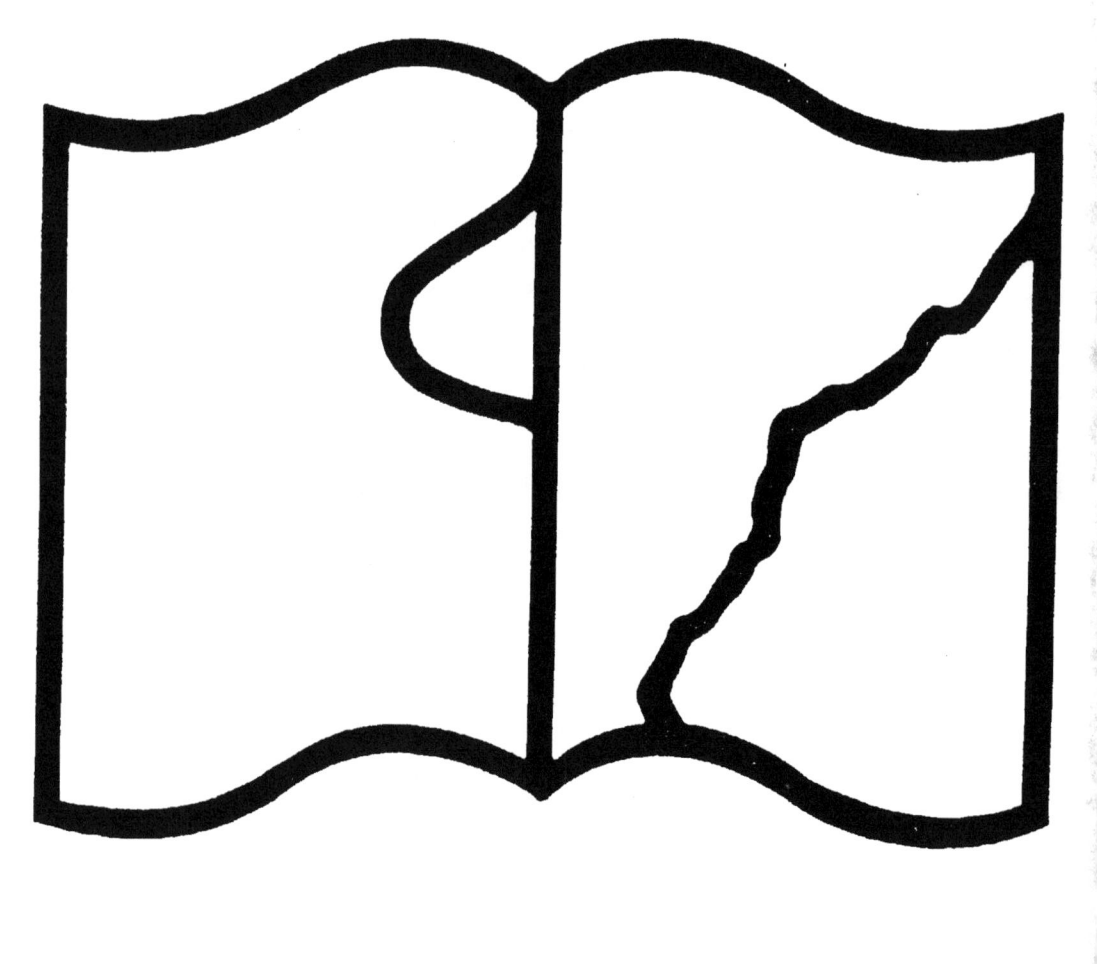

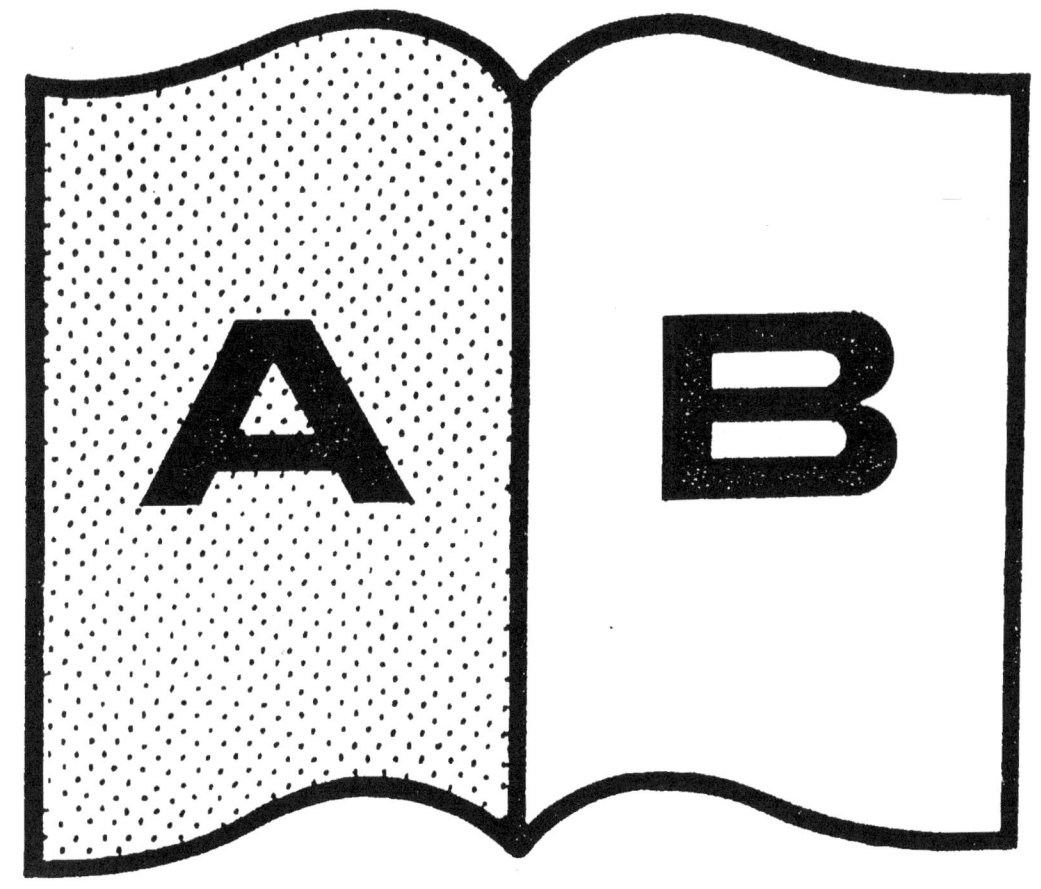

JEAN FRANÇOIS GALAUP
DE LA PÉROUSE,
Chef d'Escadre des Armées Navales, né à Alby en 1741.

Gravé d'après une Miniature par Alex.ᵉ Tardieu 1798.

# VOYAGE
# DE LA PÉROUSE
## AUTOUR DU MONDE,

PUBLIÉ

CONFORMÉMENT AU DÉCRET DU 22 AVRIL 1791,

ET RÉDIGÉ

PAR *M. L. A. MILET-MUREAU,*

Général de Brigade dans le Corps du Génie, Directeur des Fortifications, Ex-Constituant, Membre de plusieurs Sociétés littéraires de Paris.

TOME PREMIER.

A PARIS,

DE L'IMPRIMERIE DE LA RÉPUBLIQUE.

AN V. (1797)

# PRÉFACE
## DU RÉDACTEUR.

LE public, accoutumé à l'idée pénible de la perte qu'a dû entraîner celle des deux bâtimens de l'expédition malheureuse commandée par LA PÉROUSE, sera surpris de la publication du journal de son voyage. Le décret de l'Assemblée constituante qui a ordonné l'impression des cartes et mémoires envoyés par ce navigateur, a dû cependant annoncer que nous n'étions pas entièrement privés du fruit de sa campagne. Sa prévoyance lui fit non-seulement saisir, mais chercher les occasions d'envoyer ses journaux en Europe. Il eût été à souhaiter que l'amour-propre des savans embarqués avec lui, leur eût permis de se détacher de même du fruit de leurs travaux; nous n'aurions pas à en regretter la perte presque totale.

LA PÉROUSE, livré aux détails difficiles et nombreux qu'entraînait le commandement

# PRÉFACE.

d'une expédition aussi importante que périlleuse, forcé à chaque pas de juger et de prévoir, par conséquent de modifier ses idées suivant les circonstances, ne pouvait recueillir avec ordre ni rédiger avec méthode les matériaux qui devaient lui servir un jour à écrire l'histoire de son voyage. Ces matériaux ont dû paraître encore plus informes aux yeux d'un rédacteur étranger à cette campagne.

Rien de ce qui peut servir à étendre les progrès de l'esprit humain ne devant être négligé dans les voyages de découvertes, des savans et des artistes font essentiellement partie de ces expéditions : à leur retour, chacun met en ordre ses matériaux, et donne à l'objet particulier de son travail le degré de perfection dont il le croit susceptible; de la réunion bien entendue de ces diverses parties, résulte une relation complète, où tout est lié et où tout est à sa place. Ici, par une fatalité sans exemple, nos nouveaux argonautes ont tous péri; et seul il m'a fallu suppléer, en rassemblant ce qui a pu échapper au naufrage, la touche vraie

# PRÉFACE.

et forte des voyageurs, qui n'auraient rien dit qu'ils n'eussent eux-mêmes éprouvé.

En cédant, non sans peine, aux sollicitations qui m'ont fait entreprendre cette tâche pénible quoique honorable, je ne me suis point dissimulé les difficultés que je devais rencontrer dans un travail dont il était difficile d'embrasser également toutes les parties.

Le public regrettera sans doute avec moi, que l'ex-ministre de la marine FLEURIEU, aujourd'hui membre de l'institut national et du bureau des longitudes, savant d'un mérite rare et distingué, qui avait bien voulu se charger d'abord de la rédaction de cet ouvrage, ait été forcé par les circonstances de l'abandonner.

Le même intérêt qui m'avait fait manifester, à la tribune de l'Assemblée constituante, le plus grand zèle pour la publication de ce voyage au profit de l'estimable veuve de LA PÉROUSE, me fit chercher à diriger le choix du gouvernement sur un marin capable de remplacer celui qui avait été d'abord nommé pour le rédiger :

# PRÉFACE.

mais la France avait déjà perdu, en grande partie, les officiers de la marine les plus distingués; et les autres étaient employés, ou s'étaient éloignés volontairement. Le ministre ne put que jeter les yeux sur quelqu'un qui eût du moins fait une étude des sciences exactes et naturelles, base essentielle d'un tel ouvrage. Le choix d'un homme qui possédât préférablement ces connaissances, était d'ailleurs conforme à l'intention de LA PÉROUSE; car il écrivait à un de ses amis à peu près en ces termes : « Si l'on imprime mon journal avant mon retour, que l'on se garde bien d'en confier la rédaction à un homme de lettres; ou il voudra sacrifier à une tournure de phrase agréable, le mot propre qui lui paraîtra dur et barbare, celui que le marin et le savant préféreraient et chercheront en vain; ou bien, mettant de côté tous les détails nautiques et astronomiques, et cherchant à faire un roman intéressant, il commettra, par le défaut de connaissances que son éducation ne lui aura pas permis d'acquérir, des erreurs qui deviendront

# PRÉFACE.

funestes à mes successeurs : mais choisissez un rédacteur versé dans les sciences exactes, qui soit capable de calculer, de combiner mes données avec celles des autres navigateurs, de rectifier les erreurs qui ont pu m'échapper, de n'en point commettre d'autres. Ce rédacteur s'attachera au fond; il ne supprimera rien d'essentiel; il présentera les détails techniques avec le style âpre et rude, mais concis, d'un marin; et il aura bien rempli sa tâche en me suppléant, et en publiant l'ouvrage tel que j'aurais voulu le faire moi-même ».

Ce vœu m'ayant servi constamment de règle, je déclare à ceux qui, dans leurs lectures, n'ont d'autre objet que leur amusement, qu'ils ne doivent pas aller plus loin; je n'ai point travaillé pour eux, mais seulement pour les marins et les savans. J'ai cherché dans un ouvrage où le fond doit l'emporter sur la forme, et où la fidélité dans les faits et l'exactitude dans l'expression sont les qualités les plus importantes, à être clair et précis; je n'ai rien sacrifié à la grâce aux dépens de la justesse : cet aveu est mon excuse, en même temps qu'il sollicite l'indulgence des lecteurs.

C'est dans cette vue, que j'ai respecté religieusement le caractère du style de chaque auteur, en soumettant simplement ses formes aux règles reçues du langage : mais quand il m'est venu quelque idée qui pouvait servir de liaison aux autres, une expression qui pouvait compléter une image, la rendre plus saillante, ou donner à la phrase plus d'harmonie sans altérer le fond, j'ai cru pouvoir l'employer.

L'ouvrage qu'on va lire eût sans doute été plus précieux, s'il fût sorti de la plume de l'ex-ministre FLEURIEU, qui l'eût enrichi de ses profondes connaissances : je dois cependant annoncer que je l'ai consulté toutes les fois que j'ai eu quelques doutes; et j'ai toujours trouvé en lui cette complaisance et cette modestie, compagnes inséparables du vrai talent et de la science.

Si recueillir, disposer, rédiger convenablement toutes les parties d'un tel ouvrage, était une entreprise difficile, les détails relatifs à sa publication,

# PRÉFACE.

les peines, les recherches, les démarches que le zèle seul le plus actif pouvait soutenir, et les retards nécessités par les circonstances, semblaient la rendre impraticable.

L'impression avait été décrétée en 1791, et rien n'était commencé en 1793, époque à laquelle j'en ai été chargé. Un papier-monnaie dont la valeur décroissante faisait rompre les marchés des artistes et fournisseurs presque aussitôt qu'ils étaient formés, ou qui leur faisait opposer à mes efforts une inertie désespérante, calculée sur l'espoir d'un avenir plus heureux; l'opinion voisine du délire qui forçait alors d'accommoder au temps, contre la vérité de l'histoire, les dénominations, les usages d'un autre temps, ce qui m'a forcé, à cet égard, de rester passif pendant plus d'une année; enfin, un nouveau papier-monnaie, et l'embarras dans les finances du gouvernement, quand le numéraire a reparu: telles ont été les causes physiques et morales du retard que j'ai éprouvé.

Pour me mettre à portée de concilier les

difficultés de rédaction nées des circonstances du moment, on m'avait fortement engagé à écrire ce voyage à la troisième personne. Devenu historien par ce mode, et m'appropriant les matériaux de cet ouvrage, j'éloignais le navigateur pour me placer entre le lecteur et lui : cette proposition n'a point séduit mon amour-propre ; je l'ai sacrifié à l'intérêt qu'inspire toujours l'homme qui raconte ce qu'il a senti, qui décrit les situations pénibles où il s'est trouvé, et vous associe à ses plaisirs ainsi qu'à ses peines.

Si les circonstances m'ont environné d'entraves et d'obstacles pendant mon travail, son résultat prouvera du moins que le gouvernement n'a pas cessé de protéger les sciences et les arts pendant le cours de la plus étonnante des révolutions, qui lui a suscité une guerre aussi générale qu'onéreuse.

J'ai exposé la nature et les difficultés du travail ; je dois parler maintenant de la forme de l'ouvrage, de sa distribution, et des soins pris pour son exécution matérielle.

Le

# PRÉFACE.

Le titre de *Voyage autour du monde* que je lui ai donné, quoiqu'il ne lui eût été rigoureusement acquis que par le retour de LA PÉROUSE dans un de nos ports de France, ne lui sera sans doute point contesté, parce qu'on peut regarder un voyage autour du monde comme terminé, lorsque, partant d'Europe, on est arrivé en Chine après avoir doublé le cap Horn et traversé la mer du Sud : d'ailleurs nos voyageurs, pendant l'année de navigation qui a suivi leur arrivée en Chine, n'ont-ils pas fourni une carrière plus longue, plus brillante et plus périlleuse que ne l'eût été celle de leur simple retour en Europe !

L'ouvrage, composé de quatre volumes *in-4.º* et d'un atlas *in-folio*, est divisé de la manière suivante :

Le premier volume contient toutes les pièces préliminaires relatives à l'expédition ; j'y ai seulement ajouté la traduction d'un voyage espagnol dont le manuscrit a été envoyé par LA PÉROUSE, et que je n'aurais pu placer ailleurs sans rendre les volumes trop inégaux.

# PRÉFACE.

Un auteur célèbre tira de l'oubli le magnanime dévouement de DASSAS, qui sacrifia sa vie pour sauver l'armée française, en criant, *à moi Auvergne, ce sont les ennemis*. La société d'histoire naturelle de Paris eut le mérite de fixer les regards des représentans de la nation sur l'expédition de LA PÉROUSE, par la pétition qu'elle présenta le 22 janvier 1791. L'Assemblée nationale ne tarda pas à la prendre en considération, quelque importans que fussent les travaux dont elle s'occupait.

Les deux décrets qui en furent les résultats, aussi honorables pour elle que pour ceux qui en ont été l'objet, sont placés en tête de l'ouvrage; ils respirent l'humanité et la sensibilité, et diront à jamais à quiconque voudra marcher sur les traces de LA PÉROUSE : « Quand tu auras parcouru ta carrière à travers les écueils et les dangers de toute espèce qui l'environnent, tu dois compter, si tu succombes, que la patrie reconnaissante consacrera honorablement ton nom au temple de mémoire ».

Je ne me suis point astreint à l'usage de ne

# PRÉFACE.

faire connaître que le nom des officiers et savans qui font partie de semblables expéditions. La publication d'une liste exacte des équipages m'a paru être un acte plus conforme à la justice et aux principes du gouvernement français; et j'ai pensé aussi que cet état serait désormais le seul extrait mortuaire que pourraient produire les familles de nos infortunés navigateurs.

Les instructions et les notes géographiques qui suivent, dues à l'ex-ministre de la marine FLEURIEU, sont un modèle trop précieux pour n'être pas rendues publiques : c'est d'ailleurs la seule réponse que je veuille faire à une note de GEORGE FORSTER, qui tendrait à dénaturer les motifs purement relatifs à l'avancement des sciences, qui déterminèrent cette expédition. Je regrette qu'un homme que j'estime se soit exprimé ainsi dans son Voyage historique et pittoresque sur les rives du Rhin *(tome I.*$^{er}$*, page 311 de la traduction française)* :

« A l'époque où l'intéressant et malheureux » LA PÉROUSE partit pour faire de nouvelles

» conquêtes au commerce et à la philosophie,
» un ministre présenta au conseil un mémoire
» sur les avantages incalculables de cette entre-
» prise. Ce mémoire, quoique long, fut lu avec
» avidité; cependant il ne renfermait qu'une idée,
» et la voici : *Voulez-vous, sire, disait le ministre,*
» *détourner vos sujets de cette dangereuse angloma-*
» *nie, de cette passion de liberté destructrice du bon*
» *ordre et de la paix ; amusez-les par des idées nou-*
» *velles, trompez leurs loisirs par des images dont la*
» *variété piquante puisse alimenter leur frivolité. Il*
» *vaut mieux qu'ils s'occupent à contempler la tour-*
» *nure bouffonne de quelques magots de la Chine, que*
» *d'obéir à la mode qui leur fait aimer aujourd'hui*
» *les chevaux et les philosophes d'Angleterre* ».

Le deuxième et le troisième volume comprennent le journal de la totalité du voyage, et les tables de la route des deux frégates, où l'on trouve le résultat des observations astronomiques et météorologiques.

Nous devons aux progrès de l'astronomie les moyens de déterminer aujourd'hui les longitudes

# PRÉFACE.

en mer, avec beaucoup de précision : annoncer que l'astronome DAGELET, membre de l'académie des sciences, a été chargé de diriger ce travail, c'est inspirer la plus grande confiance pour son exactitude, et pour celle des tables et cartes qui en résultent.

Si le journal n'est pas toujours d'accord avec les tables de route et les cartes, c'est parce qu'il n'a pas été possible de retarder l'impression du journal, jusqu'à leur entière vérification. Au reste, ces différences ne sont ni fréquentes, ni considérables; lorsqu'il s'en rencontre, on doit donner la préférence aux tables, et sur-tout aux cartes, qui ont été dirigées par le premier hydrographe de la marine, BUACHE, membre de l'institut national et du bureau des longitudes. Je dois ici un hommage particulier aux soins qu'il a bien voulu se donner pour me seconder dans cette partie importante.

Dans tout le cours de l'ouvrage, les longitudes qui n'ont aucune indication de méridien, sont comptées de celui de Paris.

# PRÉFACE.

J'ai tâché d'être exact dans la manière d'écrire les noms propres et les noms de lieux; mais ces derniers étant aussi divers dans les relations que les langues de leurs auteurs sont différentes, il a fallu adopter, en écrivant ces mots indicatifs et de pure convention, l'orthographe la plus généralement reçue, en la combinant avec l'idiome du pays.

Le quatrième volume est composé de mémoires ou pièces détachées envoyées au gouvernement par les savans employés dans l'expédition, et de celles que j'ai pu rassembler. J'avais fait à cet égard, auprès de la ci-devant académie des sciences, et des individus que je soupçonnais être en correspondance avec les coopérateurs de LA PÉROUSE, les démarches nécessaires pour recueillir les mémoires qu'ils avaient pu envoyer: elles furent infructueuses; je ne me suis procuré que ceux dont j'ai trouvé des fragmens épars dans les journaux de physique, et je me suis empressé de les réunir dans ce volume.

J'ai ajouté dans le cours de l'ouvrage, des notes,

# PRÉFACE.

par-tout où j'ai cru qu'elles pouvaient être utiles ; et je les ai distinguées par les lettres initiales des mots, NOTE DU RÉDACTEUR.

Pour la facilité des recherches, j'ai terminé l'ouvrage par une table générale des matières.

La partie typographique fait honneur aux artistes de l'imprimerie de la République ; elle répond et au progrès de l'art, et à la réputation méritée et soutenue de cet établissement, connu jadis sous le nom d'imprimerie du Louvre. Je dois à cet égard de justes éloges aux soins zélés et constans du directeur de cette imprimerie, DUBOY-LAVERNE, et du littérateur GENCE, chargé en chef de la révision des épreuves.

Le nombre, la grandeur et la beauté des gravures et des cartes, m'ont déterminé à les réunir dans un atlas séparé, et d'un plus grand format. J'ai cru qu'un ouvrage national exécuté avec autant de soins, méritait cette précaution conservatrice. Si elle n'est pas généralement goûtée, je répondrai que telle est la forme de la belle édition du troisième Voyage de COOK, publiée

## PRÉFACE.

par ordre du gouvernement anglais, et à ses frais.

Le portrait de l'infortuné LA PÉROUSE, qui est en tête du premier volume, m'a paru devoir être la seule gravure à insérer dans le texte.

J'ai été obligé, pour achever enfin cet ouvrage, de distribuer à un plus grand nombre de graveurs les dessins confiés d'abord à cinq artistes connus par leurs talens : il en a résulté un défaut inévitable d'uniformité et de perfection ; je n'ai rien négligé pour le rendre moins sensible.

Si cet ouvrage est tel qu'on pouvait l'espérer des matériaux qui m'ont été remis, et après la perte inattendue de nos navigateurs, ma plus douce récompense sera d'avoir rempli les vues du gouvernement, et d'avoir coopéré au monument de reconnaissance qu'il a voulu élever à leur mémoire.

# DISCOURS
## PRÉLIMINAIRE
### DU RÉDACTEUR.

L'Europe entière, en accueillant les relations des derniers voyages autour du monde, a paru manifester son vœu pour le progrès des sciences physiques et naturelles : mais, il faut l'avouer, parmi les nombreux amateurs des ouvrages de ce genre, les uns n'ont en vue que le simple amusement ; d'autres veulent établir, par une comparaison orgueilleuse entre nos usages, nos mœurs, et ceux des sauvages, la supériorité de l'homme civilisé sur les autres hommes : les savans seuls, et c'est le petit nombre, y cherchent et trouvent presque toujours des matériaux qui doivent servir à accroître leurs connaissances.

Les relations des voyages de découvertes peuvent être comptées parmi les livres les plus intéressans de l'histoire moderne : l'homme, naturellement ami du nouveau et de l'extraordinaire, se transporte par la pensée dans les régions lointaines ; il s'identifie avec le navigateur ; il partage ses dangers, ses peines, ses plaisirs, et il en devient le compagnon inséparable par la diversité des objets qui l'attachent et qui alimentent sa curiosité.

Sous ce dernier point de vue, nul doute que des extraits de voyages, tels que nous en a donnés PRÉVOST, dégagés de tous les détails fatigans et arides qui concernent l'astronomie et la navigation, ne soient plus agréables à lire que les originaux ; mais ces extraits ne sont point la source où les marins et les savans veulent puiser, parce que des matériaux ainsi passés au creuset de l'homme de lettres, d'où ils sortent brillans et légers, n'offrent plus le principe solide qui constitue la science et qu'on détruit en l'altérant.

Les auteurs ou traducteurs d'ouvrages du genre de celui-ci, ont presque tous donné l'indication des voyages qui avaient précédé celui qu'ils

# PRÉLIMINAIRE.

publiaient, et des découvertes qui en avaient été le résultat. Ils présentaient ainsi le tableau des acquisitions successives qu'avait faites la géographie, en même temps qu'ils indiquaient les ouvrages qui en rendaient compte. Je ne répéterai point cette énumération détaillée qui se trouve ailleurs ; je me borne à donner une liste chronologique plus complète des principaux voyageurs auxquels nous devons des découvertes dans la mer du Sud :

|  | Années. |
|---|---|
| MAGELLAN, Portugais, au service d'Espagne.. | 1519. |
| GARCIA DE LOAES ou LOAYSA, Portugais, *idem*. | 1525. |
| ALPHONSE DE SALAZAR, Espagnol | 1525. |
| ALVAR SAVAËDRA, Espagnol | 1526. |
| FERDINAND GRIJALVA et ALVAREDO, Espagnols. | 1537. |
| GAËTAN, Espagnol | 1542. |
| ALVAR DE MENDAÑA, Espagnol | 1567. |
| JUAN FERNANDES, Espagnol | 1576. |
| DRAKE, Anglais | 1577. |
| THOMAS CANDISH, Anglais | 1586. |
| Sir RICHARD HAWKINS, Anglais | 1594. |
| ALVAR DE MENDAÑA, Espagnol | 1595. |
| OLIVIER DE NORT, Hollandais | 1598. |

# DISCOURS

Pedro Fernandes de Quiros, et Luis Vaes de Torres, Espagnols ........ 1606.
George Spilberg, Hollandais ....... 1614.
Le Maire et Schouten, Hollandais .... 1616.
L'Hermite, Hollandais ............ 1623.
Abel Tasman, Hollandais ......... 1642.
Antoine la Roche, Français ........ 1675.
Cowley, Anglais ................ 1683.
Dampier, Anglais ............... 1687.
Davis, Anglais ................. 1687.
John Strong, Anglais ............ 1689.
Gemelli Carreri, Napolitain ....... 1693.
Beauchêne Gouin, Français ....... 1699.
William Funnell, Anglais ........ 1703.
Wood Roger, Anglais ........... 1708.
Louis Feuillée, Français ......... 1708.
Frézier, Français ............... 1712.
Gentil de la Barbinais, Français .... 1715.
John Cliperton et George Shelvocke, Anglais .................... 1719.
Roggewein, Hollandais .......... 1722.
Anson, Anglais ................ 1741.
Le Hen-Brignon, Français ....... 1747.
Byron, Anglais ................ 1764.
Wallis, Anglais ................ 1766.

CARTERET, Anglais . . . . . . . . . . . . . . . 1766.
PAGÈS, Français . . . . . . . . . . . . . . . . . . 1766.
BOUGAINVILLE, Français . . . . . . . . . . . 1766.
COOK, Anglais . . . . . . . . . . . . . . . . . . . 1769.
SURVILLE, Français . . . . . . . . . . . . . . . 1769.
MARION et DU CLESMEUR, Français . . . . . . 1771.
COOK, Anglais . . . . . . . . . . . . . . . . . . . 1772.
COOK, CLERKE et GORE, Anglais . . . . . . 1775.

Le dernier voyage de COOK n'était encore connu que par la fin tragique de l'illustre chef de cette expédition, lorsque la France, profitant des loisirs que lui laissait la paix qu'elle venait de conclure, crut devoir à son rang parmi les premières puissances maritimes, et plus encore à son zèle et à ses moyens pour l'avancement des sciences, d'ordonner un voyage de découvertes pour concourir à l'achèvement de la reconnaissance du globe que nous habitons depuis si long-temps. Si son exploration est aujourd'hui avancée, si la position de chacune de ses parties connues est désormais fixée, enfin si chaque pas nous approche du but, nous le devons aux progrès de l'astronomie; elle nous donne dans les distances de quelques astres dont le mouvement est rigoureusement calculé, des bases certaines qui permettent de déterminer, avec une précision suffisante pour la sûreté de la navigation, la longitude au milieu d'une mer immense, où jusqu'alors on n'avait pu l'établir que par une approximation à peu près arbitraire, qui exposait aux plus grandes erreurs. Ce bienfait de l'astronomie assure désormais le fruit de nos expéditions et le perfectionnement de la géographie.

Il existe sans doute des moyens de hâter cet heureux résultat; et c'est ici le lieu d'exposer quelques idées sur un objet aussi important. Ces moyens pourraient être combinés dans une sorte de congrès formé par des agens des principales puissances maritimes qui voudraient participer à la gloire d'une telle entreprise.

Le congrès, composé d'astronomes, d'hydrographes et de marins, s'occuperait du tableau de toutes les anciennes découvertes non retrouvées

# PRÉLIMINAIRE.

jusqu'à nos jours; du tableau de toutes les parties du globe où il reste des découvertes à faire, à terminer, ou des détails à connaître; du tableau des saisons dans tous les parages des deux hémisphères, des vents régnans, des moussons, des courans, des rafraîchissemens, des secours à espérer, &c.

D'après ces bases serait dressée une instruction générale à donner aux chefs d'une grande expédition; et pour éviter que plusieurs de leurs projets ne tendissent au même but, on diviserait entre les puissances maritimes d'Europe, la totalité des découvertes à faire, eu égard aux possessions et établissemens qui peuvent leur rendre ces entreprises respectivement plus faciles.

Si l'Angleterre, l'Espagne, la Hollande, le Portugal, la Russie, les États-unis, et la France, voulaient faire les frais d'une expédition tous les trois ans, on peut assurer qu'avant vingt années la géographie serait à son plus haut période.

La France eût sans doute continué de favoriser les progrès de la géographie, si depuis plusieurs années, des intérêts d'une autre importance, et une guerre dispendieuse essuyée pour les soutenir, ne l'occupaient toute entière et ne concentraient tous ses moyens : mais la paix, rappelant en grande partie l'attention du gouvernement sur les sciences et les arts, nous promet de nouvelles expéditions à leur profit.

Lorsque ces entreprises sont faites dans de grandes vues, toutes les sciences y gagnent. Quoique le philosophe aime peu à se déplacer, le résultat des voyages n'en devient pas moins son domaine : prompt à recueillir les observations du marin, il s'empare de ses idées, les développe, les lie au système général en analysant et classant les sensations qui les ont fait naître, et donne ainsi à toutes les parties de la science une nouvelle vie.

Si la navigation ainsi agrandie doit contribuer puissamment à reculer les limites des connaissances humaines, c'est au gouvernement à provoquer à cet égard les efforts du talent, à récompenser ses succès, à recueillir et publier

les

# PRÉLIMINAIRE.

les découvertes, à recevoir et réfléchir toutes les lumières de la pensée et les vues du génie, et à s'attacher, sur tous les points du globe, les hommes qui par leur mérite et leurs travaux appartiennent à tous les pays comme à tous les siècles, sans égard à leur opinion sur des événemens déjà loin de nous, et dont on ne doit voir que le résultat qui peut devenir favorable lors de la paix générale, à l'exécution du plan proposé.

Ce plan entraînerait l'examen de quelques questions importantes de géographie, et notamment de celle d'un méridien universel; car il n'est aucun géographe qui n'ait éprouvé les inconvéniens de la différence des méridiens auxquels les cartes ont été soumises. Il faut sans cesse être en garde contre des erreurs; la moindre comparaison à établir entre les méridiens oblige à des additions ou à des soustractions. Ce vice provient de ce que les navigateurs ont employé respectivement, dans la formation de leurs cartes, le méridien adopté par leur nation, ou souvent même en ont pris de particuliers. D'un autre côté,

# DISCOURS

les uns, pour marquer leurs longitudes, sont partis de l'Occident, d'autres de l'Orient, en comptant jusqu'à 360 degrés. Les autres, et c'est le plus grand nombre parmi les modernes, ont divisé leurs longitudes en orientales et en occidentales : or, la différence entre les méridiens des observatoires d'Europe étant la même pour les méridiens de leurs antipodes, il s'est trouvé par cette division à l'Est et à l'Ouest, qu'une longitude était, comme dans notre hémisphère, occidentale pour l'un, lorsqu'elle était orientale pour l'autre. De là il est résulté des erreurs, qu'on éviterait en comptant uniformément les longitudes jusqu'à 360 degrés, et en convenant de partir par l'Occident. La seule objection contre cette manière de compter, est qu'elle ne donne pas constamment, par la progression des degrés, une idée de la distance ; c'est-à-dire que jusqu'à 180 degrés, méridien des antipodes, on sent bien que les degrés marquent l'éloignement ; mais à partir de ce point, tout le monde n'est pas en état de concevoir qu'à 200 degrés de longitude on soit moins

# PRÉLIMINAIRE.

loin du méridien d'où l'on commence à compter, qu'à 180, tandis qu'en disant 160 degrés de longitude orientale au lieu de 200 degrés de longitude, on aperçoit sensiblement où l'on est.

Il faut avouer que l'objection contre la numération jusqu'à 360 degrés, est bien faible eu égard au mérite d'un procédé simple et exempt d'erreur, mérite que ne saurait faire méconnaître le petit nombre d'hommes qui ne veulent pas apprendre à juger de la très-petite distance entre leur méridien et celui qui en est éloigné de $359^d\ 59'$.

L'avantage qui résulte de la manière de compter les longitudes jusqu'à 360 degrés, est néanmoins peu de chose comparé à celui de l'adoption d'un méridien commun qui servirait à l'avenir de base à la géographie de toutes les nations. On sent assez que l'amour-propre de chacune d'elles militera sans cesse pour faire valoir et préférer le sien : toute considération mise à part, le méridien qu'il paraîtrait le plus convenable de prendre en ce qu'il coupe très-peu de terres, et qu'il laisse les méridiens des puissances maritimes d'Europe à l'Orient, serait celui du pic remarquable que la nature semble avoir placé au milieu des mers pour servir de phare aux navigateurs; je parle du pic de Ténériffe. Une pyramide construite aux frais des puissances associées, serait élevée au point par où devrait passer la ligne méridienne; et une commission d'astronomes, choisis parmi les membres de la réunion proposée, déterminerait par une suite d'opérations les différences exactes de ce méridien commun à celui des grands observatoires des deux mondes.

Ces opérations auxquelles la perfection de nos moyens assurerait la plus grande justesse, leveraient toute incertitude de calcul sur les quantités à ajouter ou à retrancher dans les comparaisons de méridien à méridien; elles feraient disparaître les différences produites dans les résultats de leur comparaison obtenus à diverses époques, et qui peuvent être prises pour des erreurs, si on perd de vue que les astronomes, d'après de nouvelles observations faites avec plus de soin et de meilleurs

# PRÉLIMINAIRE.

instrumens, ont changé les rapports de distance établis entre les méridiens des observatoires de Paris et de Greenwich. Cette différence qui était de $2^d\ 19'$, a été reconnue être de $2^d\ 20'$ : s'il s'agissait même d'une précision rigoureuse, il faudrait la porter à $2^d\ 20'\ 15''$, ou $9'\ 21''$ de temps, à cause de l'aplatissement, en le supposant à $\frac{1}{300}$ suivant les observations de l'astronome LALANDE, dont tout le monde connaît le mérite, et dont les calculs réunissent à un très-haut degré la clarté et la précision.

L'idée du méridien commun que je présente à la tête d'un journal de grande navigation, est née des réflexions que m'a suggérées l'examen de cet ouvrage en le rédigeant; elle m'a souri au milieu de mon travail : elle peut bien n'être pas généralement goûtée; mais il m'est permis de faire des vœux pour son adoption, jusqu'à ce que les inconvéniens, s'il en est, en soient démontrés.

Ce nouveau méridien laisse du moins nos immenses matériaux en géographie dans toute leur valeur; sans cela il faudrait en rejeter l'idée, comme je rejette, quant à présent, quoiqu'avec bien du regret, celle de la nouvelle division du cercle, parce qu'elle offre le défaut grave de les presque anéantir : ceci a besoin d'être motivé, et ne s'écarte pas de mon sujet.

Plus que personne partisan du calcul décimal, traité avec tant de justesse dans les écrits de l'ingénieux et savant BORDA, ainsi que dans ceux des autres membres de la commission temporaire des poids et mesures, je ne puis dissimuler toutefois les inconvéniens de la division du cercle en 400 degrés. Ils sont tels qu'ils ne pourraient disparaître que par le laps de plusieurs siècles après l'époque où elle aurait été généralement adoptée, pendant lesquels il faudrait conserver les deux divisions, pour faciliter le travail de comparaison de nos nouvelles cartes avec celles des autres puissances, et avec les anciens matériaux en géographie.

Si la partie du temps connue sous le nom de jour, comporte la division décimale, le soleil,

# PRÉLIMINAIRE.

dans sa révolution annuelle, n'a pu s'y prêter. Puisqu'il est donc dans la nature une limite où s'arrête le calcul décimal, et qu'il ne peut diviser la période d'une révolution solaire, pourquoi serait-il adapté à la division du cercle !

On dira que cette division du cercle en 400 degrés se lie parfaitement à celle du jour en dix heures, de l'heure en 100 minutes, et de la minute en 100 secondes; ce qui fait correspondre un degré du cercle à deux minutes et demie de temps. On observera encore, avec raison, que la base de toutes les mesures, appelée mètre, étant prise dans la nature et formée de la dix-millionième partie du quart du méridien, il en résulte une division décimale naturelle, puisque le degré se trouve avoir cent mille mètres, ou vingt lieues de cinq mille mètres chacune : mais ces avantages, et celui d'offrir en général une échelle constante dans le degré et ses subdivisions, ne peuvent détruire les inconvéniens qui résultent des changemens proposés.

La grande idée de rendre les poids et mesures

uniformes, a fait naître l'idée sublime d'en chercher l'étalon dans la nature. Cet étalon est précisément tel, en effet, que nous le trouverions chez un peuple instruit et nouveau pour nous, s'il avait fait les mêmes progrès dans les sciences et les arts, et s'il avait comme nous conçu le projet d'établir l'uniformité de poids et de mesures, en prenant sa base dans la nature.

Quelle occasion plus favorable pour discuter les avantages et les inconvéniens de l'adoption de l'uniformité des poids et mesures, et de la division décimale, que celle d'un congrès composé de représentans des plus fameuses sociétés savantes du monde! Si les divers gouvernemens convenaient d'admettre cette uniformité dans le cas où elle serait jugée utile, son admission simultanée et universelle en doublerait le bienfait; et c'est alors qu'on pourrait faire les plus grands efforts pour vaincre les difficultés de son application à la division du cercle et du temps.

Qui mieux que la France, peut désormais par son influence aussi étendue que puissante, réaliser le plan de ce congrès! Aussi grande dans ses entreprises que dans ses conceptions, dans ses opérations que dans ses vues, elle s'était décidée, comme je l'ai dit, à ordonner un voyage de découvertes; le projet dressé, en fut adopté par le gouvernement : les instructions préliminaires prouveront qu'il était aussi vaste qu'habilement conçu dans son ensemble et ses détails. Il fallait un chef habile pour commander l'expédition : LA PÉROUSE fut choisi. Ses travaux et ses succès constans dans la marine militaire, l'avaient aguerri contre toute espèce de dangers, et le rendaient plus propre que personne à suivre la carrière pénible et périlleuse d'une longue navigation, sur des mers inconnues, et au milieu de contrées habitées par des peuples barbares. Je dois à ce sujet au lecteur quelques détails sur la vie de cet illustre infortuné.

JEAN-FRANÇOIS GALAUP DE LA PÉROUSE, chef d'escadre, naquit à Albi en 1741. Entré dès ses jeunes ans dans l'école de la marine, ses premiers regards se tournèrent vers les navigateurs célèbres qui avaient illustré leur patrie, et il prit dès-lors la résolution de marcher sur leurs traces; mais ne pouvant avancer qu'à pas lents dans cette route difficile, il se prépara, en se nourrissant d'avance de leurs travaux, à les égaler un jour. Il joignit de bonne heure l'expérience à la théorie : il avait déjà fait dix-huit campagnes quand le commandement de la dernière expédition lui fut confié. Garde de la marine le 19 novembre 1756, il fit d'abord, cinq campagnes de guerre : les quatre premières sur le Célèbre, la Pomone, le Zéphyr et le Cerf; et la cinquième sur le Formidable, commandé par SAINT-ANDRÉ DU VERGER. Ce vaisseau faisait partie de l'escadre aux ordres du maréchal DE CONFLANS, lorsqu'elle fut jointe à la hauteur de Belle-Ile par l'escadre anglaise. Les vaisseaux de l'arrière-garde, le Magnifique, le Héros et le Formidable, furent attaqués et environnés par huit ou dix vaisseaux ennemis. Le combat s'engagea et devint général; il fut si terrible, que huit vaisseaux anglais ou français coulèrent bas pendant l'action, ou furent

# PRÉLIMINAIRE.

se perdre et se brûler sur les côtes de France. Le seul vaisseau le Formidable, plus maltraité que les autres, fut pris après la plus vigoureuse défense. LA PÉROUSE se conduisit avec une grande bravoure dans ce combat, où il fut grièvement blessé.

Rendu à sa patrie, il fit dans le même grade, sur le vaisseau le Robuste, trois nouvelles campagnes: il s'y distingua dans plusieurs circonstances; et son mérite naissant commença à fixer les regards de ses chefs.

Le 1.er octobre 1764, il fut promu au grade d'enseigne de vaisseau. Un homme moins actif eût profité des douceurs de la paix; mais sa passion pour son état ne lui permettait pas de prendre du repos. Il suffit, pour juger de sa constante activité, de parcourir le simple tableau de son existence militaire depuis cette époque jusqu'en 1777. Il était,

En 1765, sur la flûte l'Adour;
1766, sur la flûte le Gave;
1767, commandant la flûte l'Adour;

En 1768, commandant la Dorothée;
1769, commandant le Bugalet;
1771, sur la Belle-Poule;
1772, *ibid.*

En 1773, \
1774, \
1775, \
1776, \
1777, } Commandant la flûte la Seine et les Deux-Amis sur la côte de Malabar; lieutenant, depuis le 4 avril 1777.

L'année 1778 vit rallumer la guerre entre la France et l'Angleterre; les hostilités commencèrent le 17 juin, par le combat de la Belle-Poule.

En 1779, LA PÉROUSE commandait l'Amazone, qui faisait partie de l'escadre aux ordres du vice-amiral D'ESTAING. Voulant protéger la descente des troupes à la Grenade, il y mouilla à portée de pistolet d'une batterie ennemie. Lors du combat de cette escadre contre celle de l'amiral BYRON, il fut chargé de porter les ordres du général dans toute la ligne. Enfin, il prit sur la côte de la nouvelle Angleterre, la frégate l'Ariel, et contribua à la prise de l'Experiment.

PRÉLIMINAIRE. xxxvij

Nommé capitaine le 4 avril 1780, il commandait la frégate l'Astrée, lorsque se trouvant en croisière avec l'Hermione, commandée par le capitaine LA TOUCHE, il livra le 21 juillet un combat très-opiniâtre à six bâtimens de guerre anglais, à six lieues du cap Nord de l'île Royale. Cinq de ces bâtimens, l'Allégeance de vingt-quatre canons, le Vernon de même force, le Charlestown de vingt-huit, le Jack de quatorze, et le Vautour de vingt, formèrent une ligne pour l'attendre; le sixième, le Thompson de dix-huit, resta hors de la portée du canon. Les deux frégates coururent ensemble sur l'ennemi, toutes voiles dehors. Il était sept heures du soir lorsqu'elles tirèrent le premier coup de canon. Elles prolongèrent la ligne anglaise sous le vent, pour lui ôter tout espoir de fuir. Le Thompson restait constamment au vent. Les deux frégates manœuvrèrent avec tant d'habileté, que le désordre se mit bientôt dans l'escadrille anglaise : au bout d'une demi-heure, le Charlestown, frégate commandante, et le Jack, furent obligés de se rendre; les trois autres bâtimens auraient éprouvé le même sort, si la nuit ne les eût dérobés à la poursuite des deux frégates.

L'année suivante, le gouvernement français forma le projet de prendre et de détruire les établissemens des Anglais dans la baie d'Hudson. LA PÉROUSE parut propre à remplir cette mission pénible dans des mers difficiles; il reçut ordre de partir du cap Français, le 31 mai 1782. Il commandait le Sceptre de soixante-quatorze canons, et il était suivi des frégates l'Astrée et l'Engageante, de trente-six canons chacune, commandées par les capitaines DE LANGLE et LA JAILLE; il avait à bord de ces bâtimens, deux cent cinquante hommes d'infanterie, quarante hommes d'artillerie, quatre canons de campagne, deux mortiers et trois cents bombes.

Le 17 juillet, il eut connaissance de l'île de la Résolution; mais à peine eut-il fait vingt-cinq lieues dans le détroit d'Hudson, que ses vaisseaux se trouvèrent engagés dans les glaces, où ils furent considérablement endommagés.

# PRÉLIMINAIRE.

Le 30, après avoir constamment lutté contre des obstacles de toute espèce, il vit le cap Walsingam, situé à la partie la plus occidentale du détroit. Pour arriver promptement au fort du Prince-de-Wales, qu'il se proposait d'attaquer d'abord, il n'avait pas un instant à perdre, la rigueur de la saison obligeant tous les vaisseaux d'abandonner cette mer dans les premiers jours de septembre : mais dès qu'il fut entré dans la baie d'Hudson, les brumes l'enveloppèrent; et le 3 août, à la première éclaircie, il se vit environné de glaces à perte de vue, ce qui le força de mettre à la cape. Cependant il triompha de ces obstacles; et le 8 au soir, ayant découvert le pavillon du fort du Prince-de-Wales, les bâtimens français s'en approchèrent en sondant jusqu'à une lieue et demie, et mouillèrent par dix-huit brasses, fond de vase. Un officier envoyé pour reconnaître les approches du fort, rapporta que les bâtimens pouvaient s'embosser à très-peu de distance. LA PÉROUSE, ne doutant pas que le Sceptre seul ne pût facilement réduire les ennemis s'ils résistaient, fit ses préparatifs pour effectuer une descente pendant la nuit. Quoique contrariées par la marée et l'obscurité, les chaloupes abordèrent sans obstacle à trois quarts de lieue du fort. LA PÉROUSE, ne voyant aucune disposition défensive quoique le fort parût en état de faire une vigoureuse résistance, fit sommer l'ennemi; les portes furent ouvertes: le gouverneur et la garnison se rendirent à discrétion.

Cette partie de ses ordres exécutée, il mit, le 11 août, à la voile, pour se rendre au fort d'Yorck : il éprouva, pour y parvenir, des difficultés plus grandes encore que celles qu'il avait rencontrées précédemment ; il naviguait par six ou sept brasses, sur une côte parsemée d'écueils. Après avoir couru les plus grands risques, le Sceptre et les deux frégates découvrirent l'entrée de la rivière de Nelson, et mouillèrent, le 20 août, à environ cinq lieues de terre.

LA PÉROUSE avait pris trois bateaux pontés au fort du Prince-de-Wales; il les envoya, avec

le

# PRÉLIMINAIRE.

le canot du Sceptre, prendre connaissance de la rivière des Hayes, près de laquelle est le fort d'Yorck.

Le 21 août, les troupes s'embarquèrent dans les chaloupes; et LA PÉROUSE, n'ayant rien à craindre par mer des ennemis, crut devoir présider au débarquement.

L'île des Hayes, où est le fort d'Yorck, est située à l'embouchure d'une grande rivière qu'elle divise en deux branches; celle qui passe devant le fort s'appelle la rivière des Hayes, et l'autre la rivière Nelson. Le commandant français savait que tous les moyens de défense étaient établis sur la première; il y avait, de plus, un vaisseau de la compagnie d'Hudson, portant vingt-cinq canons de neuf, mouillé à son embouchure. Il se décida à pénétrer par la rivière Nelson, quoique ses troupes eussent à faire de ce côté une marche d'environ quatre lieues; mais il y gagnait l'avantage de rendre inutiles les batteries placées sur la rivière des Hayes.

On arriva, le 21 au soir, à l'embouchure de

la rivière Nelson, avec deux cent cinquante hommes de troupes, les mortiers, les canons, et des vivres pour huit jours, afin de ne pas avoir besoin de recourir aux vaisseaux, avec lesquels il était très-difficile de communiquer. LA PÉROUSE donna ordre aux chaloupes de mouiller par trois brasses à l'entrée de la rivière, et il s'avança dans son canot avec son second DE LANGLE, le commandant des troupes de débarquement ROSTAING, et le capitaine du génie MONNERON, pour sonder la rivière et en visiter les bords, où il craignait que les ennemis n'eussent préparé quelques moyens de défense.

Cette opération prouva que la rive était inabordable; les plus petits canots ne pouvaient approcher qu'à environ cent toises, et le fond qui restait à parcourir était de vase molle. Il jugea donc à propos d'attendre le jour et de rester à l'ancre : mais la marée perdant beaucoup plus qu'on ne l'avait présumé, les chaloupes restèrent à sec à trois heures du matin.

Irritées par cet obstacle, bien loin d'en être découragées, toutes les troupes débarquèrent; et après avoir fait un quart de lieue dans la boue jusqu'à mi-jambe, elles arrivèrent enfin sur un pré, où elles se rangèrent en bataille : de là elles marchèrent vers un bois, où l'on comptait trouver un sentier sec qui conduirait au fort. On n'en découvrit aucun, et toute la journée fut employée à la recherche de chemins qui n'existaient point.

LA PÉROUSE ordonna au capitaine du génie MONNERON, d'en tracer un à la boussole au milieu du bois. Ce travail extrêmement pénible exécuté, servit à faire connaître qu'il y avait deux lieues de marais à traverser, pendant lesquelles on enfoncerait souvent dans la vase jusqu'aux genoux. Un coup de vent qui survint dans la nuit, força LA PÉROUSE inquiet à rejoindre ses bâtimens. Il se rendit sur le rivage; mais la tempête continuant, il ne put s'embarquer. Il profita d'un intervalle, et parvint le lendemain à son bord, une heure avant un second coup de vent. Un officier parti en même temps que lui, fit naufrage ; il eut, ainsi que les gens de son équipage, le bonheur de gagner la terre ; mais ils ne purent revenir à bord qu'au bout de trois jours, nus et mourant de faim. L'Engageante et l'Astrée perdirent deux ancres chacune, dans ce second coup de vent.

Cependant les troupes arrivèrent devant le fort le 24 au matin, après une marche des plus pénibles, et il fut rendu à la première sommation. LA PÉROUSE fit détruire le fort, et donna l'ordre aux troupes de se rembarquer sur-le-champ.

Cet ordre fut contrarié par un nouveau coup de vent, qui fit courir les plus grands dangers à l'Engageante ; sa troisième ancre cassa, ainsi que la barre du gouvernail, et sa chaloupe fut emportée. Le Sceptre perdit aussi la sienne, son canot et une ancre.

Enfin, le beau temps revint, et les troupes se rembarquèrent. LA PÉROUSE ayant à bord les gouverneurs des forts du Prince-de-Wales et

# PRÉLIMINAIRE.

d'Yorck, mit à la voile pour s'éloigner de ces parages, livrés aux glaces et aux tempêtes, où des succès militaires obtenus sans éprouver la moindre résistance, avaient été précédés de tant de peines, de périls et de fatigues.

Si LA PÉROUSE, comme militaire, fut obligé, pour se conformer à des ordres rigoureux, de détruire les possessions de nos ennemis, il n'oublia pas en même temps les égards qu'on doit au malheur. Ayant su qu'à son approche, des Anglais avaient fui dans les bois, et que son départ, vu la destruction des établissemens, les exposait à mourir de faim, et à tomber sans défense entre les mains des sauvages, il eut l'humanité de leur laisser des vivres et des armes.

Est-il à ce sujet un éloge plus flatteur que cet aveu sincère d'un marin anglais, dans sa relation d'un voyage à Botany-Bay ! « On doit
» se rappeler avec reconnaissance, en Angleterre
» sur-tout, cet homme humain et généreux,
» pour la conduite qu'il a tenue lorsque l'ordre
» fut donné de détruire notre établissement de

# DISCOURS

» la baie d'Hudson, dans le cours de la dernière
» guerre ».

Après un témoignage aussi juste et aussi vrai, et lorsque l'Angleterre a si bien mérité des amis des sciences et des arts par son empressement à publier les résultats des voyages de découvertes qu'elle a ordonnés, aurons-nous à reprocher à un autre militaire anglais d'avoir manqué à ses engagemens envers LA PÉROUSE!

Le gouverneur HEARN avait fait, en 1772, un voyage par terre, vers le Nord, en partant du fort Churchill dans la baie d'Hudson, voyage dont on attend les détails avec impatience; le journal manuscrit en fut trouvé par LA PÉROUSE dans les papiers de ce gouverneur, qui insista pour qu'il lui fût laissé comme sa propriété particulière. Ce voyage ayant été fait néanmoins par ordre de la compagnie d'Hudson dans la vue d'acquérir des connaissances sur la partie du Nord de l'Amérique, le journal pouvait bien être censé appartenir à cette compagnie, et par conséquent être dévolu au vainqueur : cependant

LA PÉROUSE céda par bonté aux instances du gouverneur HEARN; il lui rendit le manuscrit, mais à la condition expresse de le faire imprimer et publier dès qu'il serait de retour en Angleterre. Cette condition ne paraît point avoir été remplie jusqu'à présent : espérons que la remarque qui en est faite, rendue publique, produira l'effet attendu, ou qu'elle engagera ce gouverneur à faire connaître si la compagnie d'Hudson, qui redoute qu'on ne s'immisce dans ses affaires et son commerce, s'est opposée à sa publication. [a]

L'époque du rétablissement de la paix avec l'Angleterre en 1783, termina cette campagne. L'infatigable LA PÉROUSE ne jouit pas d'un long repos ; une plus importante campagne l'attendait : hélas ! ce devait être la dernière. Il était destiné à commander l'expédition projetée autour du monde en 1785, dont les préparatifs se faisaient à Brest.

[a] L'anecdote qu'on vient de lire m'était inconnue, lorsque j'ai écrit la note qu'on verra, *tome II, page 218.*

# DISCOURS

Je ne me conformerai point à l'usage, en indiquant d'avance la route que notre navigateur a parcourue dans les deux hémisphères, les côtes et les îles qu'il a explorées ou reconnues dans le grand océan, les découvertes qu'il a faites dans les mers d'Asie, et les services importans qu'il a rendus à la géographie : je fais ce sacrifice au lecteur, dont la curiosité veut être plutôt excitée que prévenue, et qui aimera mieux sans doute suivre dans sa course le voyageur lui-même.

Jusqu'ici je n'ai considéré dans LA PÉROUSE que le militaire et le navigateur : mais il mérite également d'être connu par ses qualités personnelles ; car il n'était pas moins propre à se concilier les hommes de tous les pays, ou à s'en faire respecter, qu'à prévoir et à vaincre les obstacles qu'il est donné à la sagesse humaine de surmonter.

Réunissant à la vivacité des habitans des pays méridionaux un esprit agréable et un caractère égal, sa douceur et son aimable gaîté le firent toujours rechercher avec empressement : d'un

autre

autre côté, mûri par une longue expérience, il joignait à une prudence rare, cette fermeté de caractère qui est le partage d'une ame forte, et qui, augmentée par le genre de vie pénible des marins, le rendait capable de tenter et de conduire avec succès les plus grandes entreprises.

D'après la réunion de ces diverses qualités, le lecteur, témoin de sa patience rigoureuse dans les travaux commandés par les circonstances, des conseils sévères que sa prévoyance lui dictait, des mesures de précaution qu'il prenait avec les peuples, sera peu étonné de la conduite bienfaisante et modérée autant que circonspecte de LA PÉROUSE à leur égard, de la confiance, quelquefois même de la déférence, qu'il témoignait à ses officiers, et de ses soins paternels envers ses équipages : rien de ce qui pouvait les intéresser, soit en prévenant leurs peines, soit en procurant leur bien-être, n'échappait à sa surveillance, à ses sollicitudes. Ne voulant pas faire d'une entreprise scientifique une spéculation mercantile, et laissant tout entier le

# DISCOURS

bénéfice des objets de traite au profit des seuls matelots de l'équipage, il se réservait pour lui la satisfaction d'avoir été utile à sa patrie et aux sciences. Secondé parfaitement dans ses soins pour le maintien de leur santé, aucun navigateur n'a fait une campagne aussi longue, n'a parcouru un développement de route si étendu, en changeant sans cesse de climat, avec des équipages aussi sains, puisqu'à leur arrivée à la nouvelle Hollande, après trente mois de campagne et plus de seize mille lieues de route, ils étaient aussi bien portans qu'à leur départ de Brest.

Maître de lui-même, ne se laissant jamais aller aux premières impressions, il fut à portée de pratiquer, sur-tout dans cette campagne, les préceptes d'une saine philosophie, amie de l'humanité. Si j'étais plus jaloux de faire son éloge, nécessairement isolé et incomplet, que de laisser au lecteur le plaisir de l'apprécier par les faits entourés de toutes leurs circonstances, et de le juger par l'ensemble de ses écrits, je citerais une foule de passages de son journal,

# PRÉLIMINAIRE.

dont le caractère et le tour que j'ai précieusement conservés, peignent fidèlement l'homme : je le montrerais sur-tout s'attachant à suivre cet article de ses instructions, gravé dans son cœur, qui lui ordonnait d'éviter de répandre une seule goutte de sang; l'ayant suivi constamment dans un aussi long voyage, avec un succès dû à ses principes; et, lorsqu'attaqué par une horde barbare de sauvages, il eut perdu son second, un naturaliste et dix hommes des deux équipages, malgré les moyens puissans de vengeance qu'il avait entre les mains, et tant de motifs excusables pour en user, contenant la fureur des équipages, et craignant de frapper une seule victime innocente parmi des milliers de coupables.

Équitable et modeste autant qu'éclairé, on verra avec quel respect il parlait de l'immortel COOK, et comme il cherchait à rendre justice aux grands hommes qui avaient parcouru la même carrière.

Également juste envers tous, LA PÉROUSE, dans son journal et sa correspondance, dispense avec équité les éloges auxquels ont droit ses coopérateurs. Il cite aussi les étrangers qui, dans les différentes parties du monde, l'ont bien accueilli et lui ont procuré des secours. Si le gouvernement, comme il n'est pas permis d'en douter, veut remplir les intentions de LA PÉROUSE, il doit à ces derniers une marque de la reconnaissance publique.

Justement apprécié par les marins anglais qui avaient eu occasion de le connaître, ils lui ont donné un témoignage d'estime non équivoque dans leurs écrits.

Tous ceux qui l'ont fréquenté, en ont fait de justes éloges, qu'il serait trop long de rapporter.

Mais, parler de ses vertus, de ses talens, c'est rappeler ses malheurs, c'est réveiller nos regrets : l'idée des uns est désormais liée inséparablement au souvenir des autres ; et ils fondent à jamais un monument de douleur et de reconnaissance dans le cœur de tous les amis des sciences et de l'humanité. Si j'éprouve quelque douceur à la suite du travail pénible qu'a exigé cet ouvrage,

# PRÉLIMINAIRE.

et après les soins et les peines qu'il m'a coûté jusqu'à sa publication, c'est sans doute dans cet instant où il m'est permis d'être l'organe de la République française, en payant à sa mémoire un tribut de la reconnaissance nationale.

LA PÉROUSE, d'après ses dernières lettres de Botany-Bay, devait être rendu à l'île de France en 1788 [b]. Les deux années suivantes s'étant écoulées, les événemens importans qui occupaient et fixaient l'attention de la France entière, ne purent la détourner du sort qui semblait menacer nos navigateurs. Les premières réclamations à cet égard, les premiers accens de la crainte et de la douleur, se firent entendre à la barre de l'Assemblée nationale, par l'organe des membres de la société d'histoire naturelle.

« Depuis deux ans, disaient-ils, la France » attend inutilement le retour de M. DE LA » PÉROUSE ; et ceux qui s'intéressent à sa per- » sonne et à ses découvertes, n'ont aucune » connaissance de son sort. Hélas ! celui qu'ils

---

[b] *Voyez* tome IV, *pages 202 et 240.*

» soupçonnent est peut-être encore plus affreux
» que celui qu'il éprouve ; et peut-être n'a-t-il
» échappé à la mort que pour être livré aux
» tourmens continuels d'un espoir toujours
» renaissant et toujours trompé ; peut-être a-t-il
» échoué sur quelqu'une des îles de la mer du
» Sud, d'où il tend les bras vers sa patrie, et
» attend vainement un libérateur......

» Ce n'est pas pour des objets frivoles, pour
» son avantage particulier, que M. DE LA
» PÉROUSE a bravé des périls de tous les genres ;
» la nation généreuse qui devait recueillir le fruit
» de ses travaux, lui doit aussi son intérêt et ses
» secours.

» Déjà nous avons appris la perte de plusieurs
» de ses compagnons, engloutis dans les ondes
» ou massacrés par les sauvages : soutenez l'espé-
» rance qui nous reste de recueillir ceux de nos
» frères qui ont échappé à la fureur des flots ou
» à la rage des cannibales ; qu'ils reviennent sur
» nos bords, dussent-ils mourir de joie en
» embrassant cette terre libre....... »

# PRÉLIMINAIRE.

La demande de la société d'histoire naturelle, accueillie avec le plus vif intérêt, fut suivie de près par la loi qui ordonna l'armement de deux frégates pour aller à la recherche de LA PÉROUSE.

Les motifs d'après lesquels le décret fut rendu, les termes mêmes du rapport, font connaître l'intérêt tendre et touchant qu'inspiraient nos navigateurs, et l'empressement avec lequel, désirant les retrouver, on saisissait une simple lueur d'espérance, sans songer aux grands sacrifices que leur recherche exigeait :

« Depuis long-temps nos vœux appellent » M. DE LA PÉROUSE, et les compagnons de » son glorieux, trop vraisemblablement aussi de » son infortuné voyage.

» La société des naturalistes de cette capitale » est venue déchirer le voile que vous n'osiez » soulever ; le deuil qu'elle a annoncé est devenu » universel ; et vous avez paru accueillir avec » transport l'idée qu'elle est venue vous offrir » d'envoyer des bâtimens à la recherche de

# DISCOURS

» M. DE LA PÉROUSE. Vous avez ordonné à
» vos comités de marine, d'agriculture et de
» commerce, de vous présenter leurs vues sur un
» objet si intéressant : le sentiment qui a semblé
» vous déterminer, a aussi dicté leur avis.

» Il nous reste à peine la consolation d'en
» douter ; M. DE LA PÉROUSE a essuyé un
» grand malheur.

» Nous ne pouvons raisonnablement espérer
» que ses vaisseaux sillonnent en ce moment la
» surface des mers ; ou ce navigateur et ses
» compagnons ne sont plus, ou bien, jetés sur
» quelque plage affreuse, perdus dans l'immensité
» des mers innaviguées, et confinés aux extré-
» mités du monde, ils luttent peut-être contre
» le climat, contre les animaux, les hommes, la
» nature, et appellent à leur secours la patrie, qui
» ne peut que deviner leur malheur. Peut-être
» ont-ils échoué sur quelque côte inconnue, sur
» quelque rocher aride : là, s'ils ont pu trouver
» un peuple hospitalier, ils respirent, et vous
» implorent cependant ; ou s'ils n'ont rencontré
» qu'une

# PRÉLIMINAIRE.

» qu'une solitude, peut-être des fruits sauvages,
» des coquillages entretiennent leur existence :
» fixés sur le rivage, leur vue s'égare au loin sur
» les mers, pour y découvrir la voile heureuse
» qui pourrait les rendre à la France, à leurs
» parens, à leurs amis.

» Réduits à embrasser une idée qui n'est peut-
» être qu'une consolante erreur, vous êtes portés
» sans doute comme nous à préférer cette con-
» jecture à l'idée désespérante de leur perte :
» c'est celle qu'est venue vous présenter la société
» des naturalistes de Paris ; c'est celle que déjà
» M. DE LABORDE avait offerte à tous les
» cœurs sensibles, dans un mémoire lu à l'aca-
» démie des sciences.

» Mais si cette idée vous touche, si elle vous
» frappe, vous ne pouvez plus dès-lors vous
» livrer à d'impuissans regrets : l'humanité le veut;
» il faut voler au secours de nos frères. Hélas!
» où les chercher ! qui interroger sur leur sort!
» Peut-on explorer toutes les côtes sur une mer
» en quelque sorte inconnue! peut-on toucher

» à toutes les îles de ces archipels immenses
» qui offrent tant de dangers aux navigateurs!
» peut-on visiter tous les golfes, pénétrer dans
» toutes les baies! ne peut-on pas même, en
» attérissant à l'île qui les recèlerait, aborder
» dans un point, et les laisser dans un autre!

» Sans doute les difficultés sont grandes, le
» succès est plus qu'inespéré; mais le motif de
» l'entreprise est puissant. Il est possible que nos
» frères malheureux nous tendent les bras, il
» n'est pas impossible que nous les rendions à
» leur patrie; et dès-lors il ne nous est plus
» permis de nous refuser à la tentative d'une
» recherche qui ne peut que nous honorer. Nous
» devons cet intérêt à des hommes qui se sont
» dévoués; nous le devons aux sciences, qui
» attendent le fruit de leurs recherches : et ce qui
» doit augmenter cet intérêt, c'est que M. DE
» LA PÉROUSE n'était pas de ces aventuriers
» qui provoquent de grandes entreprises soit
» pour se faire par elles un nom fameux, soit
» pour les faire servir à leur fortune; il n'avait pas

# PRÉLIMINAIRE. lix

» même ambitionné de commander l'expédition
» qui lui fut confiée; il eût voulu pouvoir s'y refu-
» ser, et lorsqu'il en accepta le commandement,
» ses amis savent qu'il ne fit que se résigner.....

» Heureusement nous savons la route qu'il faut
» suivre dans une aussi douloureuse recherche;
» heureusement nous pouvons remettre à ceux
» qui seront chargés de cette touchante mission,
» le fil conducteur du périlleux labyrinthe qu'ils
» auront à parcourir.

» La proposition d'une recherche que l'huma-
» nité commande, ne peut être portée à cette
» tribune pour y être combattue par la parci-
» monie, ou discutée par la froide raison, quand
» elle doit être jugée par le sentiment.

» Cette expédition sera pour M. DE LA
» PÉROUSE, ou pour sa mémoire, la plus glo-
» rieuse récompense dont vous puissiez honorer
» ses travaux, son dévouement ou ses malheurs.
» C'est ainsi qu'il convient de récompenser.

» De pareils actes illustrent aussi la nation qui
» sait s'y livrer; et le sentiment d'humanité qui les

» détermine, caractérisera notre siècle. Ce n'est
» plus pour envahir et ravager, que l'Européen
» pénètre sous les latitudes les plus reculées,
» mais pour y porter des jouissances et des bien-
» faits ; ce n'est plus pour y ravir des métaux
» corrupteurs, mais pour conquérir ces végétaux
» utiles qui peuvent rendre la vie de l'homme
» plus douce et plus facile. Enfin, l'on verra, et
» les nations sauvages ne le considéreront pas
» sans attendrissement, l'on verra, aux bornes du
» monde, de pieux navigateurs interrogeant avec
» intérêt, sur le sort de leurs frères, les hommes
» et les déserts, les antres, les rochers, et même
» jusqu'aux écueils; on verra sur les mers les plus
» perfides, dans les sinuosités des archipels les
» plus dangereux, autour de toutes ces îles peu-
» plées d'anthropophages, errer des hommes
» recherchant d'autres hommes pour se précipiter
» dans leurs bras, les secourir et les sauver ».

A peine les navires envoyés à la recherche de
LA PÉROUSE furent-ils partis, que le bruit se
répandit qu'un capitaine hollandais passant devant

# PRÉLIMINAIRE.

les îles de l'Amirauté, à l'Ouest de la nouvelle Irlande, avait aperçu une pirogue montée par des naturels qui lui avaient paru revêtus d'uniformes de la marine française.

Le général D'ENTRECASTEAUX, qui commandait la nouvelle expédition, ayant relâché au cap de Bonne-Espérance, eut connaissance de ce rapport : malgré son peu d'authenticité et de vraisemblance, il n'hésita pas un seul instant ; il changea son projet de route pour voler au lieu indiqué. Son empressement n'ayant eu aucun succès, il recommença sa recherche dans l'ordre prescrit par ses instructions, et il l'acheva sans pouvoir obtenir le moindre renseignement ni acquérir la moindre probabilité sur le sort de notre infortuné navigateur.

On a diversement raisonné en France sur la cause de sa perte : les uns, ignorant la route qui lui restait à parcourir depuis Botany-Bay, et qui est tracée dans sa dernière lettre, ont avancé que ses vaisseaux avaient été pris dans les glaces, et que LA PÉROUSE, et tous ses compagnons, avaient péri de la mort la plus horrible; d'autres ont assuré que devant arriver à l'île de France vers la fin de 1788, il avait été victime du violent ouragan qui devint si funeste à la frégate la Vénus dont on n'a plus entendu parler, et qui avait démâté de tous ses mâts la frégate la Résolution.

Quoiqu'on ne puisse combattre l'assertion de ces derniers, on ne doit pas non plus l'admettre sans preuve. Si elle n'est point la vraie, LA PÉROUSE a dû probablement périr, par un mauvais temps, sur les nombreux ressifs dont les archipels qu'il avait encore à explorer, doivent être et ont en effet été reconnus parsemés, par le général D'ENTRECASTEAUX. La manière dont les deux frégates ont toujours navigué à la portée de la voix, aura rendu commun à toutes deux le même écueil; elles auront éprouvé le malheur dont elles avaient été si près le 6 novembre 1786, et auront été englouties sans pouvoir aborder à aucune terre.

Le seul espoir qui pût rester, serait qu'elles

# PRÉLIMINAIRE.

eussent fait naufrage sur les côtes de quelque île inhabitée ; dans ce cas peut-être existe-t-il encore quelques individus des deux équipages sur une des innombrables îles de ces archipels. Éloignés de la route parcourue, ils auraient échappé aux recherches, et ne pourraient revoir leur patrie que par l'effet du hasard qui y conduirait un bâtiment, toute ressource leur étant probablement enlevée pour en construire un.

On ne peut néanmoins se refuser d'observer que les sauvages font les trajets les plus longs dans de simples pirogues ; et on peut juger, à l'inspection de la carte, que si les naufragés avaient abordé soit dans une île déserte, soit parmi des sauvages qui les eussent épargnés, ils auraient pu, depuis neuf ans, parvenir de proche en proche dans un lieu d'où ils auraient donné de leurs nouvelles ; car il est probable qu'ils auraient tout tenté pour sortir de cet état d'anxiété et d'isolement pire que la mort. Si l'espérance qui nous reste n'est donc pas nulle, elle est du moins bien faible.

# DISCOURS

Un navigateur a déclaré avoir des indices du naufrage de LA PÉROUSE : on va juger de la confiance qu'ils méritent, par sa déposition, que je citerai littéralement sans me permettre d'autre observation que de comparer l'auteur avec lui-même, et de rapprocher son dire de la relation de BOUGAINVILLE.

*EXTRAIT des minutes de la justice de paix de la ville et commune de Morlaix.*

« GEORGE BOWEN, capitaine du vaisseau
» l'Albermàle, venant de Bombay à Londres, et
» conduit à Morlaix, interrogé s'il avait eu con-
» naissance de LA PÉROUSE, parti de France
» pour le tour du monde, a répondu qu'en
» décembre 1791, il a lui-même aperçu, dans
» son retour du port de Jakson à Bombay, sur
» la côte de la nouvelle Géorgie [c], dans la mer

[c] Reconnue par SCHORTLAND, lieutenant de la marine anglaise, en 1788 ; mais découverte en partie par BOUGAINVILLE, capitaine de vaisseau, en 1768, et plus encore par SURVILLE, capitaine de vaisseau de la compagnie des Indes, qui la nomma *terre des Arsacides*. (NOTE DU RÉDACTEUR.)

orientale,

# PRÉLIMINAIRE.

» orientale, les débris du vaisseau de M. DE LA
» PÉROUSE, flottant sur l'eau <sup>d</sup>, et qu'il estime
» être provenus de bâtiment de construction fran-
» çaise; qu'il n'a pas été à terre, mais que les
» naturels du pays sont venus à son bord; qu'il n'a
» pu comprendre leur langage, mais que par leurs
» signes il avait compris qu'un bâtiment avait
» abordé sur ces parages; que ces naturels con-
» naissaient l'usage de plusieurs ouvrages en fer,
» dont ils étaient curieux; et que lui interrogé
» avait échangé plusieurs ferrailleries avec ces
» Indiens, contre des verroteries et des arcs :
» quant au caractère de ces Indiens, qu'ils lui
» avaient paru pacifiques [e], et plus instruits que
» les habitans de Taïti, puisqu'ils avaient une
» connaissance parfaite des ouvrages en fer;
» que leurs pirogues étaient supérieurement

[d] LA PÉROUSE n'a pu périr qu'en 1788. Je laisse à ceux qui connaissent les effets des vagues de la mer sur un bâtiment naufragé, à juger si ces débris pouvaient encore exister flottant sur l'eau à la fin de décembre 1791. (N. D. R.)

[e] Ces Indiens caractérisés comme pacifiques, attaquèrent les chaloupes que BOUGAINVILLE avait envoyées à terre pour faire de l'eau, dès qu'elles furent entrées dans la baie de Choiseuil. (N. D. R.)

» travaillées : que lorsque les naturels du pays
» étaient à son bord, il n'avait encore eu aucune
» connaissance de ces débris, et qu'en longeant
» la côte il les aperçut, à l'aide d'un grand feu
» allumé à terre, vers minuit [f] du 30 décembre
» 1791 ; que sans ce feu, il eût vraisemblable-
» ment fait côte sur les roches du cap Déception.
» Déclare l'interrogé, que dans toute cette partie
» de la côte de la nouvelle Géorgie, il a reconnu
» un grand nombre de cabanes ou cases; que ces
» Indiens étaient d'une stature robuste et d'un
» caractère doux, d'où il présume que si M. DE
» LA PÉROUSE ou quelques-uns de son équipage
» sont à terre, ils existent encore [g]; et qu'il sait que
» de tous les bâtimens qui ont navigué dans ces

[f] Il est sans doute surprenant que les débris vus par GEORGE BOWEN, et assurés être ceux du vaisseau de LA PÉROUSE, et de construction française, ce qui les suppose considérables et examinés de près et avec attention, ne se trouvent ici qu'aperçus, à minuit, à la clarté d'un feu allumé à terre. ( N. D. R. )

[g] BOUGAINVILLE, obligé de repousser par la force l'attaque de ces Indiens, s'empara de deux de leurs pirogues, dans lesquelles il trouva, entre autres choses, *une mâchoire d'homme à demi grillée*, preuve évidente d'anthropophagie. ( N. D. R. )

# PRÉLIMINAIRE.

» parages, il n'y a eu que M. DE BOUGAINVILLE,
» l'Alexandre, FRENDSHIP de Londres, M. DE
» LA PÉROUSE et l'interrogé qui y ayent été;
» qu'en conséquence il présume que ce sont les
» débris du bâtiment de M. DE LA PÉROUSE[h],
» puisque l'Alexandre a été coulé bas dans le
» détroit de Macassa, et que FRENDSHIP est
» arrivé à port en Angleterre. Interrogé s'il avait
» vu sur les naturels du pays quelques hardes qui
» dénotassent qu'ils eussent communiqué avec des
» Européens, a répondu que ces Indiens étaient
» nus; que le climat est très-chaud, et que,
» par leurs signes, il avait reconnu qu'ils avaient
» antérieurement vu des vaisseaux; qu'il a aperçu
» en la possession de ces Indiens, des filets de
» pêche dont les fils étaient de lin, et dont la
» maille était de main-d'œuvre européenne[i]; qu'il

---

[h] Le capitaine anglais ne donne plus comme une certitude que les débris aperçus soient ceux du vaisseau de LA PÉROUSE; ce n'est plus qu'une simple présomption. (N. D. R.)

[i] BOUGAINVILLE trouva dans les pirogues qui tombèrent en son pouvoir, *des filets à mailles très-fines, artistement tissus.* Il est probable que leur perfection a induit GEORGE BOWEN en erreur. (N. D. R.)

« en a, par curiosité, pris un morceau, d'après
» lequel il serait facile de juger que la matière
» et la main-d'œuvre proviennent d'Europe ».

Tels sont, jusqu'à ce jour, les seuls indices obtenus sur le sort de notre navigateur.

Des indices publics, toujours subsistans, de la route qu'il a parcourue et des lieux qu'il a visités, sont les médailles frappées à l'occasion de son voyage, et laissées ou distribuées par LA PÉROUSE pendant le cours de cette campagne. Il lui en avait été remis environ cent tant en argent qu'en bronze, et six cents autres de différentes espèces. Connaissant la route qui lui restait à parcourir, ces médailles pourront un jour nous indiquer à peu près en quel lieu son malheur l'a interrompue.

La médaille relative au voyage, devenue monument historique, et étant susceptible d'être retrouvée un jour par d'autres navigateurs, je ne puis m'empêcher de la faire connaître, quoique je n'aye pas cru devoir la faire graver : elle est, d'un côté, à l'effigie du roi, avec la légende ordinaire ; le revers porte cette inscription, entourée de deux branches d'olivier nouées par un ruban :

Les frégates du roi de France, la Boussole et l'Astrolabe, commandées par MM. de la Pérouse et de Langle, parties du port de Brest en juin 1785.

Tant de précautions prises pour le succès et l'authenticité d'une grande expédition, les dépenses qu'elle occasionne, les peines et les malheurs qu'elle entraîne, feront mettre en doute par quelques hommes à prévention et à système, si ces soins et ces peines sont compensés par l'utilité réciproque que trouvent les peuples dans les voyages de découvertes. Quoique j'aye refusé moi-même de reconnaître comme un bienfait l'introduction des animaux domestiques ou de quelques plantes farineuses chez les sauvages, comparée aux maux qui résultent pour eux des notions fausses ou superficielles que nos principes leur suggèrent, et de la communication soudaine de nos mœurs et de nos usages; je dis qu'après leur avoir donné des connaissances isolées qu'ils ne savent étendre ni appliquer, des végétaux et des animaux qu'ils ne conservent ni ne perpétuent, les abandonner à eux-mêmes, c'est rendre vain le désir de connaître et de jouir qu'on a excité en eux, c'est faire leur malheur; mais que les élever par degrés pour les civiliser, en faire des peuplades policées avant d'en faire des peuples polis, et ne leur donner de nouveaux besoins et de nouveaux procédés qu'avec le moyen de pourvoir aux uns et de se servir utilement des autres, c'est préparer et assurer à leur génération les heureux résultats du développement des facultés humaines.

S'il peut résulter pour nous comme pour eux des inconvéniens de ces communications lorsque les rapports sont si différens, les grands avantages que les sciences et les arts retirent des voyages de découvertes ne peuvent être raisonnablement contestés. C'est un besoin pour l'homme civilisé de proportionner ses connaissances et ses jouissances à la capacité de son entendement et à

# PRÉLIMINAIRE.

l'étendue de ses désirs. Le navigateur, en avançant, découvre de nouvelles productions utiles à l'humanité; il détermine les divers points du globe, et assure sa route et celle des autres; il apprend à juger ses semblables par un plus grand nombre de rapports, et chacun de ses progrès est un nouveau pas vers la connaissance de l'homme et de la nature. Il est grand, il est beau de faire ainsi des dépenses et de courir des risques pour les besoins de la société entière et l'accroissement des vraies richesses.

Si quelques philosophes ont improuvé les voyages en général, parce que des expéditions entreprises dans des vues ambitieuses et intéressées, avaient entraîné à leur suite des actes de barbarie, c'est qu'ils les ont sans doute confondues avec les voyages de découvertes, qui ont eu pour objet de porter des bienfaits aux peuples, et d'agrandir le champ de la science.

Ces bienfaits, dira-t-on peut-être, sont le prix de leur sang, parce qu'on ne les contient qu'en déployant une force qui devenant funeste aux navigateurs eux-mêmes, occasionne un double crime aux yeux de la philosophie et de la nature.

Que l'on consulte les navigateurs connus par leur modération ; leurs relations nous prouvent qu'en employant les moyens que la prudence commande, il est aisé de contenir les sauvages par le simple appareil de la force : bientôt attachés par les bienfaits aux voyageurs qu'ils respectent, ils sont susceptibles de reconnaissance, et par conséquent de tout autre sentiment.

Il faut rendre justice au motif qui a égaré ces philosophes ; ce motif respectable, c'est l'humanité. Nous devons donc être d'accord désormais, d'après la conduite de nos navigateurs, en voyant leur ménagement extrême pour la vie des sauvages, qui se détruisent entre eux sous le plus léger prétexte ; la férocité de ces derniers adoucie par la civilisation, et l'immense quantité de sang épargnée par l'abolition des sacrifices humains, si révoltans, et si généralement répandus chez les peuples sauvages.

# VOYAGE

## AUTOUR DU MONDE

PENDANT LES ANNÉES

1785, 1786, 1787 ET 1788.

---

## DÉCRET

DE L'ASSEMBLÉE NATIONALE,

Du 9 Février 1791.

L'Assemblée nationale, après avoir entendu ses comités réunis d'agriculture, de commerce et de marine, décrète,

Que le roi sera prié de donner des ordres à tous les ambassadeurs, résidens, consuls, agens de la nation auprès des différentes puissances, pour qu'ils ayent à engager, au nom de l'humanité, des arts et des sciences, les divers souverains auprès desquels ils résident, à charger tous les navigateurs et agens quelconques qui sont dans leur dépendance, en quelque lieu qu'ils soient, mais notamment dans la partie australe de la mer du Sud, de faire toutes recherches des deux frégates françaises la Boussole et l'Astrolabe, commandées par M. de la Pérouse, ainsi pourrait constater leur existence ou leur naufrage; afin que dans le cas où M. DE LA PÉROUSE et ses compagnons seraient trouvés ou rencontrés, n'importe en quel lieu, il leur soit donné toute assistance, et procuré tous les moyens de revenir dans leur patrie, comme d'y pouvoir rapporter tout ce qui serait en leur possession; l'Assemblée nationale prenant l'engagement d'indemniser et même de récompenser, suivant l'importance du service, quiconque prêtera secours à ces navigateurs, pourra procurer de leurs nouvelles, ou ne ferait même qu'opérer la restitution à la France, des papiers et effets quelconques qui pourraient appartenir ou avoir appartenu à leur expédition:

Décrète en outre, que le roi sera prié de faire armer un ou plusieurs bâtimens, sur lesquels seront embarqués des savans, des naturalistes et des dessinateurs, et de donner aux commandans de l'expédition la double mission de rechercher M. DE LA PÉROUSE, d'après les documens, instructions et ordres qui leur seront donnés, et de faire en même temps des recherches relatives aux sciences et au commerce, en prenant toutes les mesures pour rendre, indépendamment de la recherche de M. DE LA PÉROUSE, ou même après l'avoir recouvré ou s'être procuré de ses nouvelles, cette expédition utile et avantageuse à la navigation, à la géographie, au commerce, aux arts et aux sciences.

Collationné à l'original, par nous président et secrétaires de l'Assemblée nationale. A Paris, ce 24 février 1791. *Signé* DUPORT, président; LIORÉ, BOUSSION, secrétaires.

# DE LA PÉROUSE.

# DÉCRET

## DE L'ASSEMBLÉE NATIONALE,

Du 22 Avril 1791.

L'ASSEMBLÉE NATIONALE décrète que les relations et cartes envoyées par M. DE LA PÉROUSE, de la partie de son voyage jusqu'à Botany-Bay, seront imprimées et gravées aux dépens de la nation, et que cette dépense sera prise sur le fonds de deux millions ordonné par l'article XIV du décret du 3 août 1790;

Décrète qu'aussitôt que l'édition sera finie et qu'on en aura retiré les exemplaires dont le roi voudra disposer, le surplus sera adressé à M.<sup>me</sup> DE LA PÉROUSE avec une expédition du présent décret, en témoignage de satisfaction du dévouement de M. DE LA PÉROUSE à la chose publique et à l'accroissement des connaissances humaines et des découvertes utiles;

Décrète que M. DE LA PÉROUSE restera porté sur l'état de la marine jusqu'au retour des bâtimens envoyés à sa recherche, et que ses appointemens continueront à être payés à sa femme, suivant la disposition qu'il en avait faite avant son départ.

Collationné à l'original, par nous président et secrétaires de l'Assemblée nationale. A Paris, ce 25 avril 1791. *Signé* REUBELL, président; GOUPIL-PREFELN, MOUGINS-ROQUEFORT,

# VOYAGE

## ÉTAT GÉNÉRAL ET NOMINATIF

*Des Officiers, Savans, Artistes et Marins, embarqués sur les frégates la* BOUSSOLE *et l'*ASTROLABE, *aux ordres de* M. DE LA PÉROUSE.

Juillet 1785.

### LA BOUSSOLE.

MM.

DE LA PÉROUSE............ { Capitaine de vaisseau, commandant en chef, employé comme chef de division, fait chef d'escadre le 2 novembre 1786.

*Lieutenans.*

DE CLONARD............. { Chargé du détail, fait capitaine de vaisseau.

D'ESCURES.

*Enseignes.*

BOUTIN.................. { Fait lieutenant de vaisseau le 1.ᵉʳ mai 1786, et major le 14 avril 1788.

DE PIERREVERT.

COLINET................. { Lieutenant de frégate, fait sous-lieutenant de vaisseau le 1.ᵉʳ mai 1786.

*Gardes de la marine.*

MEL DE SAINT-CÉRAN...... Débarqué à Manille le 16 avril 1787.

DE MONTARNAL.

DE ROUX DARBAUD......... { Volontaire, fait élève de la marine le 1.ᵉʳ janvier 1786, et lieutenant de vaisseau le 14 avril 1786.

Frédéric BROUDOU............ { Volontaire, fait lieutenant de vaisseau le 1.er août 1786.

## Ingénieurs, Savans et Artistes.

DE MONNERON............... { Capitaine au corps du génie, ingénieur en chef.

BERNIZET..................... Ingénieur-géographe.

ROLLIN....................... Chirurgien-major entretenu.

LEPAUTE DAGELET........... { De l'académie des sciences, professeur à l'école militaire, astronome.

DE LAMANON................ { Physicien, minéralogiste, météréologiste.

L'abbé MONGÈS.............. { Chanoine régulier de la congrégation de France, physicien, et faisant les fonctions d'aumônier.

DUCHÉ DE VANCY.......... Dessinateur de figures et paysages.

PREVOST le jeune............. Dessinateur pour la botanique.

COLLIGNON.................. Jardinier-botaniste.

GUERY....................... Horloger.

## Officiers mariniers.

Jacques DARRIS............... Premier maître d'équipage.

Étienne LORMIER.............. *Idem.*

Vincent LE FUR............... Maître d'équipage.

Jérôme LAPRISE MOUTON.... Fait sous-lieutenant de vaisseau.

François TAYER............... Contre-maître.

François ROPARS.............. *Idem.*

Jean-Michel LE BEC........... Quartier-maître.

Jean-Baptiste LE MAITRE...... Second pilote.

Eutrope FAURE................ Aide-pilote.

### Canonniers et Fusiliers.

| | |
|---|---|
| Pierre TALIN | Fourrier de la marine, premier maître canonnier. |
| Edme-François-Mathieu LIVIERRE. | Sergent-canonnier. |
| Antoine FLHIRE | Caporal. |
| François DIEGE | Fusilier. |
| Georges FLEURY | *Idem.* |
| Jean BOLET | *Idem.* |
| Pierre LIEUTOT | *Idem.* |
| Étienne DUTERTRE | Tambour. |

### Charpentiers, Calfats et Voiliers.

| | |
|---|---|
| Pierre CHARRON | Maître charpentier. |
| Jean-Baptiste-François SOUDÉ | Aide-charpentier. |
| André CHAUVE | *Idem.* |
| Pierre MESCHIN | Maître calfat. |
| Claude NEVIN | Aide-calfat. |
| Jean FAUDIL | *Idem.* |
| Alexandre MOREAU | *Idem.* |
| Jacques FRANCHETEAU | Maître voilier. |
| André VERRIER | Aide-voilier. |
| Laurent POINTEL | *Idem.* |

### Gabiers, Timonniers et Matelots.

Guillaume DURAND.  
Jean MASSON.  
Jacques POCHIC.  
Julien HELLEC.  
François GORIN.  

François LHOSTIS.  
Jean-Marie DREAU.  
Alain MARZIN.  
Pierre BONNY.  
Charles LE DUC.

Pierre BRETAUD.
Jean FRICHOUX.
Guillaume STEPHAN.
Pierre-Marie LASTENNEC.
Jean GOHONNEC.
Yves LE BIHAN.
Corentin JERS.
Jean LUCO.
Louis PLEMER.
François GLOAHEC.
Joseph LE BAS.
Joseph PLEVIN.
Jean DARAN.
Jean DONETY.

Paul-Joseph BERTELÉ.
Jean MAGNEUR.
Jean-François DUQUESNE.
André-Marie LE BRICE.
Bertrand DANIEL.
Jean GARNIER.
Louis LE BOT.
Alain ABGRAL.
Charles-Antoine CHAUVRY.
Pierre ACHARD.
Guillaume PICHARD.
Hilarion-Marie NORET.
Jean-Pierre CHEVREUIL.
Julien ROBERT.

*Canonniers servans.*

César-Augustin DE ROZIER.
Michel BERRIN.
François-Joseph VAUTRON.
André ROTH.
Jean BLONDEAU.
Michel NITERHOFFER.

Pierre PRIEUR.
Marens CHAUB.
Jean-Pierre FRAICHOT.
Pierre GUILLEMIN.
Jean GILLET.
Joseph RAYES.

*Surnuméraires.*

Jean QUERENNEUR.......... Pilote côtier.
Jacques LE CAR............. Second chirurgien.
Jean LOUVIGNI............. Premier commis.
Simon ROLLAND............ Tonnelier.
Joseph VANNEAU........... Boulanger.

Jean-Pierre DURAND.......... Maître armurier.
Jean-Marie BLEAS............ Forgeron.
René-Marie COSQUET......... Maître charpentier.
Jacques QUINION............ Coq.

### Domestiques.

Pierre CAZAURANT.            René DE SAINT-MAURICE.
Jean-François BISALION.      Louis DAVID.
François BRETEL.             BENJAMIN (nègre).
Michel SIRON.

### SUPPLÉMENT.

GUYET DE LA VILLENEUVE.... Embarqué à Manille le 7 avril 1787.
Jean-Charles MASSEPIN...... Fusilier.
Dominique CHAMPION........ *Idem.*
Pierre LEBIS................ *Idem.*
Jean JUGON................. *Idem.*
Pierre MOTTE............... *Idem.*
Six matelots chinois.

## L'ASTROLABE.

MM.
DE LANGLE................. Capitaine de vaisseau, commandant.

### Lieutenant.

DE MONTI.................. Fait capitaine de vaisseau.

### Enseignes.

FRETON DE VAUJUAS.
DAIGREMONT.
DE LA BORDE MARCHAINVILLE.. Surnuméraire.
BLONDELA................. Lieutenant de frégate.

*Gardes*

## Gardes de la marine.

| | |
|---|---|
| DE LA BORDE BOUTERVILLIERS. | Fait lieutenant de vaisseau le 1.er mai 1786. |
| LAW DE LAURISTON............ | Idem. |
| RAXI DE FLASSAN............. | Surnuméraire, fait lieutenant de vaisseau le 1.er mai 1786. |

## Savans et Artistes.

| | |
|---|---|
| MONGE...................... | Professeur à l'école militaire, astronome ; débarqué à Ténériffe le 29 août 1785. |
| DE LA MARTINIÈRE............ | Docteur en médecine, botaniste. |
| DUFRESNE................... | Naturaliste. |
| LE PÈRE RECEVEUR........... | Religieux Cordelier, naturaliste, et faisant les fonctions d'aumônier. |
| PREVOST, oncle.............. | Dessinateur pour la botanique. |
| LAVAUX..................... | Chirurgien ordinaire de la marine. |
| LESSEPS.................... | Vice-consul de Russie, interprète ; débarqué au Kamtschatka, et chargé de porter à Paris les dépêches de M. DE LA PÉROUSE. |

## Officiers mariniers.

| | |
|---|---|
| François LAMARE............. | Maître d'équipage. |
| François-Marie AUDIGNON..... | Idem, surnuméraire. |
| Sébastien ROLLAND........... | Contre-maître. |
| Guillaume-Marie GAUDEBERT.. | Idem. |
| Mathurin LÉON............... | Premier pilote. |
| Adrien DE MAVEL............. | Second pilote. |
| Pierre BROSSARD............. | Aide-pilote, fait sous-lieutenant de vaisseau. |
| Jean L'AÎNÉ................. | Aide-pilote. |

### Canonniers.

| | |
|---|---|
| Jean GAULIN............ | Sergent de la marine, maître canonnier. |
| Léonard SOULAS......... | Caporal, second canonnier. |
| Jacques MOREL.......... | Aide-canonnier. |
| Pierre CHAUVIN......... | *Idem.* |
| Pierre PHILIBY......... | *Idem.* |
| François SAULOT........ | *Idem.* |
| Christophe GILBERT..... | Caporal, aide - canonnier. |
| Jean-Pierre HUGUET..... | Tambour, *idem.* |

### Charpentiers, Calfats et Voiliers.

| | |
|---|---|
| Robert-Marie LE GAL..... | Maître charpentier. |
| Jean BERNY............. | Second charpentier. |
| François BIZIEU........ | *Idem.* |
| Jean LE CAM............ | *Idem.* |
| Jean-François PAUL..... | Maître calfat. |
| Louis MEVEL............ | *Idem.* |
| Jean GROSSET........... | Maître voilier. |
| Olivier CREACHADEC..... | Aide - voilier. |
| Yves QUELENEC.......... | Maître calfat. |
| François LEBOUCHER..... | Aide - calfat. |
| Bastien TANIOU......... | Bosseman. |
| Yves BOURHIS........... | Aide - voilier. |

### Gabiers, Timonniers et Matelots.

| | |
|---|---|
| Louis ALLES. | Guillaume DUQUESNE. |
| Pierre-Marie RIO. | Charles-Jacques-Antoine RIOU. |
| Jean MOAL. | François LE LOCAT. |
| Joseph LE QUELLEC. | Yves-Louis GARANDEL. |

Bertrand LEISSEIGUE.
Julien RUELLAND.
Jean LE BRIS.
Denis LE CORS.
Jean LE GUYADER.
Pierre BANNIOU.
Joseph RICHEBECQ.
François-Marie VAUTIGNY.
Yves HAMON.
Jean HAMON.
Gilles HENRY.
Goulven TARREAU.
Jean-Marie BASSET,
    Débarqué à Macao en Chine, le 19 janvier 1787.
Pierre-Marie-Fidèle PAUGAM.
Jean-Louis BELLEC.
Joseph LE BLOIS.
Jean-Marie LETANAFF.

Guillaume-Lambert NICOLE.
Jean MONENS.
Louis MEZON.
Guillaume QUEDEC.
Pierre FOUACHE.
Jean REDELLEC.
Guillaume AUTRET.
Claude LORGI.
Jean GOURMELON.
Jean BERNARD.
Alain CRÉE,
    Déserté à la Conception du Chili le 14 mars 1786.
François FERET.
Mathurin CAUSIAU.
Guillaume RICHARD.
Laurent ROBIN.
Julien MASSÉ.
Jean-Thomas ANDRIEUX.

### *Canonniers servans.*

Pierre GUIMARD.
Louis DAVID.
Joseph FRETCH.
Louis SPAN,
    Déserté à la Conception, le 14 mars 1786.
Chrétien THOMAS.

Jean-Baptiste PLINER.
Coderant LENDEBERT.
Jean-Gautier PLUMEUR.
Juliens LE PENN.
François BIGNON.
Pierre RABIER.

### *Surnuméraires.*

François QUERRÉ............ Pilote côtier.

| | |
|---|---|
| Jean GUILLOU............ | Chirurgien. |
| Jean-Marie KERMEL......... | Commis aux vivres, mort le 7 septembre 1787, de la suite d'une blessure d'une arme à feu. |
| Pierre CANEVET............ | Tonnelier. |
| René RICHARD............ | Boucher. |
| Nicolas BOUCHER.......... | Boulanger. |
| Jacques LE RAND.......... | Armurier. |
| François-Marie OMNES...... | Forgeron. |
| François MORDELLE........ | Mousse. |

## *Domestiques.*

| | |
|---|---|
| Yves RIOU............... | Débarqué à Ténériffe le 30 août 1785. |
| Simon-Georges DEVEAU. | |
| Jean GERAUD. | |
| Jean SOL................ | Mort le 11 août 1786. |
| Jean-Louis DROUX......... | Débarqué à Macao le 1.er février 1787. |
| François POTORELLE. | |
| Joseph HEREAU. | |

## SUPPLÉMENT.

| | |
|---|---|
| DUPAC DE BELLEGARDE.... | Garde de la marine, fait lieutenant de vaisseau le 4 août 1786; provenant de la flûte *le Maréchal de Castries*; embarqué à Macao le 1.er janvier 1787. |
| LE GOBIEN............... | Garde de la marine, fait lieutenant de vaisseau le 5 mars 1788; provenant de *la Subtile*; embarqué à Manille le 8 avril 1787. |
| Pierre DESLUCHES.......... | Fusilier. |
| Michel-Étienne PHILIPPE.... | *Idem.* |
| François MARIN............ | *Idem.* |
| Six matelots chinois.......... | Embarqués à Macao. |

# MÉMOIRE DU ROI,

*Pour servir d'Instruction particulière au sieur* DE LA PÉROUSE, *capitaine de ses vaisseaux, commandant les frégates la* BOUSSOLE *et l'*ASTROLABE.

26 Juin 1785.

SA MAJESTÉ ayant fait armer au port de Brest les frégates la BOUSSOLE, commandée par le sieur DE LA PÉROUSE, et l'ASTROLABE par le sieur DE LANGLE, capitaines de ses vaisseaux, pour être employées dans un voyage de découvertes; elle va faire connaître au sieur DE LA PÉROUSE, à qui elle a donné le commandement en chef de ces deux bâtimens, le service qu'il aura à remplir dans l'expédition importante dont elle lui a confié la conduite.

Les différens objets que sa majesté a eus en vue en ordonnant ce voyage, ont exigé que la présente Instruction fût divisée en plusieurs parties, afin qu'elle pût expliquer plus clairement au sieur DE LA PÉROUSE, les intentions particulières de sa majesté sur chacun des objets dont il devra s'occuper.

La première partie contiendra son itinéraire ou le projet de sa navigation suivant l'ordre des découvertes qu'il s'agit de faire ou de perfectionner; et il y sera joint un recueil de notes géographiques et historiques, qui pourront le guider dans les diverses recherches auxquelles il doit se livrer.

La seconde partie traitera des objets relatifs à la politique et au commerce.

La troisième exposera les opérations relatives à l'astronomie, à la géographie, à la navigation, à la physique, et aux différentes branches de l'histoire naturelle, et réglera les fonctions des astronomes, physiciens, naturalistes, savans et artistes employés dans l'expédition.

La quatrième partie prescrira au sieur DE LA PÉROUSE la conduite qu'il devra tenir avec les peuples sauvages et les naturels des divers pays qu'il aura occasion de découvrir ou de reconnaître.

La cinquième enfin lui indiquera les précautions qu'il devra prendre pour conserver la santé de ses équipages.

## PREMIÈRE PARTIE.

*Plan du Voyage, ou projet de Navigation.*

LE sieur DE LA PÉROUSE appareillera de la rade de Brest aussitôt que toutes ses dispositions seront achevées.

Il relâchera successivement à Funchal dans l'île de Madère, et à la Praya dans celle de S. Jago. Il se pourvoira de quelques barriques de vin dans le premier port, et complétera son eau et son bois dans le dernier, où il pourra également se procurer quelques rafraîchissemens. Il observera cependant, à l'égard de la Praya, qu'il doit y faire le moins de séjour qu'il lui sera possible, parce que le climat y est très-mal-sain dans la saison où il y relâchera,

Il coupera la Ligne par 29 ou 30$^d$ de longitude occidentale du méridien de Paris ; et si le vent le lui permettait, il tâcherait de reconnaître Pennedo de San-Pedro *(Voyez la note 2)*, et d'en fixer la position.

Il reconnaîtra l'île de la Trinité *(notes 10 et 11)*, y mouillera, pourra y faire de l'eau et du bois, et y remplira un objet particulier de ses instructions.

En quittant cette île, il viendra se mettre en latitude de l'île Grande de la Roche *(note 19)*, par les 35 degrés de longitude occidentale ; il suivra les parallèles de 44 à 45 degrés, jusqu'à 50 degrés de longitude, et il abandonnera la recherche de cette île s'il ne l'a pas rencontrée quand il aura atteint ce méridien. S'il préférait de venir l'attaquer par l'Ouest, il renfermerait toujours sa recherche entre les méridiens ci-dessus fixés.

Il se portera ensuite à la latitude de la terre de la Roche, nommée par Cook *île de Georgia*, par 54 degrés Sud. Il l'attaquera par la pointe du Nord-Ouest, et il en visitera particulièrement la côte méridionale, qui n'a pas encore été reconnue.

De là, il viendra rechercher la terre de Sandwich *(note 20)*, par les 57 degrés de latitude Sud : il observera que le capitaine Cook n'a pu reconnaître que quelques points de la côte occidentale de cette terre, et qu'on en ignore l'étendue vers l'Est et au Sud. Il en visitera particulièrement la côte orientale, pour la prolonger ensuite vers le Sud, et la tourner dans cette partie, si les glaces n'opposent pas un obstacle invincible à ses recherches, dans la saison où il viendra la reconnaître.

Lorsqu'il sera assuré de l'étendue de cette terre à l'Est et au Sud, il fera route pour aller attaquer la terre des États, doublera le cap Horn, et ira mouiller à Christmas-sound, ou baie de Noël, à la côte du Sud-Ouest de la terre de Feu, où il se pourvoira d'eau et de bois ; mais s'il éprouvait trop de difficulté à remonter dans l'Ouest, par les vents qui règnent ordinairement de cette partie, et les courans qui portent quelquefois avec rapidité dans l'Est, il viendrait chercher la côte du Brésil, à la hauteur où il pourrait l'attaquer, longerait cette côte avec les vents variables ou les brises de terre, et pourrait même toucher aux îles Malouines, qui présentent des ressources dans différens genres. Il passerait ensuite le détroit de le Maire, ou doublerait par l'Est la terre des États, pour se rendre au port de Christmas-sound, qui, dans tous les cas, sera le premier rendez-vous des bâtimens de sa majesté, en cas de séparation.

En quittant Christmas-sound, il dirigera sa route de manière à couper le méridien de 85 degrés à l'Occident, par la latitude de 57 degrés Sud, et il suivra ce parallèle jusqu'à 95 degrés de longitude, pour chercher la terre et le port de Drake *(note 23)*.

Il viendra ensuite couper le méridien de 105 degrés, par le parallèle de 38 degrés, qu'il conservera jusqu'à 115 degrés de longitude, pour tâcher de reconnaître une terre qu'on
dit

dit avoir été découverte par les Espagnols en 1714 *(note 25)*, à 38 degrés de latitude, entre le 108.ᵉ et le 110.ᵉ méridien.

Après cette recherche, il ira se mettre en latitude de 27ᵈ 5′, sur le méridien de 108 degrés à l'Occident, pour chercher, sur ce parallèle, l'île d'Easter, ou de Pâque, située à 112ᵈ 8′ de longitude. Il y mouillera pour remplir l'objet particulier qui lui sera prescrit dans la seconde partie de la présente Instruction.

De cette île, il se reportera à la latitude de 32 degrés, sur le méridien de 120 degrés à l'Occident, et il se maintiendra sur ledit parallèle, jusqu'à 135 degrés de longitude, pour rechercher une terre vue par les Espagnols en 1773 *(note 27)*.

A ce point de 135 degrés de longitude et 32 de latitude, les deux frégates se sépareront. La première s'élèvera jusqu'au parallèle intermédiaire entre 16 et 17 degrés, et s'y maintiendra depuis le 135.ᵉ jusqu'au 150.ᵉ méridien à l'Ouest de Paris, d'où elle fera route pour l'île d'O-Taïti. L'intervalle du 16.ᵉ au 17.ᵉ degré de latitude, sur un espace de 25 degrés en longitude, n'ayant été visité par aucun des navigateurs modernes, et tout le voisinage de ces parallèles étant semé d'îles basses, il est vraisemblable que le bâtiment qui suivra la direction ci-dessus tracée, rencontrera des îles nouvelles qui peuvent être habitées, ainsi que le sont la plupart des îles basses de ces parages.

Dans le même temps, la seconde frégate, à partir du même point de 32 degrés de latitude et 135 degrés de longitude, s'élèvera dans le Nord jusqu'à 25$^d$ 12', et tâchera de s'établir sur ce parallèle, à commencer du 131.$^e$ ou 132.$^e$ méridien. Elle y recherchera l'île Pitcairn, découverte en 1767 par CARTERET, et située à 25$^d$ 12" de latitude. La longitude de cette île est encore incertaine, parce que ce navigateur n'avait aucun moyen pour la fixer par observation : il est fort à désirer qu'elle puisse être déterminée avec précision, parce que la position de cette île bien connue servirait à rectifier de proche en proche celle des autres îles ou terres découvertes ultérieurement par CARTERET.

En quittant l'île Pitcairn, le second bâtiment fera route dans l'Ouest, et ensuite dans le Nord-Ouest, pour rechercher successivement les îles de l'Incarnation, de Saint-Jean-Baptiste, de Saint-Elme, des Quatre-Couronnées, de Saint-Michel, et de la Conversion de S.$^t$-Paul, découvertes par QUIROS en 1606 *( note 28 )*, qu'on suppose devoir être situées dans le Sud-Est d'O-Taïti, et qui n'ont point été reconnues ni même recherchées par les navigateurs de ce siècle. Le second bâtiment parviendra ainsi, par la route du Nord-Ouest, jusqu'au 150.$^e$ méridien occidental et au 19.$^e$ degré de latitude, d'où il se rendra à O-Taïti.

Il est à présumer que les deux bâtimens pourront y être rendus dans les derniers jours d'avril. Cette île sera le second rendez-vous des bâtimens du roi, en cas de séparation. Ces deux frégates mouilleront, en premier lieu, dans la baie d'Oheitepeha, située à la pointe Nord-Est de la partie de l'île nommée *Tiarraboo* ou *O-Taïti-ete*, laquelle se trouve au vent de la baie de Matavai, située à la pointe du Nord ou pointe Vénus ; et elles relâcheront ensuite à cette dernière, afin de se procurer, par ces deux différentes relâches, plus de facilités pour obtenir les rafraîchissemens dont elles auront besoin.

Le sieur DE LA PÉROUSE quittera O-Taïti après un mois de séjour. Il pourra visiter, en passant, les îles de Huaheine, Ulietea, Otaha, Bolabola, et autres îles de la Société, pour s'y procurer des supplémens de vivres, pourvoir ces îles des ouvrages d'Europe qui sont utiles à leurs habitans, et y semer les graines, y planter les arbres, légumes, &c. qui pourraient par la suite présenter de nouvelles ressources aux navigateurs européens qui traverseraient cet océan.

En quittant les îles de la Société, il fera route dans le Nord-Ouest, pour se mettre en latitude de l'île Saint-Bernard de QUIROS *(note 28)*, vers 11 degrés. Il ne poussera la recherche de cette île que du 158.$^e$ au 162.$^e$ méridien ; et, de la latitude de 11 degrés, il s'élèvera par le Nord-Ouest jusqu'au 5.$^e$ parallèle Sud, et au méridien de 166 à 167 degrés ; il prendra alors sa route dans le Sud-Ouest, pour traverser, dans cette direction, la partie de mer située au Nord de l'archipel des îles des Amis, où il est vraisemblable qu'il rencontrera, d'après les rapports des naturels de ces îles, un grand nombre d'autres terres qui n'ont point encore été visitées par les Européens, et qui doivent être habitées. Il serait à désirer qu'il pût retrouver l'île de la Belle-Nation de QUIROS, qu'il doit chercher entre le parallèle de 11 degrés et celui de 11½, depuis le 169.ᵉ degré de longitude jusqu'au 171.ᵉ, et successivement les îles des Navigateurs de BOUGAINVILLE, d'où il passerait aux îles des Amis, pour s'y procurer des rafraîchissemens.

En quittant les îles des Amis, il viendra se mettre par la latitude de l'île des Pins, située à la pointe du Sud-Est de la nouvelle Calédonie *( note 29 )*; et après l'avoir reconnue, il longera la côte occidentale qui n'a point encore été visitée; et il s'assurera si cette terre n'est qu'une seule île, ou si elle est formée de plusieurs.

Si, après avoir reconnu la côte du Sud-Ouest de la nouvelle Calédonie, il peut gagner les îles de la Reine-Charlotte, il tâchera de reconnaître l'île de Sainte-Croix de MENDAÑA *( note 30 )*, et d'en déterminer l'étendue vers le Sud.

Mais si le vent se refuse à cette route, il ira attérir sur les îles de la Délivrance, à la pointe de l'Est de la terre des Arsacides, découverte en 1769 par SURVILLE *(note 32)*; il en prolongera la côte méridionale, que ce navigateur ni aucun autre n'a reconnue, et il s'assurera si, comme il est probable, ces terres ne forment pas un groupe d'îles, qu'il tâchera de détailler. Il est à présumer qu'elles sont peuplées à la côte du Sud, comme on sait qu'elles le sont à celle du Nord ; peut-être pourra-t-il s'y procurer quelques rafraîchissemens.

Il tâchera pareillement de reconnaître une île située au Nord-Ouest de la terre des Arsacides, dont la côte orientale a été vue en 1768 par M. DE BOUGAINVILLE; mais il ne se livrera à cette recherche qu'autant qu'il jugera pouvoir sans peine gagner ensuite le cap de la Délivrance, à la pointe Sud-Est de la Louisiade *( note 33 )*; et, avant de parvenir à ce cap, il reconnaîtra, s'il le peut, la côte orientale de cette terre.

Du cap de la Délivrance, il fera route pour passer le détroit de l'Endeavour *(note 34)*; il tâchera de s'assurer, dans ce passage, si les terres de la Louisiade sont contiguës avec celles de la nouvelle Guinée, et il reconnaîtra toute cette partie de côte, depuis le cap de la Délivrance jusqu'à l'île Saint-Barthelemi à l'Est-Nord-Est du cap Walsh, sur laquelle on n'a jusqu'à présent que des connaissances très-imparfaites.

Il serait fort à désirer qu'il pût visiter le golfe de la Carpentarie *(note 35)*; mais il doit observer que la mousson du Nord-Ouest, au Sud de la Ligne, commence vers le 15 de novembre, et que les limites de cette mousson ne sont pas tellement fixées, qu'elles ne puissent quelquefois s'étendre au-delà du $10.^e$ degré de latitude méridionale. Il est donc important qu'il apporte la plus grande diligence dans cette partie de ses reconnaissances, et qu'il ait attention de combiner sa route et sa vîtesse, de manière à avoir dépassé le méridien de la pointe du Sud-Ouest de l'île de Timor, avant le 20 de novembre.

Si, contre toute apparence, il ne lui avait pas été possible de se procurer des rafraîchissemens, de l'eau et du bois, sur les terres qu'il aura visitées depuis son départ des îles des Amis, d'où l'on a supposé qu'il partirait vers le 15 de juillet, il relâcherait à l'île du Prince, à l'entrée du détroit de la Sonde, près la pointe occidentale de l'île de Java.

En quittant l'île du Prince, ou, s'il n'a pas été forcé d'y relâcher, en quittant le canal au Nord de la nouvelle Hollande *( note 35 )*, il dirigera sa route pour venir reconnaître la côte occidentale de cette terre, et il commencera cette reconnaissance aussi haut vers l'Équateur que les vents pourront le lui permettre. Il parcourra la côte occidentale, et visitera plus particulièrement la côte méridionale, dont la plus grande partie n'a jamais été reconnue, et il viendra aboutir à la terre méridionale de Van-Diemen *( note 36 )*, à la baie de l'Adventure, ou à celle de Frédérik-Henri; de là, il se rendra au détroit de Cook, et relâchera au canal de la Reine-Charlotte, situé dans ce détroit, entre les deux îles qui forment la nouvelle Zélande. Ce port sera le troisième rendez-vous des frégates, en cas de séparation : il y réparera ses bâtimens, et s'y pourvoira de rafraîchissemens, d'eau et de bois.

On présume qu'il pourra appareiller de ce port dans les premiers jours du mois de mars 1787.

En sortant du détroit de Cook ou de la nouvelle Zélande, il s'établira et se maintiendra sur le parallèle de 41 à 42 degrés, jusqu'au 130.ᵉ méridien à l'Occident. Lorsqu'il sera parvenu à cette longitude, il s'élèvera dans le Nord, pour venir se mettre au vent et en latitude des îles Marquises de Mendoça *( note 38 );* il relâchera, pour pourvoir aux besoins de ses bâtimens, dans le port de Madre de Dios de Mendaña, côte occidentale de l'île Santa-Christinia ( baie de la Résolution de Cook ) : ce port sera le quatrième rendez-vous, en cas de séparation.

On présume que cette traversée pourra être de deux mois, et qu'il sera en état de remettre à la voile vers le 15 de mai.

Si, en faisant voile des îles Marquises de Mendoça, le vent le favorisait assez pour que sa route valût au moins le Nord, il pourrait reconnaître quelques-unes des îles à l'Est du groupe des îles Sandwich *( note 40 );* il se rendrait ensuite à ces dernières, où il pourra prendre un supplément de provisions, mais il n'y séjournera point.

Il fera route, le plutôt qu'il pourra, pour aller chercher la côte Nord-Ouest de l'Amérique; et à cet effet, il s'élèvera dans le Nord jusqu'au 30.ᵉ degré, afin de sortir des vents alizés, et de pouvoir attérir à ladite côte par 36$^d$ 20', sur Punta de Pinos, au Sud du port de Monterey, dont les montagnes ( ou sierra ) de Santa-Lucia, sont la reconnaissance.

Il est probable qu'il pourra être rendu à cette côte vers le 10 ou le 15 de juillet *( note 41 ).*

Il s'attachera particulièrement à reconnaître les parties qui n'ont pas été vues par le capitaine Cook, et sur lesquelles les relations des navigateurs russes et espagnols ne fournissent aucune notion. Il cherchera avec le plus grand soin si, dans les parties qui ne sont pas encore connues, il ne se trouverait pas quelque rivière, quelque golfe resserré, qui pût ouvrir, par les lacs de l'intérieur, une communication avec quelque partie de la baie d'Hudson.

Il poussera ses reconnaissances jusqu'à la baie de Béhring et au mont Sant-Elias, et il visitera les ports Bucarelli et de los Remedios, découverts en 1775 par les Espagnols.

Le sound du Prince-Williams et la rivière de Cook ayant été suffisamment reconnus, il ne cherchera point à les visiter; et, de la vue du mont Sant-Elias, il dirigera sa route sur les îles de Shumagin, près la presqu'île d'Alaska.

Il visitera ensuite l'archipel des îles Aléutiennes *(note 42)*, et successivement les deux groupes d'îles à l'Ouest de ces premières, dont la vraie position et le nombre sont ignorés, et qui toutes ensemble forment, avec les côtes d'Asie et d'Amérique, le grand bassin ou golfe du Nord.

Quand cette reconnaissance sera terminée, il relâchera au port d'Avatscha *(note 43)* ou Saint-Pierre et Saint-Paul, à l'extrémité Sud-Est de la presqu'île de Kamtschatka. Il tâchera d'y être rendu vers le 15 ou le 20 de septembre; et ce port sera le cinquième rendez-vous, en cas de séparation.

Il y pourvoira avec diligence au besoin de ses bâtimens, et prendra les informations nécessaires pour être assuré d'y trouver des provisions lorsqu'il y reviendra en 1788.

Il combinera ses opérations de manière à pouvoir appareiller dans les dix premiers jours d'octobre.

Il longera et reconnaîtra toutes les îles Kuriles *(note 44)*, la côte du Nord-Est, de l'Est et du Sud du Japon ; et selon que, en avançant dans la saison, il trouvera des vents plus ou moins favorables, des mers plus ou moins difficiles, il étendra ses recherches sur les îles à l'Est et au Sud de celles du Japon, et sur les îles de Lekeyo, jusqu'à Formose.

Quand il aura terminé cette reconnaissance, il relâchera à Macao et Canton (ou à Manille, suivant les circonstances).

Ce port sera le sixième rendez-vous, en cas de séparation.

On présume qu'il doit y être rendu vers la fin de l'année 1787.

Il fera réparer et ravitailler ses bâtimens, et attendra, dans le port, le retour de la mousson du Sud-Ouest, qui est ordinairement établie au commencement de mars. Il pourra cependant retarder son départ jusqu'au 1.$^{er}$ d'avril, si ses équipages ont besoin d'un plus long repos, et si, d'après les informations qu'il aura prises, il juge que la navigation vers le Nord serait trop pénible avant cette époque.

De quelque durée que soit son séjour, en quittant ce port, il dirigera sa route pour passer par le détroit qui sépare l'île de Formose de la côte de la Chine, ou entre cette île et celles qui en sont à l'Est.

Il visitera avec prudence la côte occidentale de Corée, et le golfe de Hoan-hay, sans s'y engager trop avant, et en se ménageant toujours la faculté de pouvoir doubler facilement, avec les vents de Sud-Ouest ou de Sud, la côte méridionale de Corée.

Il reconnaîtra ensuite la côte orientale de cette presqu'île ;

celle de la Tartarie, où se fait une pêche de perles, et celle du Japon à l'opposé. Toutes ces côtes sont absolument inconnues aux Européens.

Il passera le détroit de Tessoy, et visitera les terres désignées sous le nom de *Jesso (note 45)*, et celle que les Hollandais ont nommée *terre des États*, et les Russes, *île de Nadezda*, sur lesquelles on n'a encore que des notions confuses, d'après quelques relations anciennes que la compagnie hollandaise des Indes orientales a laissé transpirer, mais dont l'exactitude n'a pas été vérifiée.

Il achèvera de reconnaître celles des îles Kuriles *(note 44)* qu'il n'aurait pas pu visiter dans le mois de novembre précédent, en venant d'Avatscha à Macao. Il débouquera entre quelques-unes de ces îles, aussi près qu'il pourra de la pointe méridionale du Kamtschatka; et il mouillera dans le port d'Avatscha, septième rendez-vous en cas de séparation.

Après s'y être réparé et approvisionné, il reprendra la mer dans les premiers jours d'août.

Il viendra se mettre par la latitude de 37 degrés ½ Nord, sur le méridien de 180 degrés.

Il fera route à l'Ouest, pour rechercher une terre ou île qu'on dit avoir été découverte en 1610 par les Espagnols *(note 48)*; il poussera cette recherche jusqu'au 165.ᵉ degré de longitude orientale. Il se dirigera ensuite dans le Sud-Ouest et Sud-Sud-Ouest, pour reconnaître les îles éparses situées sur cette direction, au Nord-Est des îles des Larrons ou îles Mariannes.

Il pourra relâcher à l'île de Tinian; mais il combinera la durée de son séjour et sa route ultérieure, avec la mousson du Nord-Est, qui ne commence qu'en octobre au Nord de la Ligne; de manière qu'en quittant l'île de Tinian, il puisse longer et reconnaître les nouvelles Carolines *( note 49 )*, situées dans le Sud-Ouest de l'île de Guaham, l'une des Mariannes, et dans l'Est de celle de Mindanao, l'une des Philippines. Il poussera cette reconnaissance jusqu'aux îles de Saint-André.

Il relâchera ensuite à l'île de Mindanao, dans le port situé à la côte méridionale de l'île, derrière celle de Sirangam.

Après une station de quinze jours, employée à s'y approvisionner de rafraîchissemens, il fera route pour les îles Moluques, et pourra mouiller à Ternate, pour s'y procurer un supplément de provisions.

Comme la mousson du Nord-Ouest, qui règne alors au Sud de la Ligne, ne permettrait pas de venir passer par le détroit de la Sonde, il profitera de la variation des vents dans le voisinage de l'Équateur, pour passer entre Céram et Bourro, ou entre Bourro et Bouton *( note 50 )*, et il cherchera à déboucher entre quelques-unes des îles à l'Est ou à l'Ouest de Timor *( note 51 )*.

Il est probable qu'ayant alors dépassé le parallèle de 10 degrés Sud, il se trouvera hors de la mousson du Nord-Ouest, et qu'il pourra facilement, avec les vents de la partie de l'Est et du Sud-Est, s'avancer vers l'Ouest, et gagner l'île de France, qui sera le huitième rendez-vous des bâtimens, en cas de séparation.

Il ne séjournera à l'île de France que le temps absolument nécessaire pour se mettre en état de faire son retour en Europe ; et il profitera des derniers mois de l'été, pour la navigation qui lui restera à faire dans les mers au Sud du cap de Bonne - Espérance.

En quittant l'île de France, il viendra s'établir sur le parallèle moyen entre 54 et 55 degrés Sud, pour chercher le cap de la Circoncision *( note 54 )*, découvert en 1739 par LOZIER BOUVET.

Il prendra cette latitude à 15 degrés de longitude orientale, et suivra le parallèle de 54 à 55 degrés, jusqu'au méridien de Paris ou zéro de longitude.

Lorsqu'il sera parvenu à ce point, il abandonnera la recherche de cette terre.

Si à cette époque il jugeait que ses bâtimens ne sont pas assez abondamment pourvus de vivres et d'eau pour faire leur retour en Europe, il relâcherait au cap de Bonne - Espérance, pour les mettre en état de continuer leur navigation, et ce port serait le neuvième rendez-vous des bâtimens, en cas de séparation.

Quelque parti qu'il ait pris à cet égard, il tâchera de reconnaître, en revenant en Europe, les îles de Goughs *(note 18)*, d'Alvarez *( note 17 )*, de Tristan d'Acunha *(note 16)*, de Saxemburg *(note 14)*, et dos Picos *(note 10)* ; et s'il les rencontre, il en fixera les positions, qui sont encore incertaines.

Il fera son retour au port de Brest, où il est probable qu'il pourra être rendu en juillet ou en août 1789.

Quoique la route du sieur DE LA PÉROUSE soit tracée par la présente Instruction, et que les époques de ses relâches et la durée de ses séjours y ayent été indiquées, sa majesté n'a point entendu qu'il dût s'assujettir invariablement à ce plan. Tous les calculs présentés ici par aperçu, doivent être soumis aux circonstances de sa navigation, à l'état de ses équipages, de ses vivres et de ses bâtimens, ainsi qu'aux événemens de sa campagne, et aux accidens qu'il n'est pas possible de prévoir. Toutes ces causes pourront apporter plus ou moins de changement au plan de ses opérations ; et l'objet de la présente Instruction est seulement de faire connaître au sieur DE LA PÉROUSE les découvertes qui restent à faire ou à perfectionner dans les différentes parties du globe, et la route qu'il paraît convenable de suivre pour se livrer avec ordre à ces recherches, en combinant ses différentes traversées et les époques de ses relâches, avec les saisons et les vents régnans ou périodiques dans chaque parage. Sa majesté, s'en rapportant donc à l'expérience et à la sagesse du sieur DE LA PÉROUSE, l'autorise à faire les changemens qui lui paraîtraient nécessaires dans les cas qui n'ont pas été prévus, en se rapprochant toutefois, autant qu'il lui sera possible, du plan qui lui est tracé, et en se conformant, au surplus, à ce qui lui sera prescrit dans les autres parties de la présente Instruction.

# VOYAGE

## SECONDE PARTIE.

*Objets relatifs à la Politique et au Commerce.*

Sa majesté a tracé au sieur DE LA PÉROUSE, dans la première partie de cette Instruction, la route qu'il doit suivre dans la reconnaissance qu'il a à faire dans la plus grande partie du globe terrestre; elle va lui faire connaître dans celle-ci, les objets relatifs à la politique et au commerce, qui doivent occuper particulièrement son attention dans ses différentes relâches, afin que l'expédition que sa majesté a ordonnée, en contribuant à perfectionner la géographie, et à étendre la navigation, puisse également remplir, sous d'autres rapports, les vues qu'elle s'est proposées pour l'intérêt de la couronne et l'utilité de ses sujets.

1.° Les séjours que le sieur DE LA PÉROUSE doit faire à Madère et à S. Jago, seront trop courts pour qu'il puisse prendre une connaissance exacte de l'état de ces colonies portugaises; mais il ne négligera aucun moyen de se procurer des informations, sur les forces que la couronne de Portugal y entretient, sur le commerce qu'y font les Anglais et les autres nations, et sur les grands objets qu'il peut être intéressant de connaître.

2.° Il s'assurera si les Anglais ont entièrement évacué l'île de la Trinité; si les Portugais s'y sont établis, et en quoi consiste l'établissement que ceux-ci peuvent y avoir formé depuis l'évacuation.

3.° S'il parvient à retrouver l'île Grande de la Roche, il examinera si elle offre quelque port commode et sûr, où l'on puisse se procurer de l'eau et du bois; quelle facilité elle peut présenter pour y former un établissement, dans le cas où la pêche de la baleine attirerait les armateurs français dans l'océan Atlantique méridional; s'il y aurait quelque partie qui pût être fortifiée avantageusement et gardée avec peu de monde, un poste enfin convenable à un établissement qui se trouverait aussi loin des secours et de la protection de la métropole.

4.° Il examinera l'île Georgia sous les mêmes rapports: mais il est probable que cette île, située sous une latitude plus élevée, présente moins de facilité qu'on ne peut en espérer de la position de l'île Grande; et que les glaces qui embarrassent la mer pendant une partie de l'année au voisinage de Georgia, opposeraient de grands obstacles à la navigation ordinaire, et éloigneraient les pêcheurs de faire de cette île un point de rendez-vous et de retraite.

5.° Les îles du grand océan équatorial, offriront peu d'observations à faire, relativement à la politique et au commerce. Leur éloignement semble devoir ôter toute idée aux nations de l'Europe d'y former des établissemens; et l'Espagne seule pourrait avoir quelque intérêt à occuper des îles qui, se trouvant situées à peu près à distance égale de ses possessions d'Amérique et d'Asie, présenteraient des points de relâche et de rafraîchissement à ses vaisseaux de commerce qui traversent le grand océan. Quoi qu'il en soit, le sieur DE LA PÉROUSE s'attachera principalement à étudier le climat et les productions en tout genre des différentes îles de cet océan où il aura abordé, à connaître les mœurs et les usages des naturels du pays, leur culte, la forme de leur gouvernement, leur manière de faire la guerre, leurs armes, leurs bâtimens de mer, le caractère distinctif de chaque peuplade, ce qu'elles peuvent avoir de commun avec d'autres nations sauvages et avec les peuples civilisés, et principalement ce que chacune offre de particulier.

Dans celles de ces îles où les Européens ont déjà abordé, il tâchera de savoir si les naturels du pays ont distingué les différentes nations qui les ont visitées, et il cherchera à démêler quelle opinion ils peuvent avoir de chacune d'elles en particulier. Il examinera quel usage ils ont fait des diverses marchandises, des métaux, des outils, des étoffes et des autres objets que les Européens leur ont portés. Il s'informera si les bestiaux et les autres animaux et oiseaux vivans, que le capitaine COOK a déposés sur quelques-unes de ces îles, y ont multiplié; quelles graines, quels légumes d'Europe y ont le mieux réussi, quelle méthode les insulaires ont pratiquée pour les cultiver, et à quel usage ils en emploient le produit. Par-tout enfin il vérifiera ce qui a été rapporté par les navigateurs qui ont publié des relations de ces îles, et il s'attachera principalement à reconnaître ce qui a pu échapper aux recherches de ses prédécesseurs.

Dans sa relâche à l'île d'Easter ou de Pâque, il s'assurera

si l'espèce humaine s'y détruit, comme on a lieu de le présumer d'après les observations et le sentiment du capitaine Cook.

En passant à l'île de Huaheine, il cherchera à connaître Omaï, cet insulaire que le navigateur anglais y a établi dans son troisième voyage; il saura de lui quel traitement il a éprouvé de ses compatriotes après le départ des Anglais, et quel usage il a fait lui-même, pour l'utilité, le bien-être et l'amélioration de son pays, des lumières et des connaissances qu'il a dû acquérir pendant son séjour en Europe.

6.° Si, dans la visite et la reconnaissance qu'il fera des îles du grand océan équatorial, et des côtes des continens, il rencontrait à la mer quelque vaisseau appartenant à une autre puissance, il agirait vis-à-vis du commandant de ce bâtiment, avec toute la politesse et la prévenance établies et convenues entre les nations policées et amies; et s'il en rencontrait dans quelque port appartenant à un peuple considéré comme sauvage, il se concerterait avec le capitaine du vaisseau étranger, pour prévenir sûrement toute dispute, toute altercation entre les équipages des deux nations, qui pourraient se trouver ensemble à terre, et pour se prêter un mutuel secours, dans le cas où l'un ou l'autre serait attaqué par les insulaires ou les sauvages.

7.° Dans la visite qu'il fera de la nouvelle Calédonie, des îles de la Reine-Charlotte, des terres des Arsacides et de celles de la Louisiade, il examinera soigneusement les productions de ces contrées, qui, étant situées sous la zone torride, et par les mêmes latitudes que le Pérou, peuvent ouvrir un nouveau champ aux spéculations du commerce; et, sans s'arrêter aux rapports sans doute exagérés, que les anciens navigateurs espagnols ont faits de la fertilité et de la richesse de quelques-unes des îles qu'ils ont découvertes dans cette partie du monde, il observera seulement, que des rapprochemens fondés sur des combinaisons géographiques, et sur les connaissances que les voyages modernes ont procurées, donnent lieu de penser que les terres découvertes, d'une part, en 1768, par BOUGAINVILLE, et de l'autre, en 1769, par SURVILLE, peuvent être les îles découvertes en 1567, par MENDAÑA, et connues depuis sous ce nom d'*îles Salomon*, que l'opinion, vraie ou fausse, qu'on a eue de leurs richesses, leur a fait donner dans des temps postérieurs.

Il examinera, avec la même attention, les côtes septentrionales et occidentales de la nouvelle Hollande, et particulièrement la partie de ces côtes qui, étant située sous la zone torride, peut participer des productions propres aux pays placés sous les mêmes latitudes.

8.° Il n'aura pas les mêmes recherches à faire aux îles de la nouvelle Zélande, que les relations des voyageurs anglais ont fait connaître dans un grand détail. Mais, pendant son séjour dans le canal de la Reine-Charlotte, il s'occupera à découvrir si l'Angleterre a formé ou projeté de former quelque établissement sur ces îles; et dans le cas où il pourrait être instruit qu'elle en a formé quelqu'un, il tâcherait de s'y rendre, pour prendre connaissance par lui-même, de l'état, de la force, et de l'objet de cet établissement.

9.° Si, dans la reconnaissance qu'il fera de la côte du Nord-Ouest de l'Amérique, il rencontre sur quelques points de cette côte, des forts ou comptoirs, appartenant à sa majesté catholique, il évitera soigneusement tout ce qui pourrait donner quelque ombrage aux commandans ou chefs de ces établissemens; mais il fera valoir auprès d'eux les liens du sang et de l'amitié qui unissent si étroitement les deux souverains, pour se procurer par leur moyen tous les secours et les rafraîchissemens dont il pourrait avoir besoin, et que le pays serait en état de fournir.

Il paraît que l'Espagne a eu l'intention d'étendre son titre de possession jusqu'au port de los Remedios, vers le 57.$^e$ degré un quart de latitude; mais rien n'annonce qu'en le faisant visiter en 1775, elle y ait formé aucun établissement, non plus qu'au port de Bucarelli, situé à environ deux degrés moins au Nord: autant qu'il est possible d'en juger par les relations de ces pays qui sont parvenues en France, la possession active de l'Espagne ne s'étend pas au-dessus des ports de San-Diego et de Monterey, où elle a fait élever de petits forts, gardés par des détachemens qu'on y fait passer de la Californie ou du nouveau Mexique.

Le sieur DE LA PÉROUSE tâchera de connaître l'état,

la force, l'objet de ces établissemens, et de s'assurer si ce sont les seuls que l'Espagne ait formés sur cette côte. Il examinera pareillement à quelle latitude on peut commencer à se procurer des pelleteries; quelle quantité les Américains peuvent en fournir ; quelles marchandises, quels objets seraient les plus convenables pour la traite des fourrures; quelle facilité on pourrait trouver pour se procurer un établissement sur cette côte, dans le cas où ce nouveau commerce présenterait assez d'avantage aux négocians français pour les engager à s'y livrer, sous l'espoir de reverser les pelleteries sur la Chine, où l'on est assuré qu'elles ont un débit facile.

Il cherchera pareillement à connaître quelles espèces de peaux on peut y traiter, et si celles de loutre, qui ont le plus de valeur en Asie, où elles sont très-recherchées, sont les plus communes en Amérique. Il aura soin de rapporter en France des échantillons de toutes les différentes fourrures qu'il aura pu se procurer : et comme il aura occasion, dans la suite de son voyage, de relâcher à la Chine, et peut-être de toucher au Japon, il s'assurera quelle espèce de peau a, dans ces deux empires, un débit plus facile, plus sûr et plus lucratif, et quel bénéfice la France pourrait se promettre de cette nouvelle branche de commerce. Enfin il tâchera, pendant son séjour sur les côtes de l'Amérique, de découvrir si les établissemens de la baie d'Hudson, les forts ou comptoirs de l'intérieur, ou quelque province des États-Unis, ont ouvert, par l'entremise des sauvages errans, quelque communication, quelques relations de commerce et d'échange avec les peuples de la côte de l'Ouest.

10.° Il est probable qu'en visitant les îles Aléutiennes, et les autres groupes situés au Sud du grand bassin du Nord, il rencontrera quelques établissemens ou factoreries russes. Il cherchera à connaître leur constitution, leur force, leur objet; quelle est la navigation des Russes dans ces mers, quels bâtimens, quels hommes ils y emploient; jusqu'où ils étendent leur commerce; s'il y a quelques-unes de ces îles qui reconnaissent la domination de la Russie, ou si toutes sont indépendantes; enfin si les Russes ne se sont pas portés, de proche en proche, jusque sur le continent de l'Amérique.

Il profitera de son séjour dans le port d'Avatscha pour étendre les connaissances à acquérir à cet égard, et s'en procurer, en même temps, s'il est possible, sur les îles Kuriles, sur les terres de Jesso, et sur l'empire du Japon.

11.° Il fera la reconnaissance des îles Kuriles et des terres de Jesso avec prudence et circonspection, tant pour ce qui concerne sa navigation dans une mer qui n'est point connue des Européens, et qui passe pour être orageuse, que dans les relations qu'il pourra avoir avec les habitans de ces îles et terres, dont le caractère et les mœurs doivent se rapprocher de ceux des Japonais, qui pourraient en avoir soumis une partie, et avoir communication avec les autres.

Il verra, par les notes géographiques et historiques

jointes à la présente Instruction, que la Russie n'étend sa domination que sur quelques-unes des îles Kuriles les plus voisines du Kamtschatka; et il examinera si, dans le nombre des îles méridionales et indépendantes, il ne s'en trouverait pas quelqu'une sur laquelle, dans la supposition d'un commerce de pelleteries à ouvrir pour la France, il serait possible de former un établissement ou comptoir qui pût être mis à l'abri de toute insulte de la part des insulaires.

12.° A l'égard du Japon, il tâchera d'en reconnaître et visiter la côte du Nord-Est et la côte orientale, et d'aborder à quelqu'un de ses ports, pour s'assurer si son gouvernement oppose en effet des obstacles invincibles à tout établissement, à toute opération de commerce ou d'échange de la part des Européens, et si, par l'appât des pelleteries, qui sont pour les Japonais un objet d'utilité et de luxe, on ne pourrait pas engager les ports de la côte de l'Est ou du Nord-Est, à admettre les bâtimens qui leur en apporteraient, et à donner en échange les thés, les soies et les autres productions de leur sol et les ouvrages de leurs manufactures : peut-être les lois prohibitives de cet empire, que toutes les relations de ce pays annoncent comme si sévères, ne sont-elles pas observées à la côte du Nord-Est et de l'Est avec la même rigueur qu'à Nangasaki et à la côte du Sud, lieux trop voisins de la capitale pour y espérer aucun relâchement.

13.° Lorsque le sieur DE LA PÉROUSE sera rendu à Macao, il prendra les mesures nécessaires pour obtenir la facilité d'hiverner à Canton. Il s'adressera, à cet effet, au sieur Vieillard, consul de sa majesté à la Chine, et il le chargera de faire auprès du gouvernement chinois les démarches convenables pour y parvenir. Il profitera du séjour qu'il doit faire dans ce port, pour s'informer exactement et en détail, de l'état actuel du commerce des nations européennes à Canton; et il examinera cet objet important sous tous les rapports qu'il peut être intéressant de connaître.

Il prendra toutes les informations qui pourront lui être utiles pour sa navigation ultérieure dans les mers au Nord de la Chine, sur les côtes de la Corée et de la Tartarie orientale, et sur toutes les terres ou îles qui lui resteront à visiter dans cette partie. Il ne négligera pas de se procurer, s'il est possible, un interprète chinois et japonais, et un interprète russe pour sa seconde relâche à Avatscha : il traitera avec eux pour le temps qu'il devra les garder au service du vaisseau, et à son retour, il les déposera à Mindanao ou aux Moluques.

14.° Il doit être prévenu que les forbans japonais sont quelquefois très-nombreux dans la mer comprise entre le Japon, la Corée et la Tartarie. La faiblesse de leurs bâtimens n'exige d'autre précaution de sa part, que d'être sur ses gardes pendant la nuit, pour éviter une surprise de la leur : mais il ne serait pas inutile qu'il tâchât d'en joindre quelqu'un, et qu'il l'engageât, par des présens et par la promesse d'une récompense, à piloter les bâtimens de sa majesté, dans la visite du Jesso, dont on croit qu'une partie est sous la domination du Japon; dans le passage du détroit de Tessoy, que les Japonais doivent connaître; et dans la reconnaissance de celles des îles Kuriles qu'ils sont à portée de fréquenter. Ce même pilote pourrait lui être également utile pour visiter quelque port de la côte occidentale du Japon, dans le cas où les circonstances ne lui auraient permis d'aborder à aucun point de la côte de l'Est ou du Nord-Est. Mais, quelque usage que le sieur DE LA PÉROUSE puisse faire dudit pilote, il ne se livrera à ses conseils et à ses indications qu'avec la plus grande réserve. Il convient aussi qu'il engage, s'il le peut, des pêcheurs des îles Kuriles à lui servir de pratiques pour celles de ces îles qui avoisinent le Kamtschatka.

Le sieur DE LA PÉROUSE tâchera ainsi de compléter, en remontant au Nord, la reconnaissance des îles qu'il n'aurait pu reconnaître en venant d'Avatscha à Macao, et de suppléer, sur la côte occidentale du Japon, à ce qu'il n'aurait pu exécuter sur la côte de l'Est et du Nord-Est.

La reconnaissance des côtes de la Corée et de la Tartarie chinoise doit être faite avec beaucoup de prudence et de circonspection. Le sieur DE LA PÉROUSE est instruit que le gouvernement de la Chine est très-ombrageux : il doit, en conséquence, éviter d'arborer son pavillon et de se faire connaître sur ces côtes, et ne se permettre aucune opération qui puisse exciter l'inquiétude de ce gouvernement, parce qu'il serait à craindre qu'il n'en fît ressentir les effets aux navires français qui viennent commercer à Canton.

15.° Dans la recherche et la visite que le sieur DE LA PÉROUSE

Pérouse fera des îles Carolines, qui ne sont presque connues que de nom de la plupart des nations d'Europe, il tâchera de savoir si les Espagnols, ainsi qu'ils l'ont souvent projeté, y ont formé quelque établissement.

Il fera connaître les productions de ces îles et de toutes celles qu'il aura pu découvrir au Nord-Est et à l'Ouest-Sud-Ouest des îles Mariannes ou îles des Larrons.

16.° Dans la relâche qu'il fera à Tinian, l'une des Mariannes, il se procurera des informations sur les établissemens, les forces et le commerce des Espagnols dans cet archipel et aux environs.

Il fera les mêmes recherches à Mindanao, pour connaître, autant qu'il le pourra, l'état politique, militaire et commercial de cette nation dans les îles Philippines.

17.° Pendant le séjour qu'il fera aux Moluques, il ne négligera aucune des informations qu'il pourra se procurer sur la situation et le commerce des Hollandais dans ces îles. Il s'attachera particulièrement à connaître les avantages qui doivent résulter pour le commerce de l'Angleterre, de la liberté, que cette puissance a obtenue par son dernier traité de paix avec la Hollande, de naviguer et trafiquer dans toute l'étendue des mers d'Asie; et il tâchera de savoir quel usage l'Angleterre a fait de cette liberté, et si elle est déjà parvenue à s'ouvrir par cette voie quelque nouvelle branche de commerce dans cette partie du monde.

18.° Si le sieur DE LA PÉROUSE relâche au cap de Bonne-Espérance, il prendra des informations précises sur la situation actuelle de cette colonie, sur les forces que la Hollande, ou la compagnie hollandaise des Indes orientales, y entretient depuis la paix, et sur l'état des fortifications anciennes et nouvelles qui défendent la ville et protègent le mouillage.

19.° En général, dans toutes les îles, et dans tous les ports des continens, occupés ou fréquentés par les Européens, où il abordera, il fera avec prudence, et autant que les circonstances et la durée de ses séjours le lui permettront, toutes les recherches qui pourront le mettre en état de faire connaître avec quelque détail, la nature et l'étendue du commerce de chaque nation, les forces de terre et de mer que chacune y entretient, les relations d'intérêt ou d'amitié qui peuvent exister entre chacune d'elles et les chefs et naturels des pays où elles ont des établissemens, et généralement tout ce qui peut intéresser la politique et le commerce.

## TROISIÈME PARTIE.

*Opérations relatives à l'Astronomie, à la Géographie, à la Navigation, à la Physique, et aux différentes branches de l'Histoire naturelle.*

1.° SA majesté ayant destiné deux astronomes pour être employés sous les ordres du sieur DE LA PÉROUSE, dans l'expédition dont elle lui a confié la conduite, et ses deux frégates étant pourvues de tous les instrumens d'astronomie et de navigation dont on peut faire usage, soit à la mer, soit à terre; il veillera à ce que, dans le cours du voyage, l'un et l'autre ne négligent aucune occasion de faire toutes les observations astronomiques qui pourront lui paraître utiles.

L'objet le plus important pour la sûreté de la navigation, est de fixer avec précision les latitudes et les longitudes des lieux où il abordera, et de ceux à vue desquels il pourra passer. Il recommandera, à cet effet, à l'astronome employé sur chaque frégate, de suivre avec la plus grande exactitude le mouvement des horloges et montres marines, et de profiter de toutes les circonstances favorables pour vérifier à terre si la régularité de leur marche s'est maintenue pendant les traversées, et pour constater par observation, le changement qui pourra être survenu dans leur mouvement journalier, afin de tenir compte de ce changement pour déterminer avec plus de précision la longitude des îles, des caps ou autres points remarquables qu'il aura pu reconnaître et relever dans l'intervalle de deux vérifications.

Aussi souvent que l'état du ciel le permettra, il fera prendre des distances de la lune au soleil ou aux étoiles, avec les instrumens à cet usage, pour en conclure la longitude du vaisseau, et la comparer à celle que les horloges et montres marines indiqueront pour le même point et le même instant : il aura soin de multiplier les observations de chaque genre, afin que le résultat moyen entre différentes opérations, puisse procurer une détermination plus précise.

Lorsqu'il passera à vue de quelque île ou de quelque terre où il ne se proposera pas d'aborder, il aura attention de se maintenir, autant qu'il sera possible, sur le parallèle de ce point, à l'instant où devra se faire l'observation de la hauteur méridienne du soleil ou d'un autre astre pour en conclure la latitude du vaisseau; et il s'établira sur le méridien de ce même point, pour le moment où devront se faire les observations qui serviront à en déterminer la longitude. Il évitera par cette attention, toute erreur de position et d'estime de distance qui peut nuire à la justesse de la détermination.

Il fera observer tous les jours, lorsque le temps le permettra, la déclinaison et l'inclinaison de l'aiguille aimantée.

Dès qu'il arrivera dans quelque port, il fera choix d'un emplacement commode pour y dresser les tentes et l'observatoire portatif dont il est pourvu, et il y établira un corps-de-garde.

Indépendamment des observations relatives à la détermination des latitudes et des longitudes, pour lesquelles il sera employé toute espèce de méthode connue et praticable, et de celles pour connaître la déclinaison et l'inclinaison de l'aiguille aimantée, il ne négligera pas de faire observer tout phénomène céleste qui pourrait être aperçu; et dans toutes les occasions, il procurera aux deux astronomes tous les secours et les facilités qui pourront assurer le succès de leurs opérations.

Sa majesté est persuadée que les officiers et les gardes de la marine employés sur les deux frégates, se porteront avec zèle à faire eux-mêmes, de concert avec les astronomes, toutes les observations qui peuvent avoir quelque rapport d'utilité avec la navigation; et que ceux-ci, de leur côté, seront empressés de communiquer aux premiers le fruit de leurs études, et les connaissances de théorie qui peuvent contribuer à perfectionner l'art nautique.

Le sieur DE LA PÉROUSE fera tenir, sur chaque frégate, un registre double, où seront portées, jour par jour, tant à la mer qu'à terre, les observations astronomiques, celles relatives à l'emploi des horloges et montres marines, et toutes autres. Ces observations seront portées brutes sur le registre, c'est-à-dire qu'on y inscrira simplement les quantités de degrés, minutes, &c. données par l'instrument au moment de l'observation, sans aucun calcul, et en indiquant seulement l'erreur connue de l'instrument dont on se sera servi, si elle a été constatée par les vérifications d'usage.

Chacun des astronomes gardera par-devers lui l'un de ces deux registres, et l'autre demeurera entre les mains de chaque capitaine commandant.

L'astronome tiendra en outre un second registre, où il inscrira pareillement, jour par jour, toutes les observations qu'il aura faites, et il y joindra, pour chaque opération, tous les calculs qui doivent conduire au dernier résultat.

A la fin du voyage, le sieur DE LA PÉROUSE se fera remettre les deux registres qui auront été tenus par les astronomes, après qu'ils les auront certifiés véritables, et signés.

2.° Lorsque le sieur DE LA PÉROUSE abordera à des ports qu'il peut être intéressant de faire connaître sous le rapport militaire, il fera faire la reconnaissance du pays par l'ingénieur en chef, qui lui remettra un rapport circonstancié de toutes les remarques qu'il aura faites, et les plans qu'il aura été à portée de lever.

Le sieur DE LA PÉROUSE fera dresser des cartes exactes de toutes les côtes et îles qu'il visitera; et si elles ont déjà été reconnues, il vérifiera l'exactitude des descriptions et des cartes que les autres navigateurs en ont données.

A cet effet, lorsqu'il naviguera le long des côtes et à vue des îles, il les fera relever très-exactement avec le cercle de réflexion, ou avec le compas de variation; et il observera que les relèvemens dont on peut tirer le parti le plus sûr pour la construction des cartes, sont ceux par lesquels un cap, ou tout autre objet remarquable, peut être relevé par un autre.

Il emploiera les officiers des deux frégates et l'ingénieur-géographe, à lever avec soin les plans des côtes, baies, ports et mouillages qu'il sera à portée d'examiner et de visiter; et il joindra à chaque plan une instruction qui présentera tout ce qui concerne l'approche et la reconnaissance des côtes, l'entrée et la sortie des ports, la manière de prendre le mouillage et d'y affourcher, et le meilleur endroit pour faire de l'eau; les sondes, la qualité du fond, les dangers, roches et écueils; les vents régnans, les brises, les moussons, les temps de leur durée, et les époques de leurs changemens ; enfin , tous les détails nautiques qu'il peut être utile de faire connaître aux navigateurs.

Tous les plans de pays, de côtes et de ports, seront faits doubles : il en sera remis une copie à chacun des capitaines commandans; et à la fin du voyage, le sieur DE LA PÉROUSE se fera remettre la totalité des cartes et des plans, et les instructions qui y seront relatives.

Sa majesté s'en rapporte à lui de fixer l'époque à laquelle il devra faire monter les bateaux pontés qui ont été embarqués en pièces sur chaque frégate : il réservera sans doute cette opération pour sa relâche à O-Taïti. Ces bateaux pourront être employés très-utilement à la suite des frégates, soit pour visiter les archipels situés dans le grand océan équatorial, soit pour explorer en détail des parties de côte, et en sonder les baies, les ports, les passages, et enfin, pour faciliter toute recherche qui exige un bâtiment tirant peu d'eau, et susceptible de porter quelques jours de vivres pour son équipage.

3.° Les physiciens et les naturalistes destinés pour faire, dans le cours du voyage, les observations analogues à leurs connaissances, seront employés, pour la physique ou l'histoire naturelle, dans la partie à laquelle chacun d'eux se sera le plus particulièrement attaché.

Le sieur DE LA PÉROUSE leur prescrira, en conséquence, les recherches qu'ils auront à faire dans tous les genres, et leur fera distribuer les instrumens et machines qui y sont propres.

Il aura attention, dans la répartition des travaux, d'éviter les doubles emplois, afin que le zèle et les lumières de chaque savant puissent avoir leur entier effet pour le succès général de l'expédition.

Il leur donnera communication du mémoire remis par l'académie des sciences, dans lequel cette compagnie indique les observations particulières dont elle désirerait que les physiciens et naturalistes pussent s'occuper dans le voyage ; et il leur prescrira de concourir, chacun en ce qui le concerne, et suivant les circonstances, à remplir les objets indiqués par ce mémoire.

Il communiquera pareillement au chirurgien-major de chaque frégate, le mémoire de la société de médecine, afin que l'un et l'autre s'occupent des observations qui peuvent remplir le vœu de cette compagnie.

Le sieur DE LA PÉROUSE, dans le cours de sa navigation, et dans ses relâches, fera tenir sur chacun des bâtimens un registre, jour par jour, de toutes les observations relatives à l'état du ciel et de la mer, aux vents, aux courans, aux variations de l'atmosphère, et à tout ce qui appartient à la météorologie.

Dans les séjours qu'il fera dans les ports, il fera observer le génie, le caractère, les mœurs, les usages, le tempérament, le langage, le régime et le nombre des habitans.

Il fera examiner la nature du sol et les productions des différens pays, et tout ce qui est relatif à la physique du globe.

Il fera recueillir les curiosités naturelles, terrestres et marines; il les fera classer par ordre, et fera dresser, pour chaque espèce, un catalogue raisonné, dans lequel il sera fait mention des lieux où elles auront été trouvées, de l'usage qu'en font les naturels du pays, et, si ce sont des plantes, des vertus qu'ils leur attribuent.

Il fera pareillement rassembler et classer les habillemens, les armes, les ornemens, les meubles, les outils, les instrumens de musique, et tous les effets à l'usage des divers peuples qu'il visitera; et chaque objet devra porter son étiquette, et un numéro correspondant à celui du catalogue.

Il fera dessiner par les dessinateurs embarqués sur les deux frégates, toutes les vues de terre et les sites remarquables, les portraits des naturels des différens pays, leurs costumes, leurs cérémonies, leurs jeux, leurs édifices, leurs bâtimens de mer, et toutes les productions de la terre et de la mer dans les trois règnes, si les dessins de ces divers objets lui paraissent utiles pour faciliter l'intelligence des descriptions que les savans en auront faites.

Tous les dessins qui auront été faits dans le voyage, toutes les caisses contenant les curiosités naturelles, ainsi que les descriptions qui en auront été faites, et les recueils d'observations astronomiques, seront remis, à la fin du voyage, au sieur DE LA PÉROUSE; et aucun savant, aucun artiste, ne pourra réserver pour lui-même ou pour d'autres, aucune des pièces d'histoire naturelle, ou d'autres objets, que le sieur DE LA PÉROUSE aura jugés mériter d'être compris dans la collection destinée pour sa majesté.

4.° Avant de rentrer dans le port de Brest, au terme du voyage, ou avant d'arriver au cap de Bonne-Espérance, s'il est dans le cas d'y relâcher, le sieur DE LA PÉROUSE se fera remettre tous les journaux de la campagne qui auront été tenus sur les deux frégates par les officiers et gardes de la marine, par les astronomes, savans et artistes, par les pilotes et toutes autres personnes. Il leur enjoindra de garder un silence absolu sur l'objet du voyage et sur les découvertes qui auraient été faites, et il en exigera leur parole. Il les assurera, au surplus, que leurs journaux et papiers leur seront rendus.

## QUATRIÈME PARTIE.
*De la conduite à tenir avec les naturels des pays où les deux frégates pourront aborder.*

LES relations de tous les voyageurs qui ont précédé le sieur DE LA PÉROUSE dans les mers qu'il doit parcourir, lui ont fait d'avance connaître le caractère et les mœurs d'une partie des différens peuples avec lesquels il pourra avoir à traiter, tant aux îles du grand océan, que sur les côtes du Nord-Ouest de l'Amérique.

Sa majesté ne doute pas que, nourri de cette lecture, il ne s'attache à imiter la bonne conduite de quelques-uns des navigateurs qui l'ont devancé, et à éviter les fautes de quelques autres.

A son arrivée dans chaque pays, il s'occupera de se concilier l'amitié des principaux chefs, tant par des marques de bienveillance que par des présens; et il s'assurera des ressources qu'il pourra trouver sur le lieu, pour fournir aux besoins de ses vaisseaux. Il emploiera tous les moyens honnêtes pour former des liaisons avec les naturels du pays.

Il cherchera à connaître quelles sont les marchandises ou objets d'Europe auxquels ils paraissent attacher le plus de prix, et il en composera un assortiment qui leur soit agréable, et qui puisse les inviter à faire des échanges.

Il sentira la nécessité de mettre en usage toutes les précautions que la prudence suggère, pour maintenir sa supériorité contre la multitude, sans être obligé d'employer la force; et, quelque bon accueil qu'il reçoive des sauvages, il est important qu'il se montre toujours en état de défense, parce qu'il serait à craindre que sa sécurité ne les engageât à tenter de le surprendre.

Dans quelque circonstance que ce soit, il n'enverra aucune chaloupe ou autre bâtiment à terre, qu'il ne soit armé de ses canons, muni de fusils, de sabres, de haches-d'armes, et de munitions de guerre en quantité suffisante, et qu'il ne soit commandé par un officier, à qui il ordonnera de ne jamais perdre de vue le bâtiment dont il est chargé, et d'y laisser toujours quelques hommes pour sa garde.

Il ne permettra pas qu'aucune personne de l'état-major ou de l'équipage couche à terre pour autre raison que celle du service; et ceux que leurs fonctions obligeraient d'y rester, se retireront, avant la nuit, dans les tentes dressées à terre pour servir d'observatoire et de magasin. Il y placera un corps-de-garde, où devra toujours coucher un officier, pour maintenir le bon ordre parmi les matelots et soldats affectés à ce service, et prévenir, par une surveillance active et continue, toute attaque ou entreprise de la part des sauvages.

Il aura soin de faire mouiller les frégates de sa majesté à portée de protéger l'établissement; et il donnera ses ordres à l'officier qui y sera de garde, pour les signaux que celui-ci aura à faire en cas d'alarme.

Dès que ces dispositions seront faites, il s'occupera des moyens de pourvoir à la subsistance de ses équipages et aux autres besoins des bâtimens; et après avoir fait un choix dans le nombre des marchandises, outils et ouvrages en tout genre, dont les deux frégates sont approvisionnées, il en formera un magasin à terre, sous la protection du corps-de-garde : mais, comme il est instruit qu'en général les insulaires du grand océan ont un penchant irrésistible au vol, il aura soin, pour ne pas les tenter par la vue d'un trop grand nombre d'objets rassemblés dans un même lieu, de ne faire transporter chaque jour à terre, que les effets qui pourront être employés en échanges dans le cours de la journée.

Il réglera la valeur de ces échanges, et il ne permettra pas qu'on excède jamais la taxe qu'il aura fixée pour chaque objet de traite; dans la crainte qu'en accordant, dans le début, un prix trop haut pour les denrées qu'il voudrait se procurer, les naturels ne s'en prévalussent pour n'en plus vendre dans la suite à une moindre valeur.

Il n'établira qu'un seul magasin pour les deux frégates; et pour y maintenir le bon ordre et prévenir tous les abus, il chargera spécialement un officier de traiter avec les sauvages, et il désignera les officiers mariniers ou autres personnes qui devront faire sous ses ordres le service du magasin. Aucun officier, ou autre personne des états-majors ou des équipages, ne pourra, sous quelque prétexte que ce soit, faire aucune espèce d'échange, à moins que le sieur DE LA PÉROUSE ne lui en ait donné la permission expresse, et n'ait réglé le taux de l'échange.

Si quelqu'un des gens de l'équipage dérobait, pour le porter à terre, quelque effet appartenant aux bâtimens, ou quelques marchandises destinées pour les échanges, le sieur DE LA PÉROUSE le ferait punir suivant la rigueur des ordonnances; et il punirait plus sévèrement encore ceux qui, étant de service au magasin, auraient abusé de sa confiance, et détourné des effets pour en traiter en fraude.

Il prescrira à tous les gens des équipages, de vivre en bonne intelligence avec les naturels, de chercher à se concilier leur amitié par les bons procédés et les égards; et il leur défendra, sous les peines les plus rigoureuses, de jamais employer la force pour enlever aux habitans ce que ceux-ci refuseraient de céder volontairement.

Le sieur DE LA PÉROUSE, dans toutes les occasions, en usera avec beaucoup de douceur et d'humanité envers les différens peuples qu'il visitera dans le cours de son voyage.

Il s'occupera, avec zèle et intérêt, de tous les moyens qui peuvent améliorer leur condition, en procurant à leur pays les légumes, les fruits et les arbres utiles d'Europe; en leur enseignant la manière de les semer et de les cultiver; en leur faisant connaître l'usage qu'ils doivent faire de ces présens, dont l'objet est de multiplier sur leur sol, les productions nécessaires à des peuples qui tirent presque toute leur nourriture de la terre.

Si des circonstances impérieuses, qu'il est de la prudence de prévoir dans une longue expédition, obligeaient jamais le sieur DE LA PÉROUSE à faire usage de la supériorité de ses armes sur celles des peuples sauvages, pour se procurer, malgré leur opposition, les objets nécessaires à la vie, tels que des subsistances, du bois, de l'eau, il n'userait de la force qu'avec la plus grande modération, et punirait avec une extrême rigueur ceux de ses gens qui auraient outrepassé ses ordres. Dans tous les autres cas, s'il ne peut obtenir l'amitié des sauvages par les bons traitemens, il cherchera à les contenir par la crainte et les menaces; mais il ne recourra aux armes qu'à la dernière extrémité, seulement pour sa défense, et dans les occasions où tout ménagement compromettrait décidément la sûreté des bâtimens et la vie des Français dont la conservation lui est confiée.

Sa majesté regarderait comme un des succès les plus heureux de l'expédition, qu'elle pût être terminée sans qu'il en eût coûté la vie à un seul homme.

## CINQUIÈME PARTIE.

*Des précautions à prendre pour conserver la santé des Équipages.*

LE sieur DE LA PÉROUSE connaissant les intentions de sa majesté sur la conduite qu'il doit tenir envers les peuples sauvages, et l'attention qu'elle donne à ce que la visite des Français, loin d'être un malheur pour ces peuples, leur procure au contraire des avantages dont ils étaient privés; il sentira sûrement quel soin particulier il doit donner à la conservation des équipages employés dans l'expédition dont sa majesté lui a confié la conduite.

Les bâtimens sous ses ordres sont abondamment pourvus de tous les secours qui peuvent ou prévenir la cause des maladies de mer, ou en arrêter le cours, comme aussi de ceux qui sont destinés à suppléer les vivres ordinaires et à en corriger le mauvais effet. Il veillera soigneusement à ce que ces divers secours soient employés à propos et avec mesure; et il s'occupera essentiellement de toutes les ressources qui pourront se présenter dans les différentes relâches, pour procurer à ses équipages des rafraîchissemens et des alimens sains qui puissent réparer les effets du long usage qu'il sera obligé de faire des viandes salées.

Sa majesté s'en rapporte à la prudence du sieur DE LA PÉROUSE, sur la forme qui lui paraîtra la plus convenable à établir à bord des deux frégates pour la distribution des vivres en approvisionnement dans la cale.

Il aura soin de faire visiter et aérer, pendant ses séjours dans les ports, les parties de ces vivres qui annonceraient un principe d'altération dont cette précaution peut arrêter le progrès.

Il ne négligera aucune occasion de procurer du poisson frais à ses équipages, et de renouveler ses salaisons, par les moyens qui ont été remis à sa disposition, et en faisant usage de la méthode qui a été pratiquée avec succès par les navigateurs de ces derniers temps qui ont parcouru le grand océan.

Le sieur DE LA PÉROUSE n'ignore pas qu'une des précautions qui peut contribuer le plus efficacement à conserver la santé des gens de mer, est l'attention continuelle à maintenir une extrême propreté dans le vaisseau et sur leurs personnes.

Il fera usage, à cet effet, de tous les moyens connus, tels que les ventilateurs, les fumigations, les parfums, pour renouveler et purifier l'air de la cale et de l'entrepont. Il fera tous les jours, s'il se peut, exposer à l'air libre, les hamacs et les hardes des équipages : et afin que les matelots, et autres gens qui les composent, ne négligent point la propreté de leurs personnes, il les divisera en escouades, dont il répartira l'inspection et le soin de la tenue, entre les officiers de chaque frégate.

Chacun d'eux rendra compte, chaque semaine, au
capitaine,

capitaine, de l'état des hardes et des besoins de l'escouade dont le soin lui aura été confié; et sur l'ordre du sieur DE LA PÉROUSE, les hardes de remplacement que sa majesté a ordonné d'embarquer, seront distribuées aux équipages des deux bâtimens, suivant la répartition qui en aura été réglée par le commandant, et dans les circonstances où il jugera que ce secours est nécessaire.

Le sieur DE LA PÉROUSE établira la plus exacte discipline dans les équipages des deux frégates, et il tiendra soigneusement la main à prévenir tout relâchement à cet égard; mais cette sévérité, convenable dans tout service, et nécessaire dans une campagne de plusieurs années, sera tempérée par l'effet constant des soins paternels qu'il doit aux compagnons de ses fatigues : et sa majesté connaissant les sentimens dont il est animé, est assurée qu'il sera constamment occupé de procurer à ses équipages toutes les facilités, toutes les douceurs qu'il pourra leur accorder sans nuire aux intérêts du service et à l'objet de l'expédition.

Sa majesté ne pouvait donner au sieur DE LA PÉROUSE une marque plus distinguée de la confiance qu'elle a dans son zèle, sa capacité et sa prudence, qu'en le chargeant d'une des entreprises les plus étendues qui ayent jamais été exécutées. Quelques-uns des navigateurs qui l'ont précédé dans la carrière des découvertes, lui ont laissé de grandes leçons et de grands exemples; mais sa majesté est persuadée qu'aussi ambitieux de gloire, aussi zélé pour l'accroissement des connaissances humaines, aussi persévérant que ses modèles, il méritera un jour d'en servir lui-même à ceux qui, poussés par le même courage, voudront prétendre à la même célébrité.

## *NOTE.*

En rédigeant un plan de navigation pour le voyage de découvertes dont la conduite est confiée à M. DE LA PÉROUSE, on a eu pour objet de lui faire suivre, dans les différentes mers, des routes qui n'ayent été suivies par aucun des navigateurs qui l'ont précédé : cette marche a paru la plus sûre pour multiplier les découvertes, et avancer considérablement, dans ce voyage, le grand ouvrage de la description complète du globe terrestre.

On a cependant été obligé d'indiquer pour points de relâche, des îles déjà reconnues, et où l'on est assuré que M. DE LA PÉROUSE pourra se procurer des subsistances, à l'aide des échanges dont on lui a ménagé les moyens par la quantité de marchandises en tout genre, dont on lui a composé un assortiment, approprié aux goûts des insulaires avec lesquels il aura occasion de traiter. Mais en indiquant au commandant français des relâches déjà pratiquées, on a attention de l'y faire arriver par des routes qui n'ayent pas encore été fréquentées; et dans le nombre des marchandises dont on l'a pourvu, on n'a pas négligé d'y en faire entrer plusieurs de l'espèce de celles qui ne sont point encore connues aux îles où il pourra aborder, afin que les naturels du pays reconnaissent aisément que la nation qui les leur apporte, est pour eux une nation nouvelle, qui ne les avait point encore visités.

On a employé différens élémens de calcul pour évaluer la durée des différentes traversées. Dans les routes ordinaires et les mers libres, on a supposé que les bâtimens pourraient faire, avec les vents alizés, trente lieues en vingt-quatre heures : on n'a compté que vingt-cinq lieues pour le même espace de temps, dans les parages où la prudence exige qu'on mette en panne une partie de la nuit; vingt lieues seulement, lorsque les bâtimens sont en découverte ; et, dans ce dernier cas, on a toujours ajouté un certain nombre de jours pour le temps qui est perdu à reconnaître et visiter une côte. C'est d'après ces bases, qu'on a hasardé de fixer la durée des traversées, et les époques des relâches : mais tous ces calculs sont soumis aux circonstances dans lesquelles les bâtimens pourront se trouver, aux événemens de la navigation, et aux accidens qu'on ne peut prévoir.

La durée totale du voyage excédera nécessairement quatre années : il eût été impossible de remplir dans un moindre espace de temps, tous les objets que sa majesté s'est proposés. Les retours périodiques des différentes moussons dans un même temps au Nord et au Sud de la Ligne, sont des données auxquelles on est forcé d'assujettir la route, et qui contrarient infiniment la navigation, dans les mers voisines des archipels et du continent d'Asie, par l'obligation où l'on est de ne se présenter dans chaque parage, qu'à l'époque où les vents y sont favorables. Cette considération des moussons a exigé diverses combinaisons, pour y assujettir les routes, sans augmenter de beaucoup la durée totale de la campagne, et de manière que chaque traversée en particulier n'excédât pas les bornes qu'on doit se prescrire, relativement à la provision d'eau et de bois que peut comporter la capacité de chaque bâtiment dans la proportion de son équipage. Au surplus, les bâtimens de sa majesté sont pourvus de munitions de tous les genres, en quantité plus que suffisante pour fournir à quatre années de navigation, en y ajoutant les ressources accidentelles que les relations des navigateurs modernes nous ont indiquées, et que la prévoyance et l'activité de M. DE LA PÉROUSE sauront lui procurer dans ses différentes relâches. Le dernier voyage du capitaine COOK a duré quatre ans deux mois vingt-deux jours ; et ses bâtimens n'étaient pas approvisionnés comme le seront ceux de sa majesté.

Si, comme on a droit de l'attendre du zèle et de l'habileté du commandant de l'expédition, tous les objets indiqués dans ses instructions ont été remplis, le voyage de M. DE LA PÉROUSE ne laissera plus aux navigateurs qui voudront tenter des découvertes, que le mérite de nous donner des détails plus circonstanciés sur quelques portions du globe.

Il reste à faire connaître la marche qu'on a suivie dans la construction des cartes hydrographiques qui doivent être remises aux commandans des bâtimens lorsque sa majesté les aura approuvées.

On a dressé une première carte de l'OCÉAN MÉRIDIONAL, sur laquelle on a tracé, d'après les propres journaux des navigateurs, les routes qui les ont conduits à des découvertes ; et l'on a indiqué celles qui restent à faire, ou à vérifier. Cette carte a été construite d'après les meilleures cartes françaises, espagnoles, anglaises et hollandaises ; et on l'a assujettie aux observations astronomiques par lesquelles les positions des principaux points des continens et des îles ont été déterminées.

L'étendue du GRAND OCÉAN, vulgairement nommé *mer du Sud* ou *mer Pacifique*, a exigé qu'on le divisât en trois bandes ou zones, dont la première contient le grand océan AUSTRAL, ou l'espace renfermé entre le cercle polaire antarctique et le tropique du Capricorne ;

La seconde, le grand océan ÉQUATORIAL, ou l'intervalle compris entre les deux tropiques ;

La troisième enfin, le grand océan BORÉAL, ou les mers renfermées entre le tropique du Cancer et le cercle polaire arctique.

Comme les courses de M. DE LA PÉROUSE ne doivent pas le porter au-delà du soixantième parallèle, au Nord et au Sud ; on a jugé qu'il serait inutile de tracer sur les cartes dressées pour son voyage, le grand océan polaire-boréal, et le grand océan polaire-austral.

Pour parvenir à dresser la carte du grand océan, on a extrait les journaux de tous les navigateurs de ce siècle, et de ceux des temps antérieurs qui ont navigué dans cette mer. On a consulté les plans de détail qu'ils ont donnés, et on les a fait entrer, par des réductions, dans la carte générale. On y a tracé les routes connues de tous les navigateurs anciens et modernes, afin de rapprocher les découvertes récentes, de celles qui ont été faites dans les siècles précédens, et de prouver, dans quelques cas, leur identité.

Cette carte générale du grand océan est le résultat de tout ce que les navigateurs et les géographes ont produit jusqu'à ce jour. On n'entreprendra pas d'exposer ici en détail les divers matériaux qu'on a recherchés et ceux qu'on a mis en œuvre : cette énumération seule exigerait un volume. On se bornera à joindre au Mémoire du roi pour servir d'Instruction à M. DE LA PÉROUSE, des notes géographiques et historiques sur quelques parties qui ont besoin d'être plus détaillées; et l'on joindra aux deux cartes générales de l'océan méridional et du grand océan, un recueil de trente-sept autres cartes ou plans originaux manuscrits des parties de ces mers les moins fréquentées.

# EXTRAIT

*Des Instructions générales de M. DE LA PÉROUSE.*

### 26 Juin 1785.

SA majesté autorise le sieur DE LA PÉROUSE à accorder aux équipages, des mois de paye en gratification, dont il réglera la quotité suivant les circonstances. Il aura seulement attention que la totalité des gratifications qu'il aura accordées dans la durée entière de son voyage, n'excède pas, pour chaque équipage, une année de solde. En outre de ces gratifications, qu'il annoncera aux officiers mariniers, matelots et soldats, dans le cas où ils les auront méritées, il fera savoir aux deux équipages, que l'intention de sa majesté est que la solde de ceux qui viendraient à mourir pendant la campagne, à compter du jour de leur décès, soit mise en masse pour être distribuée en gratification aux gens de l'équipage dont l'homme décédé faisait partie; et qu'il soit tenu compte à sa famille, de la solde acquise jusqu'au jour de son décès, ainsi que de la valeur de ses hardes, si elles sont distribuées.

# NOTES

## GÉOGRAPHIQUES ET HISTORIQUES,

*Pour être jointes au Mémoire du Roi servant d'Instruction particulière à* M. DE LA PÉROUSE, *Capitaine de vaisseau, commandant les frégates la* BOUSSOLE *et l'*ASTROLABE.

### OCÉAN MÉRIDIONAL.

NOTE 1.ere LES trois VIGIES ou roches situées dans le Sud-Sud-Ouest de l'île de S. Jago, une des îles du cap Vert, ainsi que la VIGIE FRANÇAISE et les brisans vus par le César en 1730, dans le Sud-Sud-Est de la même île, sont placés d'après la carte anglaise de l'océan Atlantique, publiée à Londres en 1777, en quatre feuilles [a].

2. PENNEDO DE S. PEDRO. Sa latitude, $0^d\ 55'$ Nord, est conforme à celle que M. DAPRÈS dit avoir été observée en 1750 sur le vaisseau le Rouillé. *Voyez* le discours du Neptune oriental de M. DAPRÈS, *page 189*.

---

[a] Cette carte, pour la partie comprise entre le 14.e et le 47.e degré de latitude septentrionale, est la copie et la traduction de celle qui a été dressée et publiée par FLEURIEU, et qui est jointe à son Voyage à différentes parties du monde, &c. Paris, imprimerie royale, 1773; 2 vol. *in-4°*. ( N. D. R. )

Il établit sa longitude de 29ᵈ 0′ à l'Occident de Paris, et il la déduit de la différence de méridien reconnue entre l'île de l'Ascension et Pennedo, qu'il fixe à 12ᵈ 40′.

Mais M. Daprès comptait alors, d'après une observation faite en 1754 par M. l'abbé de la Caille, que la longitude occidentale de l'Ascension était de 16ᵈ 19′ : et comme cette longitude vérifiée et fixée par les observations du capitaine Cook, est de 16ᵈ 54′ *(second Voyage, tome II, page 276 de l'original)*, il en résulte qu'en admettant la différence des méridiens telle que la donne M. Daprès, entre Pennedo de S. Pedro et l'île de l'Ascension, la longitude de Pennedo doit être de 29ᵈ 34′ à l'Occident de Paris ; et c'est celle qu'on a adoptée dans la carte remise à M. de la Pérouse.

On trouve une description de Pennedo dans le discours du Neptune oriental de M. Daprès, *page 189*.

3. Les Hauts-fonds dans le voisinage de la Ligne, sont placés d'après l'instruction du Neptune oriental, *page 9*.

4. La petite île de Sable ou île Saint-Paul, qui fut vue dans le même parage, en 1761, par le vaisseau le Vaillant, commandé par M. Bouvet, est placée d'après l'instruction du *Sailing Directions for the East-Indies; London, 1781; page 7*. Cette position est conforme, pour la latitude, à celle qui lui a été donnée sur la carte générale qui est

jointe à la Relation du troisième voyage du capitaine Cook, 0ᵈ 25′ Sud; mais elle diffère de 35 minutes sur la longitude.

Sa longitude à l'Ouest de Paris serait de 21ᵈ 25′ suivant le *Sailing Directions*, qui la donne d'après le journal de M. Bouvet; mais on l'a portée de 20ᵈ 45′ pour la faire participer à la correction de Pennedo. *Voyez la note 2.*

5. Ile de Fernando de Noronha. On a placé cette île conformément à la latitude et à la longitude déterminées par le capitaine Cook.

>   Latitude............ 3ᵈ 53′ 0″ Sud.
>   Longitude.......... 34. 53. 50. Ouest de Paris.

*Voyez* le second Voyage de Cook, *tome II, pages 278 et 279* de l'original.

La distance de cette île à la partie la plus voisine de la côte du Brésil étant fixée entre soixante et soixante-dix lieues, d'après les journaux des Portugais, et la carte espagnole de l'Amérique méridionale, publiée par la Cruz Cano y Olmedilla, en huit feuilles, en 1775, on peut regarder comme déterminée la longitude de la côte du Brésil; et on l'a assujettie à celle de l'île de Noronha, en lui donnant 2 degrés $\frac{2}{3}$ de différence à l'Ouest.

6. L'île Saint-Mathieu fut reconnue en 1525, par Garcia de Loaes ou Loaysa, capitaine portugais; mais elle avait été découverte quatre-vingt-sept ans avant cette époque.

*(Tratado*

*( Tratado dos descubrimentos, &c. de* GALVAO *; Lisboa, 1731 ; page 66.)* On l'a placée d'après la carte générale du troisième Voyage de Cook. La position en est incertaine, et ce célèbre navigateur a regretté de n'avoir pas été à portée de la déterminer. *Voyez* le second Voyage de Cook, *tome II, page 276* de l'original.

7. Les latitudes et les longitudes des îles de FERNANDO PO, du PRINCE, de SAINT-THOMÉ et d'ANNOBON, sont établies d'après les observations faites, en 1779, par don VARELLA, officier de la marine d'Espagne;

S A V O I R :

Ile Fernando Po, rade Saint-Charles. { Latitude 3$^d$ 28′ Nord.
Longitude 6. 30. Ouest de Paris.

Ile du Prince, au port . . . . . . . { Latitude 1. 39. Nord.
Longitude 5. 2. Ouest.

Ile Saint-Thomé, au port . . . . . { Latitude 0. 20. Nord.
Longitude 4. 34. Ouest.

Ile d'Annobon, à la côte du Nord. { Latitude 1. 25. Sud.
Longitude 3. 25. Ouest.

D'après ces longitudes, celles du cap Vert, de Sierra-Leona, des îles de Los et du cap de Bonne-Espérance, où il a pareillement été fait des observations, on a réglé les positions des différens points de la côte occidentale d'Afrique.

8. L'île de L'ASCENSION est placée d'après les observations du capitaine COOK.

Milieu de l'île............ $\begin{cases} \text{Latitude} & 8^d \ \ 0' \ \text{Sud.} \\ \text{Longitude} & 16. \ 50. \ \text{Ouest de Paris.} \end{cases}$

(Second Voyage de COOK, *tome II, page 276* de l'original.)

Suivant l'abbé de LA CAILLE, la latitude ne serait que de $7^d \ 57'$; et la longitude, déduite d'une émersion du premier satellite de Jupiter, de $16^d \ 17'$ *(Voyez* les Mémoires de l'académie des sciences, année *1754, page 129)* : mais on a cru devoir s'en tenir aux déterminations de COOK, qui sont les résultats d'un grand nombre d'observations. On trouve dans la Relation de son second voyage *(loco citato)* une description fort détaillée de l'île de l'Ascension.

9. L'île de SAINTE - HÉLÈNE est pareillement placée d'après les observations de COOK et celles de HALLEY.

Au fort James. $\begin{cases} \text{Latitude} & 16^d \ \ 0' \ \text{Sud, suivant HALLEY.} \\ \text{Longitude} & 8. \ 11. \ \text{Ouest de Paris, suivant COOK.} \end{cases}$

(Second Voyage de COOK, *tome II, page 270* de l'original.)

Suivant M. MASKELINE, observateur royal de Greenwich, la latitude de l'île Sainte-Hélène est de $15^d \ 55'$; et sa longitude, déduite d'une observation faite par lui, du premier satellite de Jupiter, serait de $8^d \ 9'$. *(British. Mariner's Guide, 1763, in-4.°)*

10. Ile de LA TRINITÉ. Cette île est placée d'après sa

distance au cap Frio, côte du Brésil, telle qu'elle est donnée par M. Daprès *( discours du Neptune oriental, page 10 )*, de laquelle il résulte :

Côte du Nord............ { Latitude 20$^d$ 25′ Sud.
{ Longitude 32. 15. Ouest de Paris.

L'île Dos Picos est placée d'après les cartes hollandaises, en assujettissant sa position à celle de la Trinité.

11. Iles de Martin-Vas. Ce sont trois rochers qui gisent entre eux Nord et Sud, excepté le plus septentrional, qui est jeté un peu plus dans l'Ouest : ils n'occupent pas plus d'un mille d'étendue. *Extrait* du Journal original de Halley, imprimé dans la *Collection of Voyages in the Atlantic southern ocean, by* A. Dalrymple; *London, 1775; in-4.°, page 53.*

Dans le Journal de M. Lozier-Bouvet ( imprimé en français, *ibid.* page 7 de ce journal ), il est dit que les îlots de Martin-Vas sont à huit lieues de distance et gisent à l'Est $\frac{1}{4}$ Nord-Est de l'île de la Trinité. Leur latitude est la même que celle de cette île.

12. L'île de l'Ascençaon, côte du Brésil, est placée d'après les notes de M. Daprès, *page 9* du discours du Neptune oriental :

Latitude....... 20$^d$ 25′ Sud.
Longitude...... 38. 0. Ouest de Paris.

cette position suppose que sa distance au cap Frio est de cent vingt lieues, comme M. Daprès l'indique *( ibid. page 9 )*.

13. ROCHE, découverte en 1692, et VIGIE, en 1701. Ces dangers sont placés d'après la carte de l'océan méridional de M. DALRYMPLE, qu'on trouve à la suite de l'ouvrage cité dans la note onzième.

14. Ile SAXEMBURG. Cette île fut découverte en 1670 par Jean LINDESTZ LINDEMAN, Hollandais, par 30$^d$ ¾ de latitude Sud, et environ 22 degrés de longitude occidentale de Paris, en ayant égard au changement fait dans la position des autres îles de ce même parage, auxquelles les navigateurs ont dû la rapporter par des distances et des gisemens estimés. *Voyez* les Navigations aux terres Australes, par le président DESBROSSES, *tome II, page 48.*

15. KATTENDYKE est placé d'après la carte de DALRYMPLE appartenant à l'ouvrage cité dans la onzième note, et d'après la carte générale du troisième Voyage du capitaine COOK.

16. Iles de TRISTAN D'ACUNHA. On s'est réglé pour leur position, sur l'instruction de M. DAPRÈS *(page 10 du Neptune oriental)*, qui fixe la latitude de ces îles entre 37$^d$ 10′ et 37$^d$ 45′ Sud, et leur longitude à 16$^d$ 30′, ou 17 degrés, à l'Occident de Paris, d'après un résultat moyen entre les différentes routes de plusieurs vaisseaux, lesquelles indiquent 34 degrés pour la différence de méridien entre ces îles et le cap de Bonne-Espérance, qui est par 16$^d$ 3′ 45″ à l'Orient de Paris.

M. HALLEY dit, dans son Journal, qu'il a déterminé

la latitude de la plus méridionale de ces îles à 37$^d$ 25′ Sud. *Voyez page 41* de son journal dans l'ouvrage de M. Dalrymple, cité *note onzième*.

On trouve une description assez détaillée de ces îles, dans l'instruction du Neptune oriental de M. Daprès, *page 10*.

Outre le mouillage du Nord de la principale des îles de Tristan d'Acunha, marqué sur la carte qui en a été remise à M. de la Pérouse, on a connaissance (sur le rapport d'un navigateur digne de foi, de qui l'on tient les détails suivans), d'une espèce de port ou havre, situé à l'Est de la pointe méridionale : ce port n'est point apparent quand on prolonge la côte, parce qu'il est dérobé à la vue par de grands joncs ou roseaux qui, étant renversés et couchés sur la surface de l'eau, se croisent par certains vents, et masquent totalement l'entrée du port. Il peut avoir un demi-mille de large, sur trois quarts de mille de profondeur : sa figure est à peu près celle d'un fer à cheval. On y trouve vingt-huit brasses d'eau au milieu de l'entrée, et quatorze près des bords ; la hauteur de l'eau est également de quatorze brasses sur le milieu de la longueur, et de dix seulement vers le fond du port : le fond est de sable noir, et de bonne tenue.

Il faut observer que la pointe méridionale, c'est-à-dire, celle du Sud-Ouest de l'île, est terminée par quelques roches ou brisans, qui portent au large d'environ un quart de mille : ils ne sont pas marqués sur la carte remise à

M. DE LA PÉROUSE, parce qu'elle est une copie sans changement, du seul plan qu'on connaisse de ces îles, et sur lequel ces brisans ne se trouvent pas marqués.

17. Ile de DIEGO D'ALVAREZ. Elle est placée d'après la carte générale du troisième Voyage de COOK, et rapportée aux îles de Tristan d'Acunha, en conservant la distance et le gisement que cette carte lui donne par rapport à ces dernières îles.

> Latitude...... 38$^d$ 53' Sud.
> Longitude..... 13. 0. Ouest de Paris.

18. Ile de GOUGH, ainsi nommée du nom d'un capitaine de la compagnie anglaise des Indes orientales, qui la découvrit en 1715. On lit dans le *New directory for the East-Indies*, par W. HERBERT, W. NICHELSON, et autres *(5$^e$. édition, de 1780, pages 371 et 372)*, que l'île de Gough est une terre haute, située à 40$^d$ 15' de latitude Sud, et par 1$^d$ 57' à l'Ouest de Greenwich, ou 4$^d$ 17' à l'Occident de Paris. Le capitaine VINCENT, commandant le vaisseau l'Osterley de la même compagnie, eut aussi connaissance de l'île de Gough, en 1758, à la latitude indiquée par celui qui la découvrit; mais il estime, d'après le calcul de ses routes, qu'en la plaçant à 1$^d$ 57' à l'Occident de Greenwich, on la porte de quelques degrés trop à l'Est.

Cette île n'est point connue des navigateurs français : mais comme elle peut être rencontrée par des vaisseaux qui, voulant aller directement dans l'Inde ou en Chine, dans la prime-saison, et sans toucher au cap de Bonne-Espérance, se maintiendraient par des latitudes plus élevées, pour aller ensuite reconnaître les îles de Saint-Paul et d'Amsterdam; il paraîtra sans doute intéressant de déterminer sa vraie position, et l'on doit désirer que M. DE LA PÉROUSE, qui a les moyens de le faire, soit à portée de s'en occuper.

19. Ile GRANDE DE LA ROCHE. On ne peut placer cette île que par conjecture, d'après la relation suivante, qu'on a extraite et traduite de l'ouvrage espagnol qui a pour titre : *Descripcion geographica, y Derrotero de la region austral Magallanica, &c. por el capitan don FRANCISCO DE SEIXAS Y LOVERA; en Madrid, 1690; in-4.°, fol. 29.*

« Au mois de mai 1675, ANTOINE DE LA ROCHE,
» Français d'origine [b], alors au service des Anglais, reve-
» nant de l'île de Chiloë, côte du Chili, ayant doublé le
» cap Horn, et voulant rentrer dans l'océan Atlantique
» méridional par le détroit de le Maire [ on ignorait alors
» que la mer fût ouverte à l'Est de la terre des États ], trouva
» des vents d'Ouest si violens et des courans si rapides, qui
» le portaient à l'Est, qu'il lui fut impossible de se rappro-
» cher des terres qui forment le détroit de Magellan. Le

[b] C'est sûrement par méprise que le capitaine COOK, dans l'introduction générale de son second Voyage *(page xv de l'original)*, en parlant d'ANTOINE LA ROCHE, le qualifie de *an english merchant*, marchand anglais.

» mois de mai était déjà avancé ; on entrait dans l'hiver de
» ces climats, et LA ROCHE commençait à désespérer de sa
» navigation : ses inquiétudes s'accrurent encore, lorsqu'il
» aperçut devant lui, à l'Est, une terre inconnue [c]. Il fit tous
» ses efforts pour s'en approcher et la reconnaître, et il par-
» vint à gagner une baie, dans laquelle il mouilla près d'un
» cap ou d'une pointe qui s'étendait au Sud-Est ; il y trouva
» vingt-huit, trente et quarante brasses, fond de sable et
» de roche : il distinguait dans les terres, non loin de la côte,
» quelques montagnes couvertes de neige ; il y fut exposé à
» des vents très-orageux, et y séjourna quatorze jours. Le
» temps enfin s'éclaircit ; il reconnut alors qu'il était mouillé
» à une des extrémités de cette terre, et il découvrit au Sud-
» Est et au Sud, d'autres terres hautes, couvertes de neige.
» Un petit vent de Sud-Est lui permit d'appareiller ; et, en
» faisant voile, il avait à l'Ouest la côte de ladite île [d], et les
» terres méridionales lui restaient au Sud et Sud-Est : il lui
» parut que le canal entre l'île et la terre avait environ dix
» lieues de largeur ; les courans le portaient avec une grande
» vîtesse au Nord-Est ; et, en gouvernant à l'Est-Nord-Est,
» il se trouva, dans l'intervalle d'une heure et demie, hors
» du passage, qu'il dit être fort court, parce que l'île nouvelle

[c] Cette terre, comme on le verra dans la note suivante, est la même que
M. DUCLOS GUYOT reconnut en 1756, et que le capitaine COOK,
qui en a visité la côte septentrionale-orientale, en janvier 1775, a nommée *île
Georgia*.

[d] Ceci suppose, ce qui n'est pas dit dans la Relation, qu'il avait mouillé à
la pointe d'une terre qui avait une île à l'Ouest ou au Nord-Ouest.

» qui forme ce canal avec les terres du Sud-Est, est fort
» petite ᵉ.

» En quittant cette île ᶠ, il fit route pendant vingt-quatre
» heures au Nord-Ouest; il fut alors accueilli d'un coup de
» vent de Sud si violent, qu'il l'obligea de courir pendant
» trois jours au Nord jusqu'au 46.ᵉ degré de latitude méri-
» dionale. La tempête se calma; et LA ROCHE, se jugeant
» alors hors de danger, et dirigeant sa route pour la baie de
» Tous-les-Saints, rencontra, à la hauteur de 45 degrés, une
» île, qu'il dit être fort grande, agréable à la vue, et ayant
» dans la partie de l'Est un bon port, dans lequel il trouva
» de l'eau, du bois et du poisson; mais il ne vit point
» d'habitans pendant les six jours qu'il y passa.

» De ce port il se rendit à la baie de Tous-les-Saints ».

On s'est réglé, pour placer l'île Grande, sur la position
de la première terre que LA ROCHE avait découverte
dans l'Est de celle des États, et qui a été retrouvée dans
ces derniers temps (l'île Georgia de COOK). On a, en
conséquence, placé la côte méridionale de l'île Grande par
45 degrés de latitude, suivant l'indication de LA ROCHE,
et à trente lieues environ plus à l'Ouest que la première
terre qu'il avait découverte, parce qu'on a vu qu'en quittant

---

ᵉ Il paraît que LA ROCHE a passé, comme COOK, entre l'île nommée par
celui-ci *Willis*, et celle de l'Oiseau *(Bird)*, mais qu'il a mal estimé la largeur du
canal.

ᶠ LA ROCHE, en parlant de la déclinaison de l'aiguille aimantée, près de la
côte orientale de son détroit, dit qu'elle était de 19 degrés. (*ANTONIO DE LA
ROCHE, en su Derrotero, fol. 22 y 23. Voyez SEIXAS Y LOVERA, fol. 47.*)

celle-ci, il avait fait route au Nord-Ouest pendant vingt-quatre heures; qu'il est probable que le coup de vent de Sud dont il fut accueilli, dépendait un peu du Sud-Est, qui avait régné jusqu'alors; et qu'enfin, depuis la fin du coup de vent jusqu'à la découverte de l'île Grande, par 45 degrés de latitude, il avait fait constamment le Nord, qui était sa route, pour aller chercher la baie de Tous-les-Saints.

Tout porte à croire que l'île Grande de la Roche est la même terre qu'AMÉRIC VESPUCE avait découverte dans son troisième voyage, en 1502. Les géographes des deux derniers siècles avaient donné différentes positions à cette terre de VESPUCE, parce qu'ils ne connaissaient point le journal original de cet ancien navigateur; et, comme elle n'a pas été retrouvée depuis l'époque de sa découverte, les géographes modernes l'ont effacée de dessus les cartes. Cependant, en consultant les lettres originales d'AMÉRIC VESPUCE, dans lesquelles il rend compte de ses navigations [g], il paraît qu'il n'est pas impossible de fixer, à peu près, la position de la terre qu'il avait découverte en 1502. Il dit, dans le Journal de son troisième voyage *(page 54 de ses Lettres)*, qu'étant parti d'un port de la côte du Brésil, situé à 32 degrés de latitude méridionale [ ce peut être le port nommé San-Pedro ], il navigua au Sud-Est jusqu'au 52.ᵉ degré de latitude, où il n'apercevait

---

[g] Vita e Lettere di AMERIGO VESPUCCI, raccolte ed illustrate dall' abbate ANGELO-MARIA BANDINI. Firenze, 1745; 1 vol. in-4°.
Voyez aussi *Novus Orbis; Basileæ, 1555;* in-fol. page 226 et suivantes.

plus les étoiles de la petite Ourse ni celles de la grande. Il faut observer que VESPUCE, en parlant de sa route, n'avait point égard à la déclinaison de l'aiguille aimantée, qui, à l'époque de sa navigation, devait être, dans ces parages, de 19 à 20 degrés vers l'Est; et qu'ainsi, cette route qu'il indique au Sud-Est, doit être regardée comme ayant valu à peu près le Sud-Sud-Est : or, si l'on part de la côte du Brésil à 32 degrés de latitude, pour couper le parallèle de 52$^d$, par la route du Sud-Sud-Est, le point de section se trouve à environ 44 degrés à l'Occident de Paris, c'est-à-dire, un peu à l'Ouest du méridien sur lequel on suppose que peut être l'île Grande, et à cent quarante lieues environ dans le Sud, un peu à l'Ouest de cette île. VESPUCE, étant dans cette position, le 3 avril, fut accueilli d'un coup de vent de Sud-Ouest, qui l'obligea de courir à sec : il conserva cette allure jusqu'au 7, qu'il rencontra une terre nouvelle qu'il côtoya sur un espace de vingt lieues, et qui lui parut devoir être d'un difficile accès, sans port et sans habitans. Les marins conviendront que, sans rien forcer, on peut supposer que, durant les quatre jours que VESPUCE a été poussé dans le Nord par un vent de Sud-Ouest violent, il a pu faire, quoique naviguant à sec, trente-cinq lieues par vingt-quatre heures; et qu'il a dû conséquemment être porté jusqu'au 45.$^e$ degré de latitude, étant parti de 52 degrés. Ce qui peut donner un grand poids à cette opinion, c'est que VESPUCE dit qu'en quittant la nouvelle terre, il s'estimait à treize cents lieues de la côte d'Éthiopie [de Sierra-Leona], où il aborda le 10 mai suivant; et que, pour y parvenir, il dirigea constamment sa route entre le Nord et le Nord-Est : or, Sierra-Leona est au Nord-Nord-Est 2 à 3 degrés Est de l'île Grande ( suivant sa position dans la carte remise à M. DE LA PÉROUSE ), et à douze ou treize cents lieues de distance. Au surplus, on ne connaît aucune île, à cette distance de la côte d'Éthiopie, et dans la direction du Nord-Nord-Est et Sud-Sud-Ouest, qui puisse présenter une suite non interrompue de vingt lieues de côtes : et comme la véracité de VESPUCE sur un fait de cette nature ne peut être suspectée, on doit regarder son témoignage comme une preuve ancienne de l'existence de l'île Grande, confirmée par le rapport plus récent d'ANTOINE DE LA ROCHE.

20. Terre ou île de LA ROCHE nommée par COOK *île Georgia*. La note précédente a fait connaître l'époque et les circonstances de la découverte de cette île par ANTOINE DE LA ROCHE : mais la relation que SEIXAS nous en a conservée, n'en indique point la latitude; on sait seulement que, pour venir de cette terre à l'île Grande, que LA ROCHE rencontra à 45 degrés, il avait fait route pendant vingt-quatre heures au Nord-Ouest, et qu'un vent forcé de la partie du Sud l'avait fait courir pendant trois jours dans le Nord. Mais on ne peut douter que la première île ou terre qu'il découvrit, ne soit dans l'Est de la terre des États; et cette même île avait déjà été retrouvée, en 1756, par

M. Duclos Guyot, avant que le capitaine Cook l'eût reconnue, en 1775, et en eût fixé la position.

M. Duclos Guyot, de Saint-Malo, commandait le vaisseau espagnol le Lion, et revenait de Lima. Il avait doublé le cap de Horn, était rentré dans l'océan Atlantique méridional, et se trouvait dans l'Est de la terre des États.

« Le 28 juin 1756 (c'est M. Duclos Guyot qui parle),
» sur les neuf heures du matin, nous crûmes voir la terre
» devant nous, quoique fort éloignée, paraissant comme des
» nuages, et d'une hauteur extraordinaire : nous faisions route
» pour lors au Nord-Nord-Est. Le temps couvert ne nous
» permit pas de nous en convaincre : n'en soupçonnant pas
» d'ailleurs de plus proche que les îles Malouines, qui nous
» devaient rester dans le moment, suivant notre estime, à
» 135 lieues dans l'Ouest-Nord-Ouest; et nous trouvant à
» midi par les 55$^d$ 10' de latitude observée, et 52$^d$ 10' de
» longitude estimée à l'Occident du méridien de Paris, nous
» continuâmes notre route sans égard à la terre.

» Le 29, à midi, ayant eu connaissance d'une petite île
» devant nous, nous avons reviré de bord, et n'avons point
» trouvé de fond avec une ligne de trois cents brasses. A neuf
» heures, nous reconnûmes un continent d'environ vingt-
» cinq lieues de long du Nord-Est au Sud-Ouest, rempli
» de montagnes escarpées, d'un aspect effroyable, et d'une
» hauteur si extraordinaire, qu'à peine pouvions-nous en
» voir les sommets, quoiqu'à plus de six lieues de distance :
» la quantité de neige qui les couvrait, nous a empêchés

» d'observer si elles sont boisées. Les observations sur
» lesquelles nous pouvons mieux compter, et que nous
» ayons pu faire ( étant pour lors à trois lieues de la petite
» île, qui se trouvait dans le moment à égale distance de la
» grande terre ), est une anse très-enfoncée dans ce
» continent, à environ huit lieues Est et Ouest de ladite île :
» c'est le seul endroit qui nous ait paru propre à être habité ;
» nous pouvions en être à dix ou onze lieues. Elle nous
» paraissait d'une grande étendue, tant en longueur qu'en
» largeur. Il y a à bâbord, à son entrée, dans l'Ouest-Nord-
» Ouest de nous, une pointe basse, qui est la seule que
» nous ayons pu remarquer à son embouchure; elle nous
» paraissait détachée de la grande terre ; nous pensâmes
» même que c'est une île, ou que, si elle y est jointe, ce
» doit être un isthme.

» Le 30, au point du jour, nous pouvions être à dix
» lieues de cette nouvelle terre; dans cette position, nous
» n'avons reconnu aucun courant, et nous n'avons point
» trouvé de fond; nous avons toujours vu beaucoup d'oiseaux
» et de loups marins.

» A midi, la terre présentait le même aspect, excepté les
» sommets de montagnes qui étaient couverts de nuages :
» le calme et le temps le plus favorable nous ont procuré
» une hauteur certaine, et, à midi, nous avons observé 54$^d$
» 50′ de latitude Sud, et notre longitude estimée était de
» 51$^d$ 32′ occidentale.

» Le 1.$^{er}$ juillet, au point du jour, nous estimant assez

» éloignés de terre, nous avons gouverné à l'Est, pour
» observer si ladite terre se prolongeait davantage dans cette
» partie. Sur les huit heures du matin, nous avons vu sa
» pointe la plus Est, au relèvement du compas, au Nord 5$^d$
» Est [h], à la distance d'environ douze lieues ; à midi,
» continuant la même route, nous étions par 55$^d$ 23' de
» latitude estimée, et de longitude occidentale 51 degrés.

» Le 2, vents de l'Ouest-Sud-Ouest à l'Ouest-Nord-
» Ouest, petit frais, temps obscur, abondance de neige :
» route à l'Est-Nord-Est. Cherchant à découvrir la longueur
» de la terre de ce côté, au point du jour, le calme profond
» s'étant formé, nous nous sommes trouvés environnés de
» glaces de différentes figures, dont plusieurs ayant au moins
» trente-cinq brasses d'élévation sur l'eau, et plus d'une demi-
» lieue de longueur ; nous avons remarqué aussi qu'il y avait
» beaucoup de courans et beaucoup plus d'oiseaux qu'à
» l'ordinaire, mais particulièrement une grande quantité de
» pigeons tout blancs comme ceux de la côte des Patagons,
» et nous avons vu aussi beaucoup de baleines : à toutes
» ces remarques, nous avons pensé que nous pouvions être
» sur un banc. En conséquence, nous avons sondé, sans
» trouver de fond ; nous étions pour lors hors de vue de
» la terre : latitude estimée 55$^d$ 28', longitude 49$^d$ 40'
» occidentale ».

[h] Le 28 juin, au soir, veille de la découverte, on observa la déclinaison de l'aiguille aimantée, de 13 degrés et demi Nord-Est, et le 4 juillet, elle était de 13 degrés.

Depuis ce jour, M. Duclos Guyot n'a plus vu la nouvelle terre, qu'il nomma *île de Saint-Pierre*.

A son attérage sur l'île de S. Jago, une de celles du cap Vert, il reconnut ( ainsi qu'il l'avait jugé par les déclinaisons de l'aimant, qu'il avait trouvées de $13^d \frac{1}{2}$ et 13 degrés, au lieu de 19, qui est celle qu'on doit avoir par la longitude à laquelle il s'estimait à la vue de l'île Saint-Pierre ) que les courans, après qu'il eut doublé le cap de Horn, l'avaient porté dans l'Est, de $10^d$ 56′ par-delà son estime. « Consé-» quemment ( dit M. Duclos Guyot ) on peut fixer la » position de la terre que nous découvrîmes le 29 juin. En » étant à dix lieues au Sud, lorsque nous en fîmes la » reconnaissance la plus certaine ( le 30 ), notre latitude » observée était de $54^d$ 50′, et notre longitude estimée $51^d$ » 32′ occidentale ». Si l'on retranche les $10^d$ 56′ dont le vaisseau avait été porté dans l'Est, il reste, pour la longitude de l'île, $40^d$ 36′ à l'Occident de Paris, que M. Duclos Guyot réduit à $40^d$ 30′ pour la partie la plus à l'Est qu'il ait vue; et il fixe la latitude de la partie la plus méridionale à $54^d$ 20′.

Le capitaine Cook établit l'île de Saint-Pierre ( ou *Georgia*, comme il la nomme ) entre $53^d$ 57′ et $54^d$ 57′ de latitude, et entre $40^d$ 33′ et $37^d$ 54′ de longitude occidentale de Paris. (Second Voyage de Cook, *tome II, page 218* de l'original.) On voit que la position que M. Duclos Guyot assignait à cette même terre, n'est pas très-défectueuse, quoiqu'il fût dépourvu des moyens nécessaires pour en déterminer la longitude avec précision : son erreur n'est que de de la longueur de l'île, de l'Est à l'Ouest, et il n'y a aucun navigateur qui ne dût la rencontrer d'après la position qu'il lui donnait, sur-tout si on vient la chercher par le côté de l'Ouest : l'erreur est d'environ trente lieues, dont il la portait trop à l'Occident.

M. Duclos Guyot, en terminant ce qui concerne son île Saint-Pierre, dit :

« Ce sont nos remarques les plus avérées ; et nous ne » doutons point, quoique nous ne puissions l'assurer posi- » tivement, *qu'il n'y ait d'autres terres à l'Est de celles que » nous avons vues :* tout nous l'a démontré : goëmons, glaces, » poissons, arbres et oiseaux ». C'est en 1756 qu'il s'exprimait ainsi.

21. Terre de Sandwich, découverte en 1775. On l'a placée sur la carte d'après le journal et les déterminations du capitaine Cook. *Voyez* son second Voyage, *tome II, page 222 et suivantes* de l'original.

Cette terre rappelle le golfe de San-Sebastiano et les terres marquées sur les anciennes cartes dans le Sud et Sud-Est de la terre de la Roche.

22. Port de Christmas-sound, ou baie de Noël, à la côte du Sud-Ouest de la terre de Feu. *Voyez* les cartes et le Journal du second voyage de Cook, *tome II, pages 177 et 198* de l'original.

## GRAND OCÉAN AUSTRAL.

23. Iles et port de DRAKE, placés par les géographes à cent quatre-vingts ou deux cents lieues dans l'Ouest-Sud-Ouest du cap de Horn. Il a été publié en Angleterre plusieurs relations du voyage de FRANCIS DRAKE autour du monde : elles diffèrent essentiellement entre elles sur la position des terres découvertes par ce célèbre navigateur après sa sortie du détroit de Magellan.

Suivant la plus ancienne de ces relations (celle qu'HACKLUYT a publiée dans sa Collection des voyages des Anglais[a]); après que l'escadre de DRAKE fut sortie du détroit de Magellan, et eut passé dans la mer du Sud, le 6 septembre 1578, ses vaisseaux firent route au Nord-Ouest pendant trois jours, après lesquels le vent souffla du Nord-Est avec tant de violence, qu'ils ne purent faire que l'Ouest-Sud-Ouest. Ils continuèrent cette route pendant dix ou douze jours, ne pouvant porter que peu de voiles : la fureur du vent les força alors de mettre à sec, et ils coururent en dérive jusqu'au 24 septembre. Le même jour, un des bâtimens de la flotte se sépara : le vent qui devint plus traitable, permit aux autres de porter de la voile; ils firent route au Nord-Est pendant sept jours. Ils découvrirent alors des îles, vers lesquelles ils se dirigèrent pour y laisser tomber l'ancre;

---

[a] The principal Navigations, voyages, traffiques and discoveries of the english nation, &c. London, 1598—99—1600; *in-fol. tome III, pag. 744.*

mais le temps s'opposa à leur projet : le vent passa au Nord-Ouest, et leur route fut l'Ouest-Sud-Ouest. Le jour suivant, 1.ᵉʳ octobre, le temps étant très-mauvais, un second bâtiment se sépara de la flotte, et l'amiral se trouva seul. DRAKE courut alors jusqu'à 57 degrés de latitude, où il mouilla dans le havre d'une île, à portée de canon de la côte, par vingt brasses d'eau. Il y séjourna trois ou quatre jours ; et le vent ayant passé au Sud, il leva l'ancre, et fit route au Nord l'espace de deux jours. Il découvrit alors une petite île habitée, dont il s'approcha, et sous laquelle il mit en panne, pour détacher un canot, qui rapporta au vaisseau plusieurs oiseaux et des veaux marins, &c.

Une autre relation, celle qu'a publiée PURCHAS dans son *Hackluytus posthumus* [b], s'exprime ainsi qu'il suit :

Le 7 septembre 1578, DRAKE fut accueilli d'une tempête qui l'éloigna de l'entrée occidentale du détroit de Magellan, de plus de deux cents lieues en longitude, et le porta à un degré au Sud du détroit. De ce point, il courut jusqu'au 57.ᵉ degré de latitude Sud, où il rencontra plusieurs îles, entre lesquelles il mouilla, et qui lui fournirent de la très-bonne eau et d'excellentes herbes. Il découvrit une autre baie, où il trouva des habitans nus qui naviguaient dans des canots ou pirogues, et communiquaient d'une île à une autre ; et il fit des échanges avec eux. Enfin, en quittant cette baie, et faisant route dans le

---

[b] *Hackluytus posthumus*, or PURCHAS his Pilgrims, &c. London, 1625 ; in-fol. tome I, page 50 des Circumnavigations of the Globe.

Nord, il rencontra, le 3 octobre [c], trois îles, dont une est remarquable par la quantité prodigieuse d'oiseaux qu'il y trouva, et qui passe, dit la Relation, tout ce qu'on peut imaginer, &c.

La troisième relation est celle de FRANCIS FLETCHER [d], employé dans l'expédition, et sur le vaisseau même de DRAKE, en qualité de *preacher* ( chapelain ). Elle est peu d'accord avec les deux premières ; mais c'est le rapport d'un témoin oculaire, d'un homme qui ne devait pas être dépourvu d'instruction, au lieu que nous ignorons sur quelles autorités les autres sont fondées ; et, comme témoin oculaire, FLETCHER nous paraît mériter plus de croyance : d'ailleurs, nous trouvons dans son récit une concordance de faits, une exposition suivie des événemens de la navigation de DRAKE, qui ne se trouvent point dans les deux autres relations.

Suivant FLETCHER, dans les premiers jours de septembre 1578, DRAKE était près de la sortie du détroit de Magellan sur la mer du Sud : parvenu à ce point, il ne voyait que des îles entre lesquelles il lui était impossible de démêler le véritable canal. Il mouille à une des îles de la partie du Sud ; il va lui-même dans un canot à la découverte, et il s'assure que le passage est ouvert au Nord. Après avoir

---

[c] Cette date est évidemment fausse : il est probable que c'est une faute d'impression dans l'original, et qu'il faut lire le 30 au lieu du 3.

[d] The World encompassed by sir FRANCIS DRAKE, collected out of the notes of M. FRANCIS FLETCHER, preacher in this employment and others, &c. London, Nic. Bourne, 1652 ; *in-4.°*

visité l'île, et communiqué avec les habitans, il remet à la voile ; et le 6 septembre il était dégagé de toutes terres. Il regretta beaucoup de n'avoir pu aborder à la dernière des pointes qu'il découvrit en entrant dans la mer du Sud ; il eût voulu y déposer un acte de prise de possession : mais il n'aperçut aucune place où l'on pût débarquer, et le vent ne permettait pas de s'arrêter.

Le 7, il fut accueilli d'une violente tempête qui le fit dériver au Sud jusqu'à 57 degrés de latitude, sans qu'il pût découvrir aucune terre : un des bâtimens s'était séparé de la flotte.

Le temps lui permit ensuite de remonter dans le Nord ; et, le 7 octobre, il mouilla dans une baie un peu au Nord de cette même pointe ( qui doit être le cap Pillar ) où, le 7 septembre, il regrettait de n'avoir pu déposer l'acte de prise de possession.

Un second coup de vent le chassa bientôt de ce mouillage, où il abandonna ses ancres. A cette époque, le contre-amiral fut séparé de lui par la tempête, rentra dans le détroit, et repassant dans la mer du Nord, fut rendu en Angleterre le 2 juin suivant. Cette circonstance lui fit imposer au mouillage qu'il quittait, le nom de *Baie de la séparation des Amis*.

DRAKE dériva, cette seconde fois, jusqu'à 55 degrés de latitude ; et, à cette hauteur, il se retrouva, dit la Relation, parmi ces îles situées au Sud de l'Amérique, dont il a été parlé lors de son entrée dans la grande mer, et qui forment avec le continent, la sortie du détroit. Il mouilla à ces îles, et y obtint deux jours de repos : il s'y procura de l'eau, et y trouva des herbes dont l'usage fut très-salutaire à son équipage.

Un troisième coup de vent le força de reprendre la mer : il lui était impossible de porter aucune voile, et la partie de sous-le-vent lui offrait par-tout une côte hérissée de rochers et de dangers.

Heureusement, à quelques lieues au Sud du mouillage précédent, il parvint à en trouver un autre, et toujours, parmi les mêmes îles. C'est là qu'il vit les naturels de ces terres naviguant d'une île à une autre avec leurs femmes et leurs enfans ; et il fit quelques échanges avec eux.

Après trois jours, un quatrième coup de vent le surprend à l'ancre, et le force de couper son câble. Il s'abandonne de nouveau à la mer, jusqu'à ce qu'enfin, dit FLETCHER, le 28 octobre, nous atteignîmes la partie la plus méridionale de ces terres, et découvrîmes ainsi l'extrémité de l'Amérique la plus voisine du pôle. Cette extrémité, ajoute-t-il, est située à peu près à 56 degrés de latitude [ c'est celle du cap de Horn ] : au-delà, il n'existe aucun continent, aucune île ; ici, les deux mers se confondent.

DRAKE imposa à toutes les îles qu'il avait vues depuis sa sortie du détroit, jusqu'à l'île la plus méridionale, le nom d'*îles Élisabéthides*.

FLETCHER observe que, à cette dernière île, ils n'eurent que deux heures de nuit : et comme le soleil était alors à 7 degrés du tropique du Capricorne, on doit en conclure, dit-il, que le jour où cet astre parcourt le cercle même du tropique, il ne doit point y avoir de nuit. Cette conclusion prouve que Fletcher était fort ignorant en astronomie : tout le monde sait que, pour n'avoir point de nuit le jour du solstice, il faut être placé sous le cercle polaire, c'est-à-dire, à 66$^d$ 32′ ; et Fletcher vient de dire qu'il n'était qu'à 56 degrés de latitude. C'est cependant sur cette erreur que se sont fondés quelques géographes pour placer les terres de Drake sous le cercle polaire antarctique.

Drake, après s'être arrêté deux jours à ce dernier mouillage, fit route directement au Nord-Ouest ; et le jour suivant, il rencontra deux îles très-abondantes en oiseaux : il s'y arrêta peu de temps ; et le 1.$^{er}$ novembre, il poursuivit sa route au Nord-Ouest, &c.

Après avoir examiné avec attention les données que présente la relation de Fletcher, on ne peut se refuser à penser que les terres que les géographes ont nommées *terres de Drake*, ne sont autre chose que la partie occidentale de la terre de Feu ; que, le 28 octobre, Drake était parvenu aux îles du cap de Horn, et que, le lendemain, remontant au Nord-Ouest, il rencontra quelques-unes de ces îles sans nombre qui composent l'archipel de la terre de Feu.

Quoiqu'il paraisse ainsi prouvé que les prétendues terres de Drake n'existent point, on n'a cependant pas voulu les effacer de la carte : presque tous les géographes, à l'exception de ceux qui les ont portées ou à 60 degrés de latitude, ou sous le cercle polaire, les ont placées à environ cent quatre-vingts lieues dans l'Ouest-Sud-Ouest du cap de Horn, ou 10 degrés à l'Ouest du méridien de la sortie du détroit, et par 57 degrés de latitude méridionale.

On ne doute pas que, si le temps favorise M. DE LA PÉROUSE, il ne donne quelques jours à une vérification qui sera utile pour détruire sans retour une erreur géographique. COOK, en 1769, et FURNEAUX, en 1775, ont fait des routes qui, si ces terres existaient à la place que les géographes leur assignent, auraient mis ces navigateurs à portée, sinon de les voir, du moins d'apercevoir quelque signe, quelque indice de terre ; et on sait que ni l'un ni l'autre n'en aperçut aucun.

24. Terre de THÉODORE GÉRARD. THÉODORE GÉRARD, un des premiers navigateurs hollandais qui ayent fait un voyage dans le grand océan, fut poussé, en 1599, par une tempête, jusqu'à 64 degrés de latitude Sud, où il découvrit une terre montagneuse couverte de neige, dont l'aspect lui parut le même que celui de la Norwege [c] : on l'a placée à 16 degrés à l'Ouest du méridien du cap Horn.

25. TERRES qu'on dit avoir été vues par les Espagnols en 1714.

Pour prouver l'existence et fixer à peu près la position de ces terres, on s'appuiera du rapport suivant, tiré d'un

---

[c] DALRYMPLE's Historical collect. of voyages and discoveries. London, 1770; in-4.º, tome I, page 94.

Mémoire pour la France, servant à la découverte des terres Australes, par un marin de Saint-Malo, nommé BERNARD DE LA HARPE [f].

« En 1714, le capitaine d'un brigantin espagnol sortit » du Callao pour aller à l'île de Chiloë, et se trouvant par » 38 degrés de latitude Sud, à cinq cent cinquante lieues » (espagnoles, de 17 et demie au degré) à l'Ouest du Chili, » découvrit une terre élevée qu'il côtoya pendant un jour: » il jugea par les feux qu'il aperçut la nuit, qu'elle était » habitée. Les vents contraires l'ayant obligé de relâcher à » la Conception du Chili, il y trouva le vaisseau le Français, » commandé par M. DU FRESNE-MARION, qui assura avoir » eu communication du journal du capitaine espagnol, et y » avoir lu le fait qu'on vient de rapporter ».

On a placé ces îles, sur la carte du grand océan austral, par 38 degrés de latitude Sud, et entre 108 et 109 degrés de longitude occidentale. Cette position s'accorde avec l'opinion du capitaine COOK. *Voyez* son second Voyage, *tome II, page 274* de l'original.

Ces terres ou îles rappellent une découverte attribuée à JUAN FERNANDÈS, pilote espagnol, sous le nom de *terres de Juan Fernandès,* que les cartes placent dans l'Ouest du Chili. Ce navigateur mourut sans avoir indiqué la latitude et la longitude de sa découverte : on sait seulement que

---

[f] Imprimé à Rennes, chez VATAR, en quinze pages *in-4.°*
*Voyez* aussi le Mémoire de PINGRÉ, sur le choix et l'état des lieux pour le passage de Vénus du 3 juin 1769; Paris, Cavelier, 1767; *in-4.°*

vers l'année 1576, il s'éloigna de 40 degrés à l'Ouest des côtes du Chili, ayant fait route à l'Ouest et au Sud-Ouest, et qu'après un mois et demi de navigation, il aborda à une terre qu'il dit être un grand continent. Cette distance de 40 degrés de longitude à l'Ouest des côtes du Chili, n'est pas fort éloignée de celle où l'on place les terres qu'on dit avoir été vues par les Espagnols, en 1714. *Voyez,* pour ces terres vues par JUAN FERNANDÈS, l'*Historical collection of voyages and discoveries,* de DALRYMPLE, *tome I, page 53,* et les Voyages dans la mer du Sud, traduits de l'anglais de DALRYMPLE, par M. DE FRÉVILLE, *page 125.*

26. Ile de PÂQUE ou d'EASTER. Cette île, découverte en 1722 par ROGGEWEIN, Hollandais, a été reconnue et visitée en 1774 par le capitaine COOK, qui en a déterminé la position. *Voyez* son second Voyage, *tome I, page 276* de l'original.

Les Espagnols ont touché à l'île de Pâque, le 16 novembre 1770, et l'ont nommée *île San-Carlos* ou *Saint-Charles.* On joint à la collection des cartes remises à M. DE LA PÉROUSE, le plan que les vaisseaux d'Espagne ont fait lever de cette île, dont leurs chaloupes ont fait le tour. Ils la placent par $27^d$ 6' de latitude Sud, et à $268^d$ 19' du méridien de Ténériffe, ou $110^d$ 41' à l'Occident de Paris; c'est-à-dire qu'ils l'ont portée trop à l'Est d'environ 1 degré et demi.

La déclinaison de l'aiguille aimantée y était selon les Espagnols, en 1770, de $2^d$ 30' Nord-Est.

27. ILES qu'on dit avoir été vues par les Espagnols, en 1773, par 32 degrés de latitude Sud, et 130 degrés à l'Ouest de Paris.

Cette position est celle qu'on leur donne d'après le rapport de M. CROIZET, capitaine de navire français; et c'est celle que le capitaine COOK avait adoptée. *Voyez* son second Voyage, *tome II, page 267* de l'original.

Il paraît cependant que cette position peut être contestée; et voici sur quoi l'on se fonde:

C'est à leur retour d'O-Taïti, en 1773, que les vaisseaux espagnols ont découvert des îles situées à 32 degrés de latitude; et il est très-vraisemblable que la longitude qu'ils ont assignée à ces îles (et dont M. CROIZET avait eu connaissance) est affectée de la même erreur qu'ils ont faite sur la longitude qu'ils assignent à O-Taïti. Suivant l'extrait de leur voyage à cette île, communiqué à un officier de M. SURVILLE, pendant leur séjour à Lima, on voit que les Espagnols ont placé l'île d'O-Taïti, qu'ils ont nommée *île d'Amat* [g], par $17^d$ 29' de latitude, et à $233^d$ 32' de longitude, méridien de Ténériffe, qui répondent à $145^d$ 28' de longitude occidentale de Paris. Or la longitude de cette île a été fixée, par les nombreuses observations du capitaine COOK et des astronomes anglais, à $151^d$ 52' à l'Ouest de Paris: la position donnée par les Espagnols est donc en erreur de $6^d$ 24' vers l'Est.

Si la longitude des îles découvertes à 32 degrés de

[g] Du nom du vice-roi du Pérou, qui avait ordonné l'expédition.

latitude, est affectée de la même erreur, elles devraient être placées à 136$^d$ 24′ à l'Ouest de Paris, au lieu de 130 degrés, à peu près sur le même méridien où l'on a placé l'île Pitcairn.

On observe cependant, que le capitaine COOK a suivi ce méridien dans son second voyage, sans rien apercevoir; il n'a rien aperçu non plus dans son premier voyage, en croisant les parallèles par 128 et 129 degrés de longitude: mais il reste entre ses deux routes un espace de huit degrés de l'Est à l'Ouest, qui n'a point été parcouru, et dans lequel on peut espérer de retrouver les îles vues par les Espagnols, en 1773, par les 32 degrés de latitude.

On remarque en général que toutes les anciennes découvertes des Espagnols qu'on a eu occasion de vérifier dans ces derniers temps, se trouvent situées beaucoup plus dans l'Ouest qu'ils ne l'avaient annoncé; et jusqu'à présent leurs découvertes modernes dans le grand océan, paraissent affectées d'une erreur dans le même sens.

Le capitaine COOK, se trouvant par la latitude de ces îles, et à peu près sur le méridien où elles devraient être placées d'après la correction ci-dessus indiquée, c'est-à-dire, par 32$^d$ 30′ de latitude, et 133$^d$ 40′ à l'Ouest du méridien de Greenwich, ou 136 degrés à l'Ouest de Paris, fit une observation qui mérite d'être rapportée.

« Ce jour, dit-il ( 22 juillet 1773 ), fut remarquable
» en ce que nous ne vîmes pas un seul oiseau; il ne s'en
» était encore passé aucun, depuis que nous avions quitté la

« nouvelle Zélande, sans apercevoir ou des albatros ou des
« coupeurs d'eau, des pintades, &c ; ils fréquentent chaque
« portion de l'océan austral dans les latitudes plus élevées :
« enfin, nous ne découvrîmes absolument rien qui pût nous
« faire penser qu'il y eût quelque terre dans le parage où
« nous naviguions ». ( Second Voyage de Cook, *tome I,
page 135* de l'original.)

Cette observation pourrait faire penser qu'on a peu d'espoir de trouver ces îles ou terres vues par les Espagnols à 32 degrés de latitude, en les cherchant sur le méridien de 136 degrés à l'Occident de Paris, puisque le capitaine Cook, étant par ce méridien, et à peu près sur le parallèle supposé de ces îles, n'a vu aucun oiseau, aucun signe de terre. On n'est cependant pas fondé à révoquer en doute leur existence ; et après avoir exposé les raisons qui doivent laisser une grande incertitude sur leur véritable position, l'on ne peut que s'en rapporter à M. DE LA PÉROUSE, de faire entrer ces raisons en considération dans la recherche qu'il fera de ces terres. On observera, en finissant cet article, qu'il est très-probable qu'elles sont plus dans l'Ouest que 136 degrés à l'Occident de Paris, puisque les Espagnols les trouvèrent en revenant d'O-Taïti au Pérou, et qu'il aurait fallu qu'ils eussent pu faire mieux que le Sud-Est corrigé, avec les vents alizés du Sud de la Ligne, pour pouvoir remonter près de 22 degrés vers l'Est, sur 14 degrés et demi seulement en latitude.

## GRAND OCÉAN ÉQUATORIAL.

28. ILES DE LA MER DU SUD, ou du grand océan équatorial, entre le 26.ᵉ et le 10.ᵉ degré de latitude Sud, dans l'espace compris entre le 130.ᵉ méridien à l'Occident, et le 170.ᵉ à l'Orient de Paris.

Pour toutes les îles renfermées dans ces limites, on ne peut que renvoyer M. DE LA PÉROUSE aux Relations des voyages de BYRON, BOUGAINVILLE, CARTERET, WALLIS, FURNEAUX et COOK; il y trouvera tous les détails géographiques, physiques et historiques, qui peuvent lui être utiles dans la recherche de quelques-unes de ces îles, et dans les séjours qu'il sera dans le cas d'y faire. A l'égard des îles anciennement découvertes dans ces mêmes parages, par MENDAÑA en 1567 et 1595, QUIROS et TORREZ en 1606, LE MAIRE et SCHOUTEN en 1616, ABEL TASMAN en 1642, et ROGGEWEIN en 1722, on les a insérées dans la carte du grand océan équatorial qui a été remise à M. DE LA PÉROUSE, pour sa navigation, conformément aux indications qu'on a pu tirer des relations originales qui ont été publiées des découvertes de ces navigateurs. Les positions qu'on leur donne sur la carte, diffèrent cependant beaucoup de celles que les géographes avaient cru pouvoir leur assigner d'après ces mêmes relations ; mais l'identité prouvée de quelques-unes de ces îles avec celles qui ont été reconnues par les navigateurs modernes, ayant servi à rectifier quelques-unes des anciennes déterminations, on a fait usage de ces points rectifiés, comme de points d'appui, pour corriger de proche en proche, et du moins en partie, les positions de quelques autres îles anciennement découvertes qui n'ont point encore été retrouvées : il en est cependant plusieurs sur lesquelles il reste la plus grande incertitude, parce que les journaux des anciens navigateurs sont si dépourvus d'observations et de dates, si stériles sur le fait de la navigation, qu'on ne peut en tirer le plus souvent que des conjectures peu satisfaisantes ; leur silence sur les circonstances les plus intéressantes du voyage, interdit quelquefois au géographe toute combinaison, tout rapprochement avec d'autres journaux d'où l'on pourrait tirer des lumières pour nous guider dans ces ténèbres.

On va tracer sommairement les routes indiquées et les découvertes de ces anciens navigateurs, telles qu'on a pu les déduire des relations qui ont paru mériter le plus de confiance. On doit désirer que le hasard et des combinaisons heureuses mettent les bâtimens de sa majesté à portée de rencontrer quelques-unes de ces îles perdues pour la navigation, qui, en leur offrant, pour la suite de leurs découvertes, des ressources en vivres et en rafraîchissemens, pourraient aussi contribuer à l'accroissement des connaissances humaines.

1.° *Voyage de* MAGELLAN.[a] *( Année 1519.)* Du détroit

---

[a] *Voyez* le Voyage et navigation des îles Moluques par les Espagnols, décrit par ANT. PIGAPHETTA ; — la Collection de RAMUSIO ; — *Decadas da Asia,* de BARROS e COUTO ; — Navigations aux terres Australes, par DE BROSSES ; — *Historical collection* de DALRYMPLE, et autres.

auquel ce navigateur donna son nom, il fit route à l'Ouest-Nord-Ouest jusqu'à l'Équateur, qu'il passa à 9858 milles du détroit, et vers le 170.ᵉ degré de longitude orientale de Paris ; et dans cette longue traversée, il ne découvrit que deux petites îles désertes, éloignées l'une de l'autre de deux cents lieues ; savoir : Saint-Pierre, par 18 ou 19 degrés de latitude Sud ; l'île des Tiburons, par 14 ou 15 degrés de latitude Sud.

Ces îles, que MAGELLAN nomma en général *îles Malheureuses*, sont encore inconnues, et on ne les a pas marquées sur la carte du grand océan équatorial, parce que leur position n'est pas indiquée d'une manière assez précise. De toutes les îles découvertes depuis MAGELLAN, il n'y a que l'île Sauvage de COOK et l'Enfant-perdu de BOUGAINVILLE, qui pussent nous représenter les deux îles Malheureuses : elles sont à deux cents lieues l'une de l'autre, comme celles-ci, et à peu près par leur latitude ; l'île Sauvage, par 19ᵈ 1' de latitude, et 172ᵈ 30' de longitude occidentale du méridien de Paris ; l'Enfant-perdu, par 14ᵈ 6' de latitude, et 179ᵈ 2' de longitude orientale.

2.º *Voyage de* MENDAÑA.[b] *(Année 1567.)* Du Callao, port de Lima, MENDAÑA fait route à l'Ouest, et parcourt quatorze cent cinquante lieues (espagnoles, de 17 et demie au degré) sans trouver de terres. Il découvre alors :

---

[b] *Geographia indiana de* HERRERA. — Historia de las Indias LOPES VAS. — Navigations aux terres Australes, par DE BROSSES. — *Historical collection de* DALRYMPLE. — Découvertes dans la mer du Sud, &c.

L'île

L'île de Jésus, petite île habitée, latitude Sud, 6ᵈ 15′;

Les basses de la Chandeleur, ressifs avec plusieurs petites îles : le milieu par 6ᵈ 15′ de latitude Sud, et à cent soixante-dix lieues de l'île de Jésus;

L'île Isabelle, de quatre-vingt-quinze lieues de long sur vingt de large, dont la pointe du Sud-Est est par 9 degrés de latitude, et la pointe Nord-Ouest par 7ᵈ 30′. On y mouilla dans un port qui est à la côte du Nord; et un brigantin qui fut envoyé de là en découverte, reconnut les îles suivantes :

Malaïta, ainsi nommée par les Indiens, grande île, à quatorze lieues à l'Est d'une grande baie, par 8ᵈ de latitude;

La Galera, petite île de cinq lieues de tour, environnée de ressifs;

Buena-Vista, de douze lieues de tour, par 9ᵈ 30′ de latitude;

La Florida, de vingt-cinq lieues de tour, par 9ᵈ 30′ de latitude;

San-Dimas . . . . . . . .  
Saint-Germain . . . . . } Formant une chaîne qui s'étend Est et Ouest avec la Florida;  
La Guadelupa . . . . . .

Sesarga, par 9ᵈ 30′ de latitude, île ronde, de huit lieues de tour, avec un volcan dans le milieu;

Guadalcanar, très-grande terre, où l'on trouva un bon port;

Saint-Georges, près de l'île Isabelle, dont elle n'est séparée que par un canal : on y trouva un bon port et des perles;

Saint-Christophe, île étroite et montueuse, avec un bon port, par 11$^d$ de latitude;

| | |
|---|---|
| Sainte - Catherine .... | Deux petites îles à l'Est de Saint-Christophe, éloignées l'une de l'autre de trois lieues. |
| Sainte - Anne ...... | |

On trouva un bon port à la bande de l'Est de la dernière.

Outre ces îles, citées dans la relation de Christophe Suarez de Figueroa, il y en a plusieurs autres qu'on trouve nommées dans les descriptions de Herrera et de Bry, et qu'on voit aussi sur d'anciennes cartes : telles sont Saint-Nicolas, Arrecifes, Saint-Marc, Saint-Jérôme, &c.

Toutes ces îles, connues depuis sous le nom d'*îles de Salomon*, paraissent être les terres des Arsacides, découvertes par Surville, commandant le vaisseau le Saint-Jean-Baptiste, en 1769.

3.° *Second Voyage de* Mendaña.<sup>c</sup> *( Année 1595.)* De Payta, côtes du Pérou, route à l'Ouest, jusqu'à mille lieues de ces côtes, sans voir de terre. On découvre alors:

Les Marquises de Mendoça, entre 9 et 10 degrés de latitude Sud, quatre îles, qui furent nommées *la Madeleine, Saint-Pierre, la Dominique* et *Sainte-Christine* : on trouva dans la partie de l'Ouest de cette dernière, un bon port, qui fut nommé *Madre de Dios;* ( Elles ont été retrouvées en 1774, par le capitaine Cook.)

---

<sup>c</sup> Navigations aux terres Australes.— *Historical collection.*— Découvertes dans la mer du Sud.

Les îles Saint-Bernard, par 10ᵈ 45' de latitude, et à quatorze cents lieues de Lima, quatre petites îles basses, sablonneuses, et défendues par un ressif; elles peuvent avoir en tout huit lieues de circuit; (Il paraît que ce sont les mêmes que celles qui ont été vues, en 1765, par le commodore BYRON, qui les a nommées *îles du Danger*; et c'est d'après sa route corrigée, qu'on les a placées sur la carte à 10ᵈ 51' de latitude, et 169ᵈ 30' de longitude occidentale du méridien de Paris.)

La Solitaire, par 10ᵈ 40' de latitude, et à quinze cent trente-cinq lieues de Lima; petite île ronde, d'une lieue de tour; (Elle n'a point été revue depuis; mais sa position, déduite de sa distance aux îles de Saint-Bernard et à celle de Sainte-Croix, paraît assez exacte : elle est par 10ᵈ 40' de latitude, et 178ᵈ 20' de longitude occidentale.)

L'île Sainte-Croix, grande île, avec un bon port où l'on mouilla, par 10ᵈ 20' de latitude, et à dix-huit cent cinquante lieues de Lima. Elle a été revue en 1768, par le capitaine CARTERET, qui l'a nommée *île d'Egmont*, faisant partie des îles de la Reine-Charlotte; et c'est d'après la route de ce navigateur, qu'on l'a placée sur la carte par 11 degrés de latitude, et 161ᵈ 35' de longitude orientale.

4.º *Voyage de* QUIROS *et de* TORREZ. (*Année 1606.*) Du Callao, route au Sud-Ouest et à l'Ouest, jusqu'à mille lieues des côtes du Pérou, sans voir de terre. On découvre ensuite :

L'Incarnation, par 25 degrés de latitude Sud, et à mille lieues du Pérou; petite île de quatre lieues de tour, et si basse, qu'elle ne paraît pas s'élever sensiblement au-dessus de l'eau;

Saint-Jean-Baptiste, île de douze lieues de tour, et terre élevée, à deux journées et demie de l'Incarnation, du côté de l'Ouest;

Saint-Elme, à six journées de Saint-Jean-Baptiste; île de trente lieues de tour, environnée d'un ressif de corail, et dont le milieu est occupé par la mer;

Les Quatre-Couronnées, quatre îles inabordables, à une journée de Saint-Elme;

Saint-Michel, à quatre lieues des Quatre-Couronnées, dans l'Ouest-Nord-Ouest: elle a dix lieues de tour, et gît Nord et Sud;

La Conversion de Saint-Paul, dans l'Ouest-Nord-Ouest de Saint-Michel, à une demi-journée de navigation;

La Dizaine, à quatre journées de la Conversion de Saint-Paul, et vers $18^d\ 40'$ de latitude;

La Sagittaire, à une journée de la Dizaine; grande île, dont la pointe du Nord-Ouest s'est trouvée par $17^d\ 40'$ de latitude. On apprit là qu'il y avait d'autres terres à l'Ouest.

Il y a tout lieu de croire que la Sagittaire de Quiros est la même île qu'O-Taïti: la latitude, le gisement de la côte que l'on prolongea, et les terres annoncées dans l'Ouest de la Sagittaire, conviennent parfaitement à l'île d'O-Taïti. La Dizaine de Quiros sera en conséquence l'île d'Osnaburg de Wallis, le Boudoir de Bougainville, l'île Maitea de Cook, dans l'Est-Sud-Est d'O-Taïti. [d]

Pour les autres îles qui précèdent la Dizaine, il paraît qu'elles n'ont pas encore été reconnues. Cook pense que l'île de Pitcairn, découverte par Carteret, est l'île de Saint-Jean-Baptiste de Quiros; mais la différence de grandeur de ces deux îles ne permet pas d'adopter cette opinion. Saint-Jean-Baptiste a douze lieues de tour, et Pitcairn n'en a que trois : d'ailleurs la distance de mille lieues de l'Incarnation de Quiros aux côtes du Pérou, ferait placer cette île dans l'Ouest de Pitcairn de quelques degrés, et à plus forte raison l'île de Saint-Jean-Baptiste, qui est à l'Ouest de l'Incarnation de deux journées, comme on l'a vu ci-devant. On observe que les Marquises de Mendoça, qui se placent à 6 degrés à l'Ouest du méridien de Pitcairn, étaient indiquées par Mendaña à mille lieues des côtes du Pérou.

Suivant M. Dalrymple *(Historical collection, tome I, page 5)* l'île de Saint-Jean-Baptiste serait par 26 degrés de latitude, et celle de Saint-Elme par 28. Quoi qu'il en

---

[d] On voit par ces découvertes de Quiros, qu'il doit y avoir dans le Sud-Sud-Est et Sud-Est d'O-Taïti, une chaîne d'îles assez considérable, laquelle pourrait se prolonger beaucoup plus dans le Sud, et jusque par les 32$^d$, où l'on sait que les Espagnols ont vu des îles en 1773. S'il était permis de citer aujourd'hui les anciennes cartes, et d'y avoir égard, on serait porté à croire que le continent que ces cartes représentent comme découvert par Fernand Gallego, et s'étendant dans l'Ouest-Nord-Ouest et Nord-Ouest depuis le cap Horn jusqu'à la nouvelle Guinée, n'est autre chose que cette chaîne d'îles qui s'étend plus loin dans le Sud-Est que le point où ont commencé les découvertes de Quiros : elle se trouverait plus à l'Ouest que la première route du capitaine Cook, dans un espace de mer qui n'a point été visité dans ces derniers temps.

soit, c'est dans le Sud-Est d'O-Taïti qu'on peut espérer de retrouver ces anciennes îles de Quiros.

Partant de la Sagittaire, et continuant sa route à l'Ouest, Quiros découvre les îles suivantes :

La Fugitive, à deux journées ou deux journées et demie de la Sagittaire : on l'aperçoit dans le Nord-Est ; mais étant trop sous le vent, on ne peut y aborder ;

Le Pélerin, à une journée de la Fugitive : on ne put y aborder non plus, à cause du vent ;

( On ne sait trop où placer ces deux îles, à moins qu'on ne veuille supposer que ce peuvent être quelques-unes des îles de la Société, ou d'autres îles encore inconnues, dans le Nord-Est de celles-ci.)

Saint-Bernard, à six journées de l'île du Pélerin, et par 10$^d$ 30' de latitude Sud, île rase, de dix lieues de circuit, et dont un lac salé ou la mer occupe le centre ;

( On ne doit point confondre cette île avec celles de Saint-Bernard, découvertes par Mendaña, et qui étaient au nombre de quatre. D'ailleurs Quiros, dans un mémoire présenté à Philippe III, roi d'Espagne, ne nomme point l'île de Saint-Bernard, et il cite sous le nom de *Nuestra-Señora del Socorro* l'île qui suit immédiatement celle du Pélerin : elle parut inhabitable. )

Gente-Hermosa, ou la Belle-Nation, à sept journées de l'île de Saint-Bernard, et par la même latitude que l'île de Sainte-Croix de Mendaña, c'est-à-dire par 11 degrés de latitude Sud : île de six lieues de tour, dont les habitans sont les plus blancs et les plus beaux que l'on eût encore vus ; les femmes sur-tout étaient d'une rare beauté, et vêtues d'une légère draperie; (Dans le mémoire de Quiros, cité cidevant, on ne trouve pas le nom de *Gente-Hermosa*, mais celui de *Monterey*, qui était vice-roi du Mexique.)

Taumago, à trente-trois journées de l'île de la Belle-Nation, et vers le parallèle de l'île de Sainte-Croix, puisqu'on faisait route pour cette île : c'est une assez grande île, où l'on trouva du bois, de l'eau, des rafraîchissemens, et des habitans très-pacifiques; (On apprit là, ainsi que d'un Indien que l'on y prit, et qui fut amené au Mexique, qu'il y avait aux environs plusieurs autres îles, comme Chicayana, Guaytopo, Mecarailay, Fonofono, Pilen, Naupau, &c. qui n'ont été retrouvées par aucun navigateur. On remarque que, dans la traversée de l'île de la Belle-Nation à Taumago, on eut presque toujours des indices de terre, une grande quantité de pierres-ponces, et de nombreuses compagnies d'oiseaux.)

Tucopia, à six journées de Taumago, et par 12 degrés de latitude Sud : en rangeant la côte de cette île, où l'on ne peut aborder, on apprit des habitans qu'il y avait de grandes terres au Sud, et l'on fit voile de ce côté pour les chercher;

Nuestra-Señora de la Luz, terre haute, par 14$^d$ 30' de latitude Sud; (Cette île paraît être le pic de l'Étoile, au Nord des grandes Cyclades de M. de Bougainville.)

Terre australe du Saint-Esprit, et port de la Vraie-Croix. Cette terre, qui fut le terme du voyage de Quiros, a été reconnue depuis par M. DE BOUGAINVILLE, qui l'a nommée *les grandes Cyclades*, et postérieurement par le capitaine COOK, qui l'a nommée *les nouvelles Hébrides*. Ce dernier a conservé à la partie du Nord le nom de *terre du Saint-Esprit*. En quittant cette terre, QUIROS fit voile pour la nouvelle Espagne ou le Mexique, où il arriva sans faire d'autres découvertes intéressantes; mais TORREZ, qui fut séparé de la flotte, fit route à l'Ouest, et passa entre la nouvelle Hollande et la nouvelle Guinée, ainsi que l'a fait dans ces derniers temps le Capitaine COOK, commandant l'Endeavour.

5°. *Voyage de* LE MAIRE *et* SCHOUTËN.[c] *(Année 1616.)*
De l'île de Juan Fernandez, où ces navigateurs abordèrent, après avoir découvert le détroit de le Maire, et doublé les premiers le cap Horn, on fit route à l'Ouest-Nord-Ouest jusqu'à neuf cent vingt-cinq lieues des côtes du Pérou, sans voir aucune terre. On découvre ensuite :

L'île de Hond, ou l'île des Chiens, par $15^d\ 12'$ de latitude Sud, et à neuf cent vingt-cinq lieues hollandaises, ou de quinze au degré, des côtes du Pérou; petite île d'environ trois lieues de tour, mais si rase, qu'elle est en partie submergée à la haute mer;

Sondre-grond, ou l'île Sans-fond, par $15^d\ 15'$ de latitude,

---

[c] *Diarium vel descriptio itineris facti à* GUILL. SCHOUTENIO. — Miroir oost et west, indical, &c. — *Speculum orientalis occidentalisque navigat. &c.* — Navigations aux terres Australes. — *Historical collection, &c.* — Découvertes dans la mer du Sud, &c.

et à cent lieues à l'Ouest de l'île des Chiens; île habitée, et de vingt lieues de tour; (Suivant la relation de LE MAIRE, sa latitude serait de 14ᵈ 35', au lieu de 15ᵈ 15' que donne la relation de SCHOUTEN.)

Waterland, ou l'île d'Eau, par 14ᵈ 46' de latitude, et à quinze lieues de l'île Sans-fond : on y trouva de l'eau et une espèce de cresson, mais elle ne parut pas habitée;

Ulyegen, ou l'île des Mouches, par 15ᵈ 30' de latitude, et à vingt lieues de Waterland; île basse et habitée, où l'on fut assailli par un nombre prodigieux de mouches;

L'île des Cocos, par 16ᵈ 10' de latitude Sud, à vingt-trois journées de l'île des Mouches; île haute, qui paraît sous la forme d'une montagne; bien peuplée, et couverte de cocotiers;

L'île des Traîtres, par 16ᵈ 5' de latitude, et à deux lieues au Sud de l'île des Cocos; terre basse et habitée;

(Ces deux dernières îles ont été reconnues en 1767 par le capitaine WALLIS, qui a donné le nom de *Boscawen* à l'île des Cocos, et celui de *Keppel* à l'île des Traîtres : il a trouvé la première par 15ᵈ 50' de latitude Sud, et la seconde par 15ᵈ 55', ce qui ne diffère que de 15' de la latitude donnée par LE MAIRE et SCHOUTEN.

On remarque que la veille de leur arrivée à ces îles, LE MAIRE et SCHOUTEN rencontrèrent une pirogue remplie d'Indiens, qui fit voile vers le Sud; ce qui annonce d'autres terres dans cette partie.)

Goede-Hoop, ou l'île de Bonne-Espérance, sur le même

parallèle que l'île des Cocos, et à trente lieues à l'Ouest; île habitée, d'environ deux lieues de long du Nord au Sud;

Les îles de Hoorn, par 14$^d$ 56' de latitude, et à environ quinze cent cinquante lieues des côtes du Pérou; deux îles situées à une portée de canon l'une de l'autre, et habitées, avec un bon port au Sud de la plus grande; on y trouva toutes sortes de rafraîchissemens:

A cent cinquante-cinq lieues de ces îles de Hoorn, treize jours après les avoir quittées, et par 4 degrés de latitude Sud, on eut des indices de terre;

Quatre petites îles, entourées de bancs de sable et d'écueils, et habitées, par 4$^d$ 30', et cinq jours avant que d'aborder à la partie de la nouvelle Guinée qui est aujourd'hui nommée *nouvelle Irlande*;

Douze ou treize îles, occupant environ une demi-lieue du Sud-Est au Nord-Ouest, trois jours avant que d'arriver à la nouvelle Guinée;

Trois îles basses, couvertes d'arbres, et nommées en conséquence *îles Vertes*, un jour avant que d'arriver à la nouvelle Guinée:

Vue de l'île Saint-Jean;

Nouvelle Guinée, ou côte orientale de la nouvelle Irlande, éloignée, suivant l'estime, de dix-huit cent quarante lieues hollandaises, de la côte du Pérou.

*N. B.* De toutes les îles vues dans ce voyage, on n'a encore reconnu que celles des Cocos et des Traîtres, qui ont été retrouvées par WALLIS; on les a placées sur la carte d'après le journal de ce navigateur, et on a assujetti toutes les autres à leur distance de ces deux îles.

6.º *Voyage d'ABEL TASMAN.*[f] *(Année 1642.)* De Batavia, TASMAN vint relâcher à l'île de France, alors île Maurice : de là, route au Sud jusqu'à 40 ou 41 degrés de latitude Sud, et ensuite à l'Est jusqu'au 163.º degré de longitude, méridien de Ténériffe, ou 144.º à l'Est du méridien de Paris, le méridien de Ténériffe étant à 19 degrés à l'Ouest de celui-ci. On découvrit ensuite :

La terre qui fut nommée de *Van-Diemen*, par $42^d$ $25'$ de latitude Sud, et $163^d$ $0'$ de longitude, méridien de Ténériffe ; on y mouilla dans une baie qui reçut le nom de *Frédérik-Henri*, par $43^d$ $10'$ de latitude, et $167^d$ $55'$ de longitude ;

Une autre terre haute et montueuse, qu'on nomma *nouvelle Zélande*, par $42^d$ $10'$ de latitude, et $188^d$ $28'$ de longitude ; on y mouilla dans une grande baie située par $40^d$ $49'$ de latitude, et $191^d$ $41'$ de longitude : la conduite des naturels du pays la fit nommer *baie des Assassins* ;

Un groupe d'îles qu'on nomma *les Trois-Rois*, par $34^d$ $12'$ de latitude Sud, et $190^d$ $40'$ de longitude : on les trouva à la suite et dans l'Ouest d'une longue côte que l'on avait prolongée depuis la baie des Assassins ;

L'île des Pylstaarts (ou des Canards sauvages), par $22^d$

---

[f] *Oud en nieuw oost Indien, &c.* door F. VALENTYN. — Navigations aux terres Australes. — *Historical collection.* — Découvertes dans la mer du Sud.

35' de latitude, et 204ᵈ 15' de longitude, île haute et escarpée, de deux ou trois lieues de tour;

L'île d'Amsterdam, par 21ᵈ 20' de latitude, et 225ᵈ 9' de longitude, île basse et plate, dont les habitans se montrèrent hospitaliers et bienfaisans; (c'est l'île Tongataboo de Cook, une des îles des Amis.)

L'île de Middleburg, île haute et habitée, au Sud-Est d'Amsterdam; (c'est l'Éooa de Cook.)

Uitardam, Namokoki et Rotterdam, îles habitées et cultivées, par 20ᵈ 15' de latitude, et 206ᵈ 19' de longitude; (Les insulaires donnent à la dernière le nom d'*Annamooka* que Cook lui a conservé.)

Les îles du Prince-Guillaume, et les bas-fonds de Heemskirck, par 17ᵈ 19' de latitude, et 201ᵈ 35' de longitude: ce sont dix-huit ou vingt petites îles, environnées de ressifs et de bas-fonds;

Les îles d'Ontong-Java, par 5ᵈ 2' de latitude, et suivant l'estime, à quatre-vingt-dix milles, ou lieues hollandaises, de la partie de la nouvelle Guinée, nommée aujourd'hui *nouvelle Irlande* : c'est un groupe de vingt-deux petites îles;

Les îles de Marck, à trois journées des précédentes; (C'est un autre groupe de quatorze ou quinze petites îles habitées, et qui avaient déjà été vues par le Maire et Schouten.)

Les îles Vertes, à quatre journées des précédentes, et une journée avant que d'arriver à l'île de Saint-Jean;

L'île de Saint-Jean;

Le cap Sainte-Marie, à la côte orientale de la nouvelle Guinée (aujourd'hui nouvelle Irlande), par 4$^d$ 30′ de latitude, et 171 degrés de longitude.

De là, route au Nord-Ouest, le long de la côte de la nouvelle Irlande, passant les îles d'Antoine Cave, de Garet Dennis, &c. puis au Sud et à l'Ouest, le long des côtes septentrionales de la nouvelle Guinée.

Toutes les terres et îles vues dans ce voyage ont été reconnues de notre temps, et trouvées dans la position qui leur avait été assignée par TASMAN; on les a placées sur la carte d'après les routes et les observations des navigateurs modernes.

7.º *Voyage de* ROGGEWEIN.[g] *(Année 1722.)* De l'île de Juan Fernandez, ROGGEWEIN fit voile à l'Ouest-Nord-Ouest, dans le dessein de reconnaître la terre de Davis, qu'il ne trouva pas. Il découvre :

L'île de Pâque, par 27$^d$ 4′ de latitude Sud, et 265$^d$ 42′ de longitude orientale du méridien de Ténériffe, suivant l'auteur des Vies des gouverneurs de Batavia; ce qui répond à 113$^d$ 18′ de longitude à l'Ouest du méridien de Paris : île habitée, de seize lieues hollandaises de circuit, et remarquable par des statues ou figures colossales élevées en grand nombre sur ses côtes; ( Elle a été reconnue depuis par COOK,

---

[g] Expédition de trois vaisseaux, &c. — Vies des gouverneurs de Batavia. — Navigations aux terres Australes. — *Historical collection.* — Découvertes dans la mer du Sud.

qui l'a trouvée par 27ᵈ 5' de latitude, et 112ᵈ 6' de longitude à l'Ouest de Paris, et qui l'a nommée *Easter* ou *Pâque* : elle a été vue aussi en 1770, par les Espagnols, qui la placent par 27ᵈ 6' de latitude, et 268ᵈ 19' de longitude, méridien de Ténériffe, ce qui répond à 110ᵈ 41' de notre longitude, à l'Ouest de Paris ; ces derniers lui ont donné le nom de *San-Carlos*.)

Charls-hof, ou Cour de Charles, par 15ᵈ 45' de latitude Sud, et après huit cents lieues de course depuis l'île de Pâque ; ( Suivant la relation française de ce voyage, c'est une petite île rase, avec une espèce de lac dans l'intérieur. Roggewein crut que c'était l'île des Chiens de Le Maire et Schouten, et la relation hollandaise ne lui assigne ni latitude ni longitude : on l'a placée sur la carte relativement à sa distance des îles Pernicieuses, qui en sont à douze lieues à l'Ouest, et dont la position est aujourd'hui connue.)

Les îles Pernicieuses, par 14ᵈ 41' de latitude Sud, et à douze lieues hollandaises à l'Ouest de Charls-hof : ce sont quatre îles basses et peuplées, qui ont depuis quatre jusqu'à dix lieues de tour ; (Roggewein y perdit un vaisseau, ce qui fit donner le nom de *Pernicieuse* à l'une de ces îles : deux autres furent appelées *les deux Frères*, et une autre *la Sœur* ; il y resta cinq hommes de l'équipage, qui désertèrent et qu'on abandonna. On a lieu de croire que ces îles sont les mêmes que celles de Palliser, découvertes par Cook, dans son second voyage, et c'est l'opinion des navigateurs

# DE LA PÉROUSE.

anglais. *Voyez* le second Voyage de Cook, *tome I, page 315 et suivantes* de l'original.)

L'île Aurore, à huit lieues des îles Pernicieuses, du côté de l'Ouest; petite île de quatre lieues de tour, qui n'a point encore été reconnue;

L'île de Vesper ou du Soir, île basse, de douze lieues de tour, découverte le même jour que l'île Aurore, et qui est également inconnue aujourd'hui;

Le Labyrinthe, groupe d'îles, au nombre de six, d'un aspect charmant, et qui ont ensemble près de trente lieues d'étendue : elles sont à vingt-cinq lieues à l'Ouest des îles Pernicieuses; ( La relation hollandaise ne nomme pas le Labyrinthe, mais une île inaccessible, qu'elle place par 15$^d$ 17' de latitude Sud. On a lieu de croire que ce sont les îles vues depuis par le commodore Byron, et qu'il a nommées *îles du Prince de Galles.* )

La Récréation, par 15$^d$ 47' de latitude Sud, suivant la relation hollandaise, ou 16$^d$ 0' suivant la relation française; île habitée, de douze lieues de tour, élevée, et couverte de grands arbres : on y trouva des rafraîchissemens; ( On l'a placée sur la carte par 155$^d$ 20' de longitude à l'Ouest de Paris, en prenant le milieu des différences en longitude entre cette île, celle de Pâque, et la nouvelle Bretagne ou nouvelle Irlande, telles qu'elles résultent de la carte qui accompagne l'édition hollandaise de ce Voyage. Cette île n'a point encore été reconnue. )

Les îles de Bauman, par 15 degrés de latitude Sud, suivant

la carte hollandaise citée ci-dessus, et par 12 degrés suivant la relation française : ce sont plusieurs îles de dix, quinze et vingt lieues de circuit, qui ont d'excellens mouillages et des habitans doux et pacifiques; (On les a placées sur la carte par 15 degrés de latitude, conformément à la carte hollandaise, et vers 173 degrés de longitude à l'Ouest de Paris, d'après la différence en longitude que la même carte hollandaise fournit entre ces îles et la nouvelle Bretagne.)

L'île Solitaire, nommée *île Single* sur les cartes anglaises, par 13ᵈ 41' de latitude, suivant la relation hollandaise, et à une journée et demie à l'Ouest des îles Bauman, ou à environ trente lieues; (Elle parut sous la forme de deux îles, et l'on conjectura que c'étaient les îles des Cocos et des Traîtres, de LE MAIRE et SCHOUTEN. La différence de latitude ne permet pas d'adopter cette opinion.)

Tienhoven et Groningue, deux îles considérables, vues quelques jours après avoir quitté l'île Solitaire. On côtoya Tienhoven pendant un jour entier, sans en voir la fin : elle parut s'étendre en demi-cercle vers Groningue. La relation hollandaise ni sa carte ne font point mention de ces deux îles, et la relation française qui en parle, n'indique ni leur latitude ni leur distance à d'autres terres, de sorte qu'il n'est pas possible de leur assigner une place sur la carte.

29. NOUVELLE CALÉDONIE. Il ne paraît pas que les anciens navigateurs ayent eu connaissance de cette île. On renvoie M. DE LA PÉROUSE aux détails qu'en a donnés le capitaine

## DE LA PÉROUSE.

capitaine Cook, qui en a fait la découverte dans son second voyage. *Voyez* le second Voyage, *tome II, page 103 et suivantes* de l'original, et la carte qui est relative à sa découverte.

30. Ile Sainte-Croix de Mendaña, découverte dans son second voyage, en 1595; ou îles d'Egmont et de la Reine-Charlotte, visitées par Carteret en 1767. *Voyez* les Navigations aux terres Australes, du président de Brosses, *tome I, page 249 et suivantes;* — An historical Collect. de Dalrymple, *tome I, page 57 et suivantes, et page 185;* — Découvertes dans la mer du Sud, traduites de l'anglais de Dalrymple, par Fréville, *page 131;* — Collection d'Hawkesworth (Voyage de Carteret), *tome I, page 568 et suivantes* de l'original.

31. Tierra del Espiritu-Santo de Quiros, en 1606, terre du Saint-Esprit; ou grandes Cyclades de Bougainville, en 1768, et nouvelles Hébrides de Cook, en 1774. *Voyez* Navigations aux terres Australes par de Brosses, *tome I, page 306 et suivantes; tome II, page 243, et page 348 et suivantes;* — An historical Collection, &c. de Dalrymple, *tome I, page 95 et suivantes, et page 203; et page 1* des *Data*. — Découvertes dans la mer du Sud, *page 201 et suivantes, et page 427;* — Voyage de Bougainville, *page 242 et suivantes;* — Second Voyage de Cook, *tome II, page 23 et suivantes* de l'original, et la carte des nouvelles Hébrides, *tome II, page 25 ibid.*

TOME I.

Toute cette partie a été placée sur la carte du grand océan équatorial, d'après le journal et les observations du capitaine Cook.

32. Terre des Arsacides, découverte par Surville en 1769.

Surville [h] eut la première vue de ces terres le 7 octobre 1769; elles lui parurent très-élevées et couvertes de bois. Au moment de la découverte, la latitude du vaisseau était de $6^d\ 57'$ Sud, et sa longitude estimée, de $152^d\ 28'$ à l'Orient de Paris : mais cette longitude corrigée sur celle de la nouvelle Zélande, déterminée par le capitaine Cook, et où Surville aborda par la suite, devait être de $153^d\ 45'$ au point de son attérage, qui est de quelques lieues seulement dans le Nord-Ouest de son port Praslin.

Il longea la côte dans la direction de l'Est-Sud-Est, et trouva un port formé par un assemblage d'îles, où il mouilla, et qu'il nomma *port Praslin*. Il avait rencontré sur sa route, depuis son attérage jusqu'à ce port, un grand nombre de petites îles qui paraissaient, à la première vue, faire partie du continent, mais qu'il reconnut ensuite pour être des îles distantes d'environ trois lieues de la grande terre [i] ; le vendredi 13, il mouilla dans le port Praslin, dont il nous

[h] Extrait du journal manuscrit de M. de Surville.

[i] On peut voir les différentes vues de ces côtes telles qu'elles furent dessinées de dessus le vaisseau, et le journal entier de Surville, dans les Découvertes des Français en 1768 et 1769 dans le Sud-Est de la nouvelle Guinée, &c. Paris, imprimerie royale, 1790. (N. D. R.)

a donné un plan [k] : les îles qui le forment sont couvertes d'arbres, et la haute mer inonde ces terres en partie.

Les naturels du pays annoncèrent une grande défiance; et après avoir fait entendre par signes, qu'on pouvait faire de l'eau à un endroit qu'ils indiquaient dans le fond du port, ils y attirèrent les Français pour les faire tomber dans une embuscade. Il y eut un combat assez vif, lorsque les gens de SURVILLE se rembarquèrent dans leurs canots; plusieurs furent blessés; et on fut obligé de tuer trente ou quarante sauvages.

Les peuples qui habitent ces terres sont en général de l'espèce des nègres; ils ont les cheveux laineux et noirs, le nez épaté, et de grosses lèvres. Ils poudrent leur tête avec de la chaux qui, sans doute, brûle leurs cheveux, et les fait paraître roux : l'usage de se poudrer a été aussi observé par M. DE BOUGAINVILLE parmi le peuple qui habite la baie de Choiseul à la côte occidentale-septentrionale de ces mêmes terres. Ils ont pour ornemens des bracelets de coquillages; ils portent des coquilles entières autour du cou, et des ceintures de dents d'hommes ( sans doute celles de leurs ennemis qu'ils ont faits prisonniers à la guerre ); la plupart ont les oreilles et le cartilage du nez percés d'un grand trou, et y portent des paquets de fleurs. Leurs armes sont des lances de huit à neuf pieds de longueur, des massues ou casse-têtes de même matière, des arcs et des flèches de roseaux, de quarante ou quarante-quatre pouces de long,

[k] *Ibid.*

dont la pointe est armée d'un os tranchant : ils portent un bouclier fait de joncs et d'écorce d'arbre, de deux ou trois pieds de long sur un de largeur. Leurs pirogues sont très-légères, et ont depuis quinze et vingt-cinq, jusqu'à soixante-cinq pieds de longueur. Les coutures en sont recouvertes d'une espèce de brai ou mastic qui les rend impénétrables à l'eau.

Surville ne put obtenir aucun rafraîchissement de ces peuples. Il s'empara seulement d'un jeune sauvage de treize à quatorze ans, qu'il destina à lui servir d'interprète dans la suite de ses découvertes.

Il quitta le port Praslin le 21 octobre, et continua de naviguer le long de ces terres, vers l'Est-Sud-Est, et ensuite vers le Sud-Est. Dans plusieurs endroits, il perdait de vue la côte, et n'apercevait aucune terre au-delà dans ces intervalles. Il en conclut, avec fondement, que ces ouvertures ou lacunes indiquent ou des baies, des golfes très-profonds, ou des canaux qui, divisant ces terres en plusieurs îles, en forment un archipel. Plusieurs pirogues, sur sa route, se détachèrent de la côte et vinrent à son bord. Il fit quelques petits présens aux sauvages qui les montaient ; mais partout il trouva des marques de la plus grande défiance. Ces peuples sont grands voleurs, comme tous les habitans des îles du grand océan équatorial.

Surville observa que le jeune Indien qu'il avait amené du port Praslin, ne pouvait se faire entendre des habitans de la côte ; qu'il en avait même grande frayeur : ce qui fit juger à Surville que ces terres sont fort étendues, et que les peuples des différentes îles de cet archipel n'ont de communication entre eux que pour se faire la guerre.

Quand il fut parvenu à l'île qu'il nomma *de la Contrariété*, située à environ 4 degrés et demi à l'Est et 2 degrés au Sud du port Praslin, il trouva des peuples semblables à ceux de ce port; hommes robustes, absolument nus, de la taille de cinq pieds à cinq pieds et demi, ayant les cheveux laineux, et les poudrant avec de la chaux : mêmes ornemens, mêmes armes. Ceux-ci montèrent à bord avec hardiesse, acceptèrent tout ce qu'on leur donna, et tâchaient de voler ce qu'on ne leur donnait pas. Le pays, dans cette partie, parut très-agréable; et l'odeur des plantes aromatiques, qui parvenait jusqu'au vaisseau, fit regretter à SURVILLE de ne pouvoir aborder dans un golfe qu'il suppose à l'Ouest des îles qu'il a nommées *les trois Sœurs*.

Lorsqu'il fut parvenu à 11$^d$ 7′ de latitude Sud et à 159 degrés à l'Orient de Paris, il découvrit un gros cap précédé de deux petites îles, et, de ce point, il voyait les terres s'étendre et fuir dans l'Ouest et le Sud-Ouest. Comme il n'en aperçut plus aucune au-delà de ce cap, et qu'il était pressé de trouver une mer libre, il nomma les îles qu'il voyait, *îles de la Délivrance*, et le cap, *cap oriental des Arsacides*. Le 8 novembre, il avait perdu toute terre de vue.

Tel est le précis de la découverte de SURVILLE, à laquelle se lie une terre vue par M. DE BOUGAINVILLE, qui est la partie Nord-Ouest de la terre des Arsacides. *Voyez* son Voyage, *page 264 et suivantes*.

On doit consulter aussi la relation que FIGUEROA nous a donnée [1] des découvertes de MENDAÑA dans son premier voyage, en 1567. Il y a tout lieu de penser, d'après des combinaisons et des rapprochemens multipliés, que les îles Salomon, découvertes à cette époque par MENDAÑA, sont les mêmes qui ont été retrouvées par SURVILLE, en 1769.

M. DE LA PÉROUSE trouvera dans la collection de cartes manuscrites qui lui a été remise, une carte des découvertes modernes dans cette partie, sur laquelle on a essayé de figurer les découvertes de MENDAÑA, telles qu'on peut les tracer d'après les descriptions données par FIGUEROA, HERRERA, et autres historiens espagnols qui ne sont point d'accord entre eux sur l'étendue particulière des différentes îles, ni sur leurs positions relatives : mais il suffisait de montrer l'identité présumée des découvertes de MENDAÑA et de celles de SURVILLE ; et l'on est persuadé que les

---

[1] *Voyez* Echos de D. GARCIA HURTADO DE MENDOZA, quarto Marquez de Cannete, per CHRISTOVAL SUAREZ DE FIGUEROA, en Madrid, 1613 ; — *Historical collection* de DALRYMPLE, *page 176 du tome 1.*" — Découvertes dans la mer du Sud, traduites de l'anglais, par FRÉVILLE, *page 89.*

*N. B.* Il s'est glissé beaucoup de fautes dans la traduction que M. FRÉVILLE a donnée, d'après M. DALRYMPLE, de la relation de FIGUEROA. Il est nécessaire de corriger les suivantes :

*Page* 92, *ligne* 5, *par en bas,* quatre lieues, *lisez* quatorze.
*Page* 94, — *par en bas,* Nord-Ouest-Est-Sud-Est, *lisez* Nord-Ouest et Sud-Est.
*Page* 102, *ligne* 10, le 3 de juin, *lisez* le 13.

recherches que M. DE LA PÉROUSE doit faire dans cette partie, établiront comme une vérité ce qui n'est présenté ici que comme une vraisemblance.

33. Terres de LA LOUISIADE, découvertes en 1768, par M. DE BOUGAINVILLE.

Ces terres étaient inconnues avant cette époque. On avait seulement une relation très-confuse d'une découverte faite en 1705, à la côte septentrionale de ces terres, par l'yacht hollandais le Geelvinck ( ou le Pinson jaune ).

Ces terres sont tracées sur la carte n.° 9.

*Voyez*, pour la Louisiade, le Voyage de M. DE BOUGAINVILLE, *page 255 et suivantes*, et pour la relation du Geelvinck [m], les Navigations australes du président DE BROSSES, *tome II, page 444.*

34. Détroit de l'ENDEAVOUR, entre la nouvelle Hollande et la nouvelle Guinée.

*Voyez* la Collection de voyages autour du monde, d'HAWKESWORTH, *tome III, page 610 et suivantes* ( premier Voyage de COOK ).

Il paraît que TORREZ, qui commandait un des bâtimens de la flotte de QUIROS, en 1606, est le premier navigateur qui ait passé entre la nouvelle Hollande et la nouvelle Guinée.

---

[m] Il est prouvé aujourd'hui, que la position que l'on donnait alors aux terres du Geelvinck, n'est pas la véritable. *Voyez* les Découvertes des Français en 1768 et 1769, dans le Sud-Est de la nouvelle Guinée, *page xiv* de l'Avant-propos. ( N. D. R. )

*Voyez* la relation des voyages de Quiros, dans les auteurs cités dans ces notes.

35. Côtes septentrionales et occidentales de la NOUVELLE HOLLANDE.

On ne peut rien offrir qui soit authentique ou suffisamment détaillé pour cette partie de la plus grande île du monde.

On renvoie M. DE LA PÉROUSE aux Voyages de DAMPIER, pour la côte septentrionale dont ce navigateur exact a reconnu quelques points ; et aux Navigations aux terres Australes, du président DE BROSSES, *tome II, page 438*, pour la côte septentrionale et occidentale, et *tome I, page 426 et suivantes*, pour les découvertes des Hollandais à la nouvelle Hollande.

On a joint au recueil de cartes manuscrites remis à M. DE LA PÉROUSE, une copie de celle qui est citée par le président DE BROSSES, et qui contient la reconnaissance faite par les Hollandais, d'une partie de la côte occidentale. On y a ajouté des sondes et des détails tirés des journaux des navigateurs anglais qui l'ont visitée plus récemment.

36. Terre méridionale de VAN-DIEMEN, partie du Sud de la nouvelle Hollande.

*Voyez* dans la Relation du second voyage du capitaine COOK, ce qui a été dit par FURNEAUX, qui la visita dans le mois de février 1773. (*Tome I, page 107 et suivantes* de l'original.)

*Voyez*

## DE LA PÉROUSE.

*Voyez* aussi le troisième Voyage de Cook, *tome I, page 91* de l'original.

37. Ile de la NOUVELLE ZÉLANDE. Cette terre avait été découverte en 1642, par ABEL TASMAN, Hollandais : mais comme les détails qu'il en a donnés sont très-peu circonstanciés, il serait inutile de les rapporter; et les Voyages du capitaine Cook ne laissent rien à désirer sur cette partie.

*Voyez* la Collection d'HAWKESWORTH, *tome II, page 281 et suivantes* de l'original (Voyage de Cook); — Second Voyage du capitaine Cook, *tome I, page 69* de l'original, *ibid. page 225 et suivantes; tome II, page 146 et suivantes;* — Troisième Voyage de Cook, *tome I, page 118 et suivantes* de l'original.

On trouve dans ces ouvrages, indépendamment des observations astronomiques et nautiques, et des descriptions, toutes les cartes et plans particuliers qui ont été levés par les navigateurs anglais.

38. Iles MARQUISES DE MENDOÇA, découvertes en 1595, par ALVAR MENDAÑA, Espagnol. *Voyez* la note 28, au second Voyage de MENDAÑA.

Ces îles ont été retrouvées en 1774, par le capitaine Cook, et l'on ne peut que renvoyer à sa relation pour tout ce qui concerne leur description et leur position géographique. (Second Voyage de Cook, *tome I, page 297 et suivantes* de l'original.)

39. Iles de la Nublada, Rocca-Partida et autres, dans l'Est-Sud-Est des îles Sandwich.

On croit que Juan Gaëtano, Espagnol, est le premier navigateur qui ait eu connaissance de ces îles, en 1542.

Il était parti de Porto-Santo, près le port de la Nativité, côte du Mexique, par environ 20 degrés de latitude Nord.

Il découvrit successivement les îles de la Nublada, Rocca-Partida, et, à deux cents lieues dans l'Ouest de cette dernière, un bas-fond, par 13 ou 14 degrés de latitude Nord, sur lequel il ne trouva que sept brasses d'eau. En continuant sa route à l'Ouest, il rencontra quelques autres îles qui sont à l'Occident de celles de Sandwich. (*Raccolte di navigationi e viaggi da* Ramusio, *tome I, page 375 verso.*)

Les îles découvertes par Gaëtano, ont été placées, sur la carte du grand océan équatorial remise à M. de la Pérouse, d'après celle du Voyage d'Anson, qui lui-même avait copié celle qu'il trouva à bord du galion de Manille, quand il s'en empara.

40. Iles de Sandwich, découvertes par le capitaine Cook, dans son troisième voyage, en 1778.

Quoique les routes des galions d'Espagne ayent dû mettre ces vaisseaux à portée de reconnaître des îles situées entre le 19.ᵉ et le 20.ᵉ parallèle au Nord, il ne paraît pas que, dans aucun temps, les Espagnols en ayent eu connaissance. Elles offraient une excellente relâche à leurs vaisseaux qui commercent d'Asie en Amérique, par le grand océan équatorial; et il n'est pas à présumer qu'ils eussent négligé de se procurer un établissement sur des îles situées si avantageusement pour la communication des deux continens. Nous devons au capitaine COOK et au capitaine KING, tous les détails que nous possédons sur ces îles.

*Voyez le troisième Voyage de* COOK, *tome II, page 190 et suivantes, 525 et suivantes, et page 1.*<sup>ere</sup> *et suivantes du tome III de l'original.*

### GRAND OCÉAN BORÉAL.

41. CÔTES DU NORD-OUEST de l'Amérique, depuis le port de Monterey, situé vers 36$^d$ 42' de latitude Nord, jusqu'aux îles Aléutiennes.

En 1769 et 1770, les Espagnols firent visiter le port de Monterey, ainsi que celui de S. Diego, qui est plus au Sud: ils y élevèrent de petits forts, et y formèrent une espèce d'établissement, dans la crainte que quelque puissance étrangère ne portât ses vues sur des côtes qui, quoiqu'elles fussent voisines des possessions de la couronne d'Espagne, semblaient ne pas lui appartenir.

L'expédition fut ordonnée par le marquis DE CROIX, vice-roi de la nouvelle Espagne, préparée par don JOSEPH DE GALVEZ, intendant de l'armée, visiteur général du royaume, et exécutée par GASPAR DE PORTOLA, capitaine de dragons, commandant les troupes, et par les paquebots le San-Carlos et le San-Antonio, commandés par don VICENTE VILA, pilote de la marine royale, et don JUAN

Perez, pilote pour la navigation des Philippines. Le Journal de ce voyage a été imprimé en espagnol, à l'imprimerie du gouvernement de la nouvelle Espagne.

On y lit que la constance des vents de Nord et de Nord-Ouest, qui règnent au Nord de la Californie pendant presque toute l'année, oppose de grandes difficultés aux bâtimens qui veulent remonter les côtes du Nord-Ouest de l'Amérique.

A en juger par la relation, le pays au Nord de la presqu'île de Californie est assez fertile, et les naturels en sont fort traitables.

Les Espagnols consumèrent plus d'une année à retrouver le port de Monterey, quoiqu'ils dussent bien en connaître la position, puisqu'il avait été découvert, en 1602, par le général Viscaino, commandant une escadre que Philippe III avait fait armer pour découvrir et reconnaître les côtes au Nord de la Californie. Après des fatigues infinies, et des recherches très-longues par mer et par terre, ils parvinrent enfin à le découvrir de nouveau en 1770, à peu près sur le parallèle que Viscaino avait indiqué dans la relation de ses découvertes.

Suivant les observations faites par les Espagnols en 1770, le port de Monterey est situé à 36$^d$ 40′[a] de latitude, immédiatement au Nord de la chaîne de montagnes (ou

---

[a] Dans le voyage que les Espagnols ont fait, en 1775, à la côte du Nord de la Californie, et qui est relaté ci-après, ils fixèrent la latitude du port de Monterey à 36$^d$ 44′ Nord.

sierra) de Santa-Lucia. C'est une vaste baie, assez semblable à celle de Cadix : on y mouille sur quatre, six et huit brasses d'eau, selon qu'on laisse tomber l'ancre plus près ou plus loin de la côte : le fond y est de sable fin, et la tenue très-bonne.

Quelques années se passèrent sans que l'Espagne s'occupât de faire poursuivre les découvertes au Nord. L'entrée et les courses successives de plusieurs vaisseaux anglais dans le grand océan, réveillèrent enfin son attention ; et en 1775, le vice-roi du Mexique, don ANTONIO-MARIA BUCARELLI, ordonna une expédition pour continuer la reconnaissance des côtes du Nord-Ouest de l'Amérique, jusqu'au 65.ᵉ degré.

On employa trois petits bâtimens dans cette entreprise, qui fut confiée à don JUAN DE AYALA. M. DAINES BARRINGTON a traduit en anglais, et a fait imprimer dans ses *Miscellanies (London, 1781, in-4.º)* le journal de don FRANCISCO-ANTONIO MAURELLE, pilote du second bâtiment commandé par don J. F. DE LA BODEGA : c'est de la traduction de M. BARRINGTON, qu'on a tiré l'extrait qu'on va donner du voyage des Espagnols.

Ils firent voile du port de San-Blas [b], le 17 mars 1775 : ils furent contrariés dans les premiers temps de leur navigation ; et le 21 mai, après avoir pris les avis des principaux officiers de la petite flotte, il fut décidé qu'on

---

[b] Côte de la nouvelle Galice, province du Mexique, à l'entrée de la mer Vermeille.

s'élèverait jusqu'au 43.ᵉ degré de latitude, plutôt que de relâcher au port de Monterey. Les avis s'appuyaient sur l'espoir de trouver à cette hauteur l'entrée de Martin d'Aguilar [c], découverte en 1603, où l'on pourrait faire de l'eau et radouber les bâtimens. (Quelques cartes placent cette entrée par 45 degrés.)

Le 7 Juin, par 41ᵈ 30′ de latitude, quoiqu'étant encore à une distance considérable de la terre, ils distinguèrent une longue partie de côte, qui s'étendoit du Sud-Ouest au Nord-Est; le calme les empêcha d'en approcher.

Le 8, ils aperçurent la terre beaucoup plus clairement, à neuf lieues de distance; les courans, d'après leurs observations, les avaient portés dans le Sud, de 29 minutes en vingt-quatre heures.

Le 9, ils entrèrent dans un port qu'ils nommèrent *port de la Trinité*, situé à 41ᵈ 7′ de latitude observée, et à 19ᵈ 4′ à l'Occident de San-Blas.

Les Espagnols font un grand éloge du pays et de ses habitans. Ces américains se peignent le corps en noir et en bleu, et ils ont à peu près les mêmes usages et les mêmes armes que ceux dont on trouve la description dans la Relation du troisième voyage du capitaine Cook, lorsqu'il visita la côte du Nord-Ouest de l'Amérique.

---

[c] M. DE LA PÉROUSE trouvera dans les Considérations géographiques et physiques de PHILIPPE BUACHE, toutes les connaissances qu'on a relativement à cette entrée d'AGUILAR et à celle de FUCA, dont il est fait mention dans ce journal.

On n'a point eu communication du plan de ce port; mais le journal annonce qu'il a été levé par don Bruno Heceta, J. F. de la Bodega, et l'auteur de la relation, François-Antoine Maurelle. Il y est dit que, quoique le port soit représenté comme ouvert, on doit cependant entendre qu'il est à l'abri du Sud-Ouest, ainsi que du Nord-Nord-Est et de l'Est.

A la partie occidentale, est une montagne de cinquante brasses d'élévation, attenante au continent du côté du Nord, où l'on en voit une autre de vingt brasses; l'une et l'autre présentent un abri sûr, non-seulement contre les vents, mais même contre l'ennemi.

A l'entrée du port est une petite île, d'une hauteur considérable, absolument nue; et les deux côtés de la côte sont bordés de rochers élevés, qui offrent un débarquement facile, les vaisseaux pouvant les accoster de si près, qu'il est possible de communiquer avec une échelle, de la terre aux bâtimens. Près de la plage, sont plusieurs petits rochers, qui mettent le vaisseau qui est à l'ancre, à couvert du Sud-Est et du Sud-Ouest.

Les marées y sont aussi réglées que dans les mers et sur les côtes d'Europe.

Les Espagnols, pendant leur séjour, essayèrent de remonter en canot une rivière qui coule du Nord-Est au Sud-Ouest, et qu'ils avaient découverte du sommet de la montagne : ils reconnurent que son embouchure est plus large que ne l'exige l'écoulement de ses eaux qui se perdent dans les sables sur les deux côtés, et ils ne purent y entrer de mer basse; ils la côtoyèrent à pied l'espace d'une lieue; elle leur parut avoir par-tout vingt pieds de large sur cinq de profondeur. Ils la nommèrent *rio de las Tortolas* ( rivière des Tourterelles ) [d], parce qu'à leur arrivée, ils aperçurent une grande quantité de ces oiseaux, ainsi que d'autres de différentes espèces.

Ils trouvèrent quelques plantes et quelques fruits sur les bords des montagnes et dans le voisinage du port.

Ils quittèrent la Trinité le 19 juin, avec un vent de Nord-Ouest, qui avait régné pendant tout leur séjour dans ce port.

Il paraît qu'un des officiers embarqués sur la flotte, don JUAN PEREZ [e], avait déjà été employé dans des découvertes au Nord, dont on n'a pas connaissance : car, soit qu'il fût présent sur la flotte, ce qu'on peut conclure de quelques particularités de la relation, soit qu'on y possédât seulement son journal, on voit que son avis est cité comme devant être d'un grand poids. Il rapportait qu'il avait eu des vents de Sud et de Sud-Est avec lesquels il avait sans peine prolongé la côte à des latitudes élevées. Son opinion était qu'on ne devait pas s'en approcher avant d'être parvenu au 49.$^e$ degré; et don MAURELLE, auteur de la relation que nous extrayons, est de son avis.

[d] M. BARRINGTON le traduit par *rivière des Pigeons.*

[e] Ce JUAN PEREZ est sans doute le pilote des Philippines employé dans l'expédition faite en 1769; mais alors les Espagnols ne poussèrent pas leurs recherches au Nord aussi loin que dans celle de 1775. Il paraît que M. BARRINGTON n'a pas eu connaissance de l'expédition de 1769.

Le

Le 9 juillet, les Espagnols s'estimaient par la latitude de 47$^d$ 40', qui, suivant les cartes françaises qu'ils ont trouvées très-défectueuses dans cette partie par le manque de matériaux authentiques, est la latitude d'une entrée ou rivière qu'on dit avoir été découverte par Juan de Fuca, en 1592. Ils s'aperçurent que la mer était colorée, comme elle le paraît à la sonde d'une côte : ils virent en même temps plusieurs poissons rouges de vingt pieds de long, et des oranges de mer ( espèce de plante marine qu'on croit être le bonnet flamand ); tout leur fit juger qu'ils ne devaient pas être loin de la terre.

Le 11, ils en eurent la vue à douze lieues.

Le 12 au soir, ils n'en étaient plus qu'à une lieue de distance. Ils distinguaient plusieurs îlots, et des montagnes couvertes de neige; ils virent aussi une petite île stérile, d'une demi-lieue de tour, qu'ils nommèrent *île de Dolores*. Dans cette position, ils s'estimaient à 47$^d$ 39' de latitude, et à 21$^d$ 53' à l'Ouest du méridien de San-Blas.

Le 13, ils mouillèrent à la côte, par trente brasses de fond, à deux lieues et demie de distance de la terre, pour attendre un des bâtimens qui était resté de l'arrière : latitude 47$^d$ 28', et 21$^d$ 34' à l'Ouest de San-Blas.

Ils remirent à la voile le soir; et quand les bâtimens furent réunis, ils mouillèrent de nouveau, sur huit brasses, par 47$^d$ 21' de latitude, et 21$^d$ 19' à l'Occident de leur méridien de départ.

Les naturels du pays parurent en grand nombre dans

des pirogues, et vinrent à bord des vaisseaux Espagnols. On échangea les pelleteries qu'ils apportaient, contre des ouvrages de cuivre et des morceaux de ce métal dont ils paraissaient faire le plus grand cas : ils le désignaient en montrant les femelots du gouvernail.

Les Espagnols voulurent mettre à terre pour faire de l'eau et du bois; mais les Américains, qui s'étaient mis en embuscade, en blessèrent plusieurs, et du côté des Indiens il y en eut un grand nombre de tués.

Les Espagnols remirent à la voile; les vents continuèrent à souffler du Nord-Ouest et Nord.

Le 1.er août, brume épaisse : ils s'éloignèrent de la côte.

Le 5, vent de Sud-Ouest.

Le 13, changement de couleur dans les eaux; beaucoup d'oranges de mer, beaucoup d'oiseaux.

Les signes de terre se multiplièrent encore le 14 et le 15. On s'estimait alors par 56$^d$ 8' de latitude, à cent cinquante-quatre lieues [f] à l'Ouest du continent, et à soixante lieues seulement d'une île qui était marquée ( dit le journal ) sur la carte des Espagnols, et que MAURELLE désigne comme étant la partie la plus avancée d'un archipel situé sur le même parallèle. Il paraît qu'il s'agit ici de la carte particulière de don JUAN PEREZ [g], qui, comme on

---

[f] De 17 et demie au degré.

[g] Il semble que JUAN PEREZ ne devait pas avoir des connaissances pratiques sur les pays et les mers du Nord; car dans l'expédition de 1769, où il était employé, les Espagnols n'avaient remonté que jusqu'au port de Monterey, situé à 36$^d$ 40 ou 44' de latitude.

l'a dit, avait déjà fait un voyage au Nord; mais nous n'avons aucune autre connaissance de cette île. Il n'est pas dit dans le journal si elle était dans l'Ouest ou dans l'Est du vaisseau. Il est cependant très-vraisemblable que MAURELLE a voulu parler de quelque île voisine de la presqu'île d'Alaska, telle que l'île de la Trinité de COOK, et qu'il considérait Alaska et toutes les îles qui l'avoisinent, comme formant un archipel. Cette opinion paraissait être celle des Russes avant que les découvertes de COOK eussent porté la lumière sur cette partie de l'Amérique.

Le 16, à midi, les Espagnols découvrirent la terre dans le Nord-Ouest; et peu de temps après, elle parut ouverte au Nord-Est, et elle présentait à la vue plusieurs caps, et plusieurs montagnes, parmi lesquelles on en distinguait une qui dominait toutes les autres : elle est d'une élévation immense ( dit l'auteur du journal ), elle porte sur un cap avancé, et sa forme est la plus belle et la plus régulière qu'on ait jamais vue; elle est séparée et détachée de la chaîne des autres montagnes. Son sommet était alors couvert de neige ; au-dessous étaient quelques grands espaces nus, qui s'étendaient jusqu'au milieu de ses flancs; et de cette hauteur jusqu'au pied, sa surface était couverte d'arbres de la même espèce que ceux qu'on avait vus au port de la Trinité, ( des pins. )

Les Espagnols imposèrent à cette île le nom de *San-Jacinto* ( Saint-Hyacinte ); et le cap par lequel elle se termine du côté de la mer, fut nommé *del Enganno* ( de la

Tromperie ). Le journal place la montagne et le cap par 57$^d$ 2′ de latitude, et l'auteur ajoute que, par deux observations, répétées à la distance d'un mille, on a conclu qu'ils étaient à 34$^d$ 12′ à l'Ouest du méridien de San-Blas ; mais il laisse ignorer de quels moyens on s'est servi pour faire des observations de longitude. C'est cependant de la position de ce cap, qu'on a déduit, ainsi qu'il l'annonce, toutes celles des autres points de la côte, telles qu'on les a rapportées sur la carte du voyage qui accompagne le journal. ( M. BARRINGTON, qui s'était procuré une copie de la relation qu'il a traduite, n'a pu avoir communication de cette carte.)

Le 17 août, un petit vent de Sud permit aux Espagnols d'entrer dans une baie située à 57$^d$ 11′ de latitude, et à 34$^d$ 12′ à l'Ouest de San-Blas. Cette baie est ouverte de trois lieues à son entrée, et elle est couverte du côté du Nord, par le cap del Enganno. Sur le côté opposé à ce cap, ils découvrirent un port dont l'entrée a plus d'une lieue d'ouverture, et qui est à l'abri de tous les vents, excepté de ceux qui soufflent de la partie du Sud. Ils contournèrent la baie à une très-petite distance de la côte, et ne trouvèrent jamais moins de cinquante brasses d'eau ; mais les montagnes se prolongeant jusqu'au rivage, ils ne purent découvrir aucune plage, aucun endroit propre au débarquement. Ils distinguèrent cependant une petite rivière ; mais comme il était nuit, ils ne purent la reconnaître de près, et laissèrent tomber l'ancre par soixante-six brasses d'eau, fond d'argile.

Ils nommèrent cette baie *de Guadalupa* (de la Guadeloupe).

Quand ils en appareillèrent, le 18, ils virent deux canots montés chacun de quatre Américains, deux hommes et deux femmes, qui ne parurent pas vouloir s'approcher des vaisseaux, et se contentèrent de faire des signes aux Espagnols pour les engager à venir à terre.

Ceux-ci continuèrent leur route en longeant la côte avec un vent de Nord-Ouest, jusqu'à neuf heures du matin qu'ils entrèrent dans un autre port moins large que le précédent, mais dont les environs semblaient offrir plus de ressources aux navigateurs : il s'y jette une rivière de huit à dix pieds de largeur; et une chaîne continue de hautes îles fort rapprochées les unes des autres, met le port à l'abri de presque tous les vents. Ils y mouillèrent par dix-huit brasses d'eau, fond de sable, à une portée de pistolet de la côte : ils virent sur le bord de la rivière une maison élevée, et un parapet en bois, soutenu par des pieux fichés en terre; ils y distinguèrent dix Indiens, sans compter les femmes et les enfans.

Ils nommèrent ce port *de los Remedios* (des Remèdes), et le trouvèrent situé par $57^d$ 18' de latitude, et à $34^d$ 12' à l'Ouest du méridien de San-Blas.

Ils plantèrent une croix à terre, en taillèrent une autre dans le roc, et firent la cérémonie de prendre possession du pays, conformément à leurs instructions.

Ils choisirent ensuite et marquèrent une place pour y faire de l'eau et du bois.

Pendant toutes ces opérations, les Américains ne quittèrent point leur parapet; mais dès que les Espagnols se furent retirés, les Indiens arrachèrent la croix que les premiers avaient dressée, vinrent la planter de la même manière devant leur maison, et firent signe, en ouvrant et étendant leurs bras, qu'ils avaient pris possession de la croix.

Le 19, les Espagnols étant descendus à terre pour faire leur eau et leur bois, les Américains se montrèrent aussitôt sur l'autre bord de la rivière; ils étaient sans armes, et portaient une feuille blanche au haut d'une perche. Les Espagnols leur firent signe qu'ils n'étaient venus que pour faire de l'eau : alors le chef des Indiens, jugeant que ce signe voulait dire qu'ils étaient altérés, s'avança jusqu'au milieu de la rivière, tenant à la main une coupe remplie d'eau et quelques poissons séchés qui furent reçus par un des Espagnols, et présentés par lui à leur commandant, qui envoya en échange aux Américains des grains de verre et quelques morceaux d'étoffes. Ceux-ci témoignèrent que ces présens ne leur plaisaient point; ils insistèrent par signes pour qu'il leur en fût envoyé d'autres, et sur le refus des Espagnols, ils les menacèrent avec de longues lances armées à la pointe, d'une pierre aiguë. Les Espagnols se contentèrent de se tenir sur leurs gardes; et quand les Indiens eurent connu qu'on ne voulait point les attaquer, ils se retirèrent.

On se procura l'eau et le bois dont on avait besoin.

L'embouchure de la rivière offre une pêche très-abondante; le pays est couvert de pins, comme au port de la

Trinité; les habitans y sont vêtus de la même manière, et portent de même sur leurs cheveux, un bonnet qui leur couvre toute la tête. Les Espagnols jugèrent par diverses particularités, que les sauvages de cette contrée ont une sorte de civilisation.

Le froid était excessif, la pluie très-abondante et la brume des plus épaisses. Ils n'aperçurent jamais le soleil, pendant les trois jours qu'ils passèrent dans le port de los Remedios.

Ils le quittèrent le 21 août, et firent route dans le Nord avec un vent de Sud-Est.

Le 22, latitude $57^d$ 18'.

Ils s'élevèrent jusqu'au $58.^e$ degré de latitude, en visitant la côte, où ils ne firent aucune découverte; et ils jugèrent que tous les détroits ou entrées supposés n'existent point. La maladie faisait depuis quelque temps des ravages parmi les équipages; et comme ses effets funestes augmentaient chaque jour, ils jugèrent impossible de pousser leurs recherches jusqu'à une latitude plus élevée, et abandonnant l'entreprise, ils firent route dans le Sud-Est.

Le 24 août, étant par $57^d$ 17' de latitude, ils doublèrent un cap, et entrèrent dans une grande baie, d'où ils découvrirent un bras de mer dans le Nord : ils y éprouvèrent un froid incommode; mais la mer y était absolument tranquille, et les vaisseaux s'y trouvaient à l'abri de tous les vents. Le mouillage y est sûr; et l'eau douce, soit par les rivières, soit par les lacs, y est très-abondante, et procure une grande quantité de poissons. Ils firent visiter cette baie par une des goëlettes, et ils laissèrent tomber l'ancre à l'entrée du bras de mer, par vingt brasses d'eau, fond de vase molle. Ce port fut nommé *Bucarelli*, du nom du vice-roi du Mexique: on y éprouva une température plus douce que par les latitudes moins élevées, et on attribua ce changement aux volcans qui se trouvent dans le voisinage de ce port, et dont on apercevait les feux pendant la nuit, quoiqu'on en fût à une distance considérable.

Les Espagnols prirent possession du pays au nom de sa majesté catholique, et ils s'y pourvurent d'eau et de bois.

Ils jugèrent par les ruines d'une cabane, et par d'autres marques, que la contrée était habitée; mais ils ne virent aucun habitant.

Par deux observations faites à différens jours, ils fixèrent la latitude du port de Bucarelli à $55^d$ 17', et sa longitude à $32^d$ 9' à l'Occident du méridien de San-Blas.

Les montagnes, dans les environs de ce port, sont couvertes d'arbres des mêmes espèces que ceux qu'on avait vus sur les parties moins septentrionales de la côte.

On apercevait dans le Sud, à la distance de six lieues, une île d'une hauteur moyenne, qu'on nomma *île de S. Carlos*.

On remit à la voile le 29, avec un vent du Nord, joli frais; mais à midi, le calme survint, et l'on se trouva par le travers d'une île stérile et très-basse; elle est bordée de rochers à l'Est et à l'Ouest. On mouilla sur vingt-deux brasses

brasses d'eau, à environ deux lieues de distance de l'île de S. Carlos.

Dans cette position, on découvrit, à la distance de quatre ou cinq lieues, un cap, qu'on nomma *cap de Saint-Augustin*.

A partir de ce cap, la côte se prolongeait si loin dans l'Est, que la vue ne pouvait y porter. L'action des deux courans qui agissaient en cet endroit dans des directions absolument opposées l'une à l'autre, était si violente, qu'il ne fut pas possible d'y sonder ; et comme ces courans paraissaient suivre le cours des marées et en dépendre, on en conclut que l'ouverture qu'on apercevait dans les terres, pouvait être une rivière, ou que du moins cette entrée n'avait de communication qu'avec le grand océan boréal.

Le cap Saint-Augustin est situé à environ 55 degrés de latitude.

Comme la saison n'était point encore avancée, le zèle des Espagnols se ranima ; et, dans la vue de remplir les intentions de sa majesté catholique exprimées dans leurs instructions, ils se déterminèrent à tenter de reprendre la route du Nord.

Le 28 août, le vent était variable ; ils en profitèrent pour s'approcher de la côte, et ils y trouvèrent, comme ils le souhaitaient, des vents du Sud-Ouest.

Le 29 et le 30, vent au Sud, variable vers le Sud-Ouest ; vent par rafales, mer haute jusqu'au 1.$^{er}$ septembre : on fut porté, dans cet intervalle, jusqu'à 56$^d$ 50' de latitude.

Dans les premiers jours de septembre, les vents furent variables; mais le 6, ils se fixèrent au Sud-Ouest : on éprouva une violente tempête.

Le 7, les vents ayant passé au Nord, on fit route pour rallier la terre par les 55 degrés de latitude; les équipages étaient excédés de fatigue, et à peine, sur chaque bâtiment, se trouvait-il un seul homme qui pût travailler à la manœuvre avec les officiers, qui étaient obligés de suppléer les matelots : on abandonna toute idée de poursuivre les découvertes au Nord.

Le 11, par 53$^d$ 54′ de latitude, on vit la terre à huit ou neuf lieues de distance : on s'en tint assez éloigné pour n'avoir point à craindre de s'y affaler, et cependant assez près pour n'en pas perdre la vue; mais il fut impossible de faire aucune reconnaissance des côtes. Ce ne fut que par 47$^d$ 3′ de latitude, que, naviguant à la distance d'un mille de la terre, on put distinguer les caps, les anses et les autres points remarquables, de manière à pouvoir les rapporter sur la carte qu'on dressait.

Le 20, on se retrouva à une demi-lieue de la côte, précisément au même point où l'on s'était trouvé le 13 juillet précédent; mais on reconnut qu'il y avait une différence de dix-sept lieues (espagnoles) entre les longitudes estimées à ces deux époques.

Le 22, avec le vent au Nord-Ouest, on dirigea la route pour gagner le port de Monterey.

Le 24, on aperçut la terre à 45$^d$ 27′ de latitude, et

on navigua le long de la côte à la portée du canon. On mit en panne pendant la nuit, parce qu'on estima qu'on devait être par la latitude supposée de l'entrée de Martin d'Aguilar, dont on voulait vérifier l'existence et la position. Cette recherche fut continuée jusqu'au parallèle de 45$^d$ 50', et 20$^d$ 4' à l'Occident de San-Blas. Parvenu à cette hauteur, et à cette longitude, on découvrit un cap ressemblant à une table ronde, qu'on nomma *cap Mezari*, au-delà duquel la côte court au Sud-Ouest. On apercevait dix petites îles, et on distinguait même quelques îlots presque à fleur d'eau, d'où l'on conclut que, si l'entrée ou rivière de Martin d'Aguilar existait dans cette partie, elle n'aurait pu échapper à la recherche qu'on en fit à une si petite distance de la côte : l'auteur du journal convient cependant que D'AGUILAR avait indiqué la latitude de 43 degrés pour l'entrée de sa rivière ; mais il observe que les instrumens dont cet ancien navigateur a dû faire usage, en 1603, ne pouvaient être que très-défectueux, et qu'il n'est pas permis de compter sur la latitude qu'il assignait à cette entrée. On pourrait supposer (ajoute-t-il) que D'AGUILAR a indiqué une latitude trop Nord, et que nous aurions pu trouver sa rivière par les 42 degrés ou au-dessous ; mais on ne saurait l'espérer, puisqu'à cinquante minutes près, nous avons visité cette partie de la côte.

Les Espagnols, en revenant à Monterey, recherchèrent le port de Saint-François, et l'ayant trouvé à 38$^d$ 18' de latitude, ils entrèrent dans une baie abritée du Nord et du

Sud-Ouest, d'où ils distinguèrent l'embouchure d'une grande rivière, et un peu au-dessus, un grand port dont la forme est celle d'un bassin. Ils jugèrent que ce devait être le port de San-Francisco, que l'Histoire de la Californie place par 38$^d$ 4'; mais l'agitation de la mer ne leur permit pas d'y entrer : ils doutèrent cependant, en l'examinant de plus près, que ce fût le port de San-Francisco, parce qu'ils n'y virent point d'habitans, et n'aperçurent pas les petites îles qu'on dit être à l'opposé de ce port. Dans cet état d'incertitude, ils laissèrent tomber l'ancre près d'une des deux pointes ou caps qui forment l'entrée du port, et ils nommèrent *punta de Arenas* ( pointe de Sable ), celle des deux pointes près de laquelle ils mouillèrent, et qui est celle du Nord.

Les naturels du pays se présentèrent bientôt sur les deux côtés du port, et le traversèrent d'une pointe à l'autre, dans leurs canots : deux des pirogues se détachèrent, et vinrent à bord des vaisseaux ; ceux qui les montaient apportaient et offrirent des plumes en aigrettes et en guirlandes, et une boîte remplie de graines d'un goût semblable à celui de la noix, qu'ils échangèrent contre des grains de verre, des miroirs, et des morceaux d'étoffes.

Ces Indiens sont grands et forts : leur couleur est celle de tous les peuples de cette côte. Leurs procédés annonçaient de la générosité ; car ils ne paraissaient s'attendre à aucun retour pour les présens qu'ils offraient, et c'est ce que les Espagnols n'avaient encore trouvé chez aucune des peuplades qu'ils avaient eu occasion de visiter.

Les maladies avaient fait de trop grands progrès parmi les équipages, pour qu'on pût s'arrêter à examiner ce port, et à en prendre les sondes; et comme on ne pouvait se persuader que ce fût le port de San-Francisco, il fut nommé *port de la Bodega*.

On ne peut douter que ce port ne soit le même que Drake avait découvert le 17 juin 1579, et dont il indiqua la latitude à 38$^d$ 30'. Ce qu'il rapporte des habitans, s'accorde avec le rapport récent des Espagnols. Ceux-ci fixèrent la latitude de leur port de la Bodega, à 38$^d$ 18', et sa longitude à 18$^d$ 4' à l'Ouest de San-Blas. La latitude indiquée par sir Francis Drake, ne diffère que de 12 minutes de celle des Espagnols; et, pour le temps où il observa, et les instrumens dont il faisait usage, on doit la regarder comme exacte. M. Barrington reproche avec raison aux Espagnols, de n'avoir pu se déterminer à conserver à ce port le nom du *brave Hérétique*, qui le premier a découvert les côtes du Nord-Ouest de l'Amérique, dont il avait pris possession pour la couronne d'Angleterre, et auxquelles il avait imposé le nom de *nouvelle Albion*.

Le 4 octobre, les Espagnols quittèrent le port de sir Francis Drake, au premier moment du flot, dont la direction se trouvait en opposition avec le courant de la rivière. Ces deux actions agissant en sens contraire, les vagues pressées de part et d'autre étaient portées à une telle hauteur qu'elles couvraient entièrement le vaisseau, et qu'elles mirent en pièces le canot qui était accosté le long du bord.

L'entrée de ce port n'a pas assez de profondeur d'eau, pour qu'un vaisseau sur ses ancres puisse y résister à l'impulsion et à la hauteur des lames, lorsque la marée et les courans de la rivière sont en opposition. L'auteur du journal dit que, s'ils eussent été instruits de ces circonstances, ou ils auraient gardé leur premier mouillage, ou ils en auraient pris un autre, plus éloigné de l'entrée du havre. Par-tout où ils purent sonder, ils trouvèrent un brassiage égal. Don Maurelle assure que l'entrée du port est facile avec les vents de la partie du Nord-Ouest, qui sont les vents régnans sur cette côte; mais il pense que, si l'on veut se ménager la possibilité d'en sortir avec ces mêmes vents, il est nécessaire de mouiller plus au large des pointes, et il ajoute que cette précaution serait superflue quand les vents sont établis dans les parties du Sud-Ouest, de l'Est et du Sud.

Les montagnes des bords de la mer sont absolument stériles; mais celles de l'intérieur paraissent couvertes d'arbres : les plaines présentent de la verdure, et semblent inviter à les cultiver. La relation de Drake dit qu'il nomma ce pays *nouvelle Albion,* pour deux raisons; la première, parce que par la nature des bancs et des rochers blancs qui bordent la côte, elle présente le même aspect que celle d'Angleterre; la seconde, parce qu'il était juste et raisonnable que cette terre portât le nom de la patrie du premier navigateur qui y avait abordé.

Les Espagnols, comme il a été dit, avaient quitté le port de Drake, le 4 octobre; et après avoir doublé le cap qu'ils nommèrent *del Cordon*, et qui forme l'entrée du port avec celle de las Arenas, ils firent route au Sud-Sud-Ouest avec un vent modéré. Ils gouvernèrent ensuite à l'Ouest, pour gagner un cap qui se montrait dans le Sud, à la distance d'environ cinq lieues.

Le 5, ils passèrent près des petites îles qui sont situées dans l'Ouest, et vis-à-vis l'entrée du port qu'ils venaient de quitter.

Le 7, ils mouillèrent au port de Monterey, par trois brasses, fond de sable. Ils en fixèrent la latitude à 36$^d$ 44′ [h], et la longitude à 17 degrés à l'Ouest de S. Blas.

Le 1.$^{er}$ de novembre, ils quittèrent ce port.

Le 4, à midi, vent favorable de la partie du Nord-Ouest. Ils continuèrent leur route au Sud, jusqu'au 13 du même mois qu'ils eurent la vue de la côte de la Californie; et ils la suivirent jusqu'au cap de San-Lucar, qu'ils doublèrent le 16, à six heures du soir.

Ils supposent que ce cap est par la latitude de 22$^d$ 49′, et à 5 degrés à l'Ouest du méridien de S. Blas.

Le même jour 16, ils reconnurent les îles des Trois-Maries; et le 20 au soir, ils rentrèrent dans le port de S. Blas, d'où ils étaient partis deux cent soixante jours auparavant.

---

[h] Les pilotes employés dans l'expédition de 1769 — 70, fixèrent cette latitude à 36$^d$ 40′.

Pour tracer la côte du Nord-Ouest de l'Amérique, sur la carte du grand océan boréal, remise à M. DE LA PÉROUSE, on s'est réglé sur les positions géographiques données par les Espagnols, en les combinant avec celles du Capitaine Cook, qui ont servi à rectifier les premières, dans les parties qu'il n'a pas été à portée de visiter, et que les Espagnols ont reconnues. On a joint à la carte du grand océan équatorial, des cartes particulières de certaines portions de côtes, et des plans de ports et de baies, différant sur quelques points, de ceux qui ont été donnés, pour les mêmes parties, dans la Relation du troisième voyage du capitaine Cook. M. DE LA PÉROUSE peut avoir occasion de vérifier lesquels de ces plans ont été levés le plus fidèlement. On n'est pas encore assuré si la portion de cette Amérique qui s'étend en pointe saillante dans le Sud-Ouest, est une île ou une presqu'île. Les cartes russes, celle de STÆHLIN en particulier [i], nous présentent toutes les terres comprises sous le nom d'*Alaska*, comme une grande île, séparée du continent par un canal de quarante lieues de large, avec plusieurs îles plus petites dans le Nord et le Nord-Est d'Alaska. Le capitaine Cook a visité la côte d'assez près, dans ces parties qu'il a reconnues, pour être certain qu'elle n'est point interrompue ni coupée par des canaux, et que le continent se prolonge au moins jusqu'au voisinage de l'île Shumagin. Mais il

---

[i] An account of the new Northen archipelago lately discovered by the Russians in the seas of Kamtschatka and Anadir, &c. London, 1774; *in-8.º*

soupçonne dans le Nord-Nord-Ouest de l'île Hatibut, un détroit qui séparerait la presqu'île d'Alaska d'une autre portion de terre située dans le Sud-Ouest, et désignée sur la carte, sous le nom d'*île d'Oonemak*.

On renvoie M. DE LA PÉROUSE au troisième Voyage du capitaine COOK ( *tome II, pages 403 et 488* de l'original ), et aux cartes qui y sont jointes, ainsi qu'à celles qui font partie de la collection manuscrite qui lui a été remise.

42. Iles ALEUTIENNES ou îles des RENARDS, et autres îles, qu'on suppose être situées dans l'Ouest, l'Ouest-Sud-Ouest et l'Ouest-Nord-Ouest de celles-ci.

Le capitaine COOK n'a visité que les îles d'Oonalaska ( partie de celles des Renards ), et le détroit entre ces îles, ainsi que quelques-uns des ports qui en dépendent. A l'égard des autres îles de ce groupe, et de celles d'autres groupes situés plus à l'Occident, nous n'en avons connaissance que par les relations des Russes, qui sont trop inexactes pour obtenir quelque confiance. M. DE LA PÉROUSE ne doit les regarder que comme une nomenclature, et rechercher ces îles avec la même précaution que si elles étaient absolument inconnues. Il trouvera toutes ces relations rassemblées dans l'ouvrage de M. COXE, qui a pour titre *Découvertes des Russes*, et dans la carte jointe à cet ouvrage, qui présente l'ensemble des découvertes de cette nation, à l'Est du Kamtschatka. *Voyez pages 164 — 297* de l'original, et *pages 149 — 194* de la traduction.

43. Port d'Avatscha ou de Saint-Pierre et Saint-Paul, à la pointe de la presqu'île du Kamtschatka.

On a joint au recueil de cartes manuscrites remis à M. de la Pérouse, un plan particulier de ce port, sur une grande échelle, différent de celui qui se trouve dans le troisième Voyage du capitaine Cook, auquel on le renvoie pour les détails nautiques et autres qui peuvent lui être utiles lorsqu'il relâchera dans ce port.

*Voyez* troisième Voyage de Cook, *tome III, page 183 et suivantes, page 284 et suivantes* de l'original.

44. Iles Kuriles.

Le capitaine Gore, qui avait succédé dans le commandement aux capitaines Cook et Clerke, vers la fin du troisième voyage fait par les Anglais dans le grand océan boréal, n'a visité aucune des îles Kuriles, devant lesquelles il a passé, en les prolongeant par le côté de l'Est.

Si l'on en croit Muller[k], il paraîtrait que *Yeso* ou *Jesso* est le nom que les Japonais donnent à toutes les îles que les Russes désignent sous celui de *Kurilski* ou *Kuriles*. La première de ces îles, la plus septentrionale, est fort peu distante de la pointe du Sud du Kamtschatka[l] : on passe de l'une à l'autre en deux à trois heures à la rame; et on peut présumer, d'après les relations, que les îles les plus voisines du Kamtschatka, sont les seules qui soient tributaires

---

[k] Voyages et Découvertes des Russes.
[l] Nommée *pointe de Lopatka*.

de la Russie, et que celles qui sont situées plus au Sud, en sont indépendantes. MULLER désigne toutes ces îles comme il suit, en partant de celle qui est la plus septentrionale :

1.<sup>re</sup> *Schumtschu.*

2. *Purumuschur*, à deux ou trois heures de distance de la première.

3. *Muschu* ou *Ouikutan*, à une demi-journée de la seconde.

4. *Ujachkupa*, dans l'Ouest des trois premières, et à quelque distance de la première.

5. *Sirinki*, vis-à-vis le détroit qui sépare la seconde et la troisième.

6. *Kukumiwa*, petite île inhabitée, dans le Sud-Ouest de la cinquième.

7. *Araumakutan*, inhabitée, volcan.

8. *Siaskutan*, peu d'habitans ; mais ceux des îles voisines s'y rassemblent pour trafiquer.

9. *Ikarma*, petite île déserte, dans l'Ouest de la huitième.

10. *Maschautsch*, petite île déserte, dans le Sud-Ouest de la neuvième.

11. *Igaitu*, petite île déserte, dans le Sud-Est de la huitième.

12. *Schokoki*, à une journée de la huitième.

13. *Motogo*, petite île au Sud.

14. *Schaschowa*... ⎫
15. *Uschischir*.... ⎬ *Idem.* N. B. Entre ces trois îles, les courans sont très-rapides, et la mer monte fort haut.
16. *Kitui*.......... ⎭

17. *Schimuschir*, habitée.

18. *Tschirpui*, remarquable par une haute montagne.

19. *Iturpu*, grande île, bien peuplée, couverte de grandes forêts : on y trouve des ours et diverses espèces d'animaux. Elle présente plusieurs mouillages, et des rivières où les vaisseaux peuvent se retirer. On croit que les habitans de cette île sont indépendans de la Russie, et ne reconnaissent aucune domination.

20. *Urup.* On est assuré, dit MULLER, que les habitans de cette île sont indépendans.

21. *Kunaschir.* Cette île est la plus grande de toutes celles qu'on vient d'indiquer, et sa population est nombreuse.

22. *Matmai* ou *Matsumai*, la dernière île et la plus grande de toutes. La ville capitale, du même nom de *Matmai*, est située au bord de la mer, dans la partie du Sud-Ouest; elle a été bâtie et est habitée par les Japonais : c'est une place fortifiée, munie d'artillerie, et défendue par une garnison nombreuse. L'île de Matmai est le lieu d'exil des personnes de distinction qui ont été disgraciées au Japon. Elle n'est séparée de cet empire que par un canal assez étroit, et qu'on regarde comme dangereux, parce que les caps qui s'y avancent des deux côtés, en rendent la navigation difficile.

Les Anglais, dans le troisième voyage de COOK, n'ont pris connaissance que de la première et de la seconde des îles Kuriles; mais ils ont recueilli du pasteur de Paratounka, des détails assez intéressans sur ces îles en général, et sur quelques-unes en particulier. Il paraît que la domination des Russes ne s'étend pas au-delà de l'île Uschischir, nommée la quinzième, et que toutes celles qui la suivent sont encore indépendantes. Les habitans de ces îles passent pour être sensibles à l'amitié, hospitaliers, généreux et humains. *Voyez* le troisième Voyage de Cook, *tome III, page 378* de l'original.

Consultez aussi les Considérations géographiques et physiques de Philippe Buache, *page 55 et autres.*

45. Terre d'Yeso ou Jesso. On a vu dans la note précédente, que les Japonais confondent ces terres avec les îles Kuriles ; mais on croit en général qu'elles doivent en être distinguées. Le voyage de Cook ne nous a procuré aucune lumière à cet égard ; il paraît même que, pour dresser la carte générale de son voyage dans cette partie, on n'a fait que copier les cartes connues.

On peut consulter, pour la terre de Jesso, les divers rapports recueillis par Philippe Buache, qui les a insérés dans ses Considérations géographiques et physiques, *page 75 et suivantes.* Voyez aussi les cartes dépendantes de cet ouvrage, et une suite de vues dessinées par les Hollandais, lorsqu'ils firent la reconnaissance d'une partie de ces terres, en 1643.

On a joint au recueil remis à M. de la Pérouse, une copie de la carte dressée par les Hollandais, qui présente tous les détails de leurs découvertes.

46. Côte orientale du Japon. On trouve une carte d'une petite partie de cette côte, dans le troisième Voyage de Cook, et les observations nautiques qui y sont relatives. (*Tome III, page 397 et suivantes* de l'original.) *Voyez* aussi la carte comprise dans le recueil remis à M. de la Pérouse.

47. Iles de Lekeyo, dans le Sud-Ouest du Japon. Philippe Buache a donné, dans ses Considérations géographiques et physiques *(page 130)*, les extraits de toutes les lettres que les missionnaires ont écrites concernant ces îles, sur lesquelles on n'a encore que des connaissances peu certaines. *Voyez* aussi les Lettres édifiantes.

48. Grande Ile, peuplée et riche, qu'on dit avoir été découverte par les Espagnols, vers l'année 1600.

On trouve sur cette île la note suivante, dans les *Philosophical Transactions of the royal society, &c.* (*N.° 109, page 201, paragraphe 11, de l'année 1674, fin du tome VII, VIII, IX.*)

« Dans la mer du Sud, par 37 degrés $\frac{1}{2}$ de latitude
» septentrionale, et à environ quatre cents milles d'Es-
» pagne, ou trois cent quarante-trois de Hollande, de
» 15 au degré, c'est-à-dire, à 28 degrés de longitude
» à l'Orient du Japon, il y a une île élevée et très-grande,
» habitée par des peuples blancs, beaux, doux et civilisés,
» excessivement riches en or et en argent, comme l'a éprouvé,
» il y a long-temps, un vaisseau espagnol qui faisait voile

» de Manille à la nouvelle Espagne; de sorte que le roi
» d'Espagne envoya, en 1610 ou 1611, un vaisseau d'Aca-
» pulco au Japon, pour prendre possession de cette île.
» Cette entreprise, mal conduite, n'eut aucun succès; et
» depuis ce temps on a négligé de tenter cette découverte ».

## SUPPLÉMENT.

49. Iles Carolines. On a dressé une carte particulière de ces îles, d'après celle du père Cantova, et les relations d'autres missionnaires, qui ont été recueillies en extrait et imprimées en supplément, dans l'Histoire des navigations aux terres Australes, du président DE Brosses, *tome II, page 443 et suivantes.*

50. Ile au Sud, entre Mindanao et les Moluques. *Voyez* pour toute cette partie, le voyage du capitaine Forster à la nouvelle Guinée.

M. DE LA Pérouse trouvera dans le recueil qui lui a été remis, une carte particulière des détroits entre l'île de Waigiou et la nouvelle Guinée, et une carte de la partie occidentale de la nouvelle Guinée, avec les îles d'Arrow et partie de celle de Céram.

Ces cartes peuvent être utiles, dans le cas où quelque contrariété de vents obligerait de passer par ces détroits. M. DE LA Pérouse peut aussi consulter une carte qui se trouve au *tome II, page 310* de l'Histoire des navigations aux terres Australes, sous le titre de *Carte des îles des Papous,* copiée sur l'original de M. Isaac Tirion, Hollandais. Toute cette partie y est d'accord avec ce que le capitaine Forster en a publié postérieurement.

51. Détroits à l'Est et à l'Ouest de l'île Timor. M. de la Pérouse trouvera dans la Relation des voyages de Dampier, des instructions qui pourront éclairer la route de ses bâtimens dans celui de ces détroits auquel les circonstances et le vent lui auront fait donner la préférence.

On a inséré dans le recueil qui lui a été remis, des plans particuliers de plusieurs de ces passages, tels que les détroits d'Alloss, de Lombock, de Solor, de Sapy et autres entre les îles méridionales de l'archipel d'Asie, qui sont peu fréquentés par les navigateurs européens.

M. de la Pérouse observera que les côtes méridionales et orientales de l'île de Sumbava ou Combava n'ont point encore été reconnues.

52. Pour l'Île de France et le cap de Bonne-Espérance, on le renvoie au Neptune oriental de M. Daprès, et aux instructions qui y sont jointes.

53. Iles de Marseveen et Denia.
Ce sont deux petites îles connues des Hollandais, où l'on dit qu'ils envoient chercher du bois, et dont cependant la position n'est point déterminée. Le capitaine Cook a regretté de n'avoir pu se livrer à la recherche de ces îles,

( Second

(Second Voyage, *tome II, pages 244 et 246* de l'original.) On les a placées, sur la carte de l'océan méridional, conformément à la position qui leur a été donnée sur la carte générale du troisième Voyage de Cook, c'est-à-dire, Marseveen, la plus septentrionale des deux îles, par 40 degrés et demi de latitude Sud, et à 2 degrés trois quarts à l'Est du méridien du cap de Bonne-Espérance ; et Denia, par 41 degrés de latitude, et à 3 degrés à l'Est du cap : mais on observe que sur la carte des variations de Halley, elles sont par 41 degrés et demi de latitude, et à environ 4 degrés à l'Est du méridien du cap.

54. Cap (ou île) de la Circoncision, découvert le 1.er janvier 1739, par M. de Lozier-Bouvet.

Ce navigateur était parti de l'île Sainte-Catherine à la côte du Brésil : il faisait usage de la carte de Pieter Gooz, qui place cette île par 333 degrés de longitude, comptés du méridien de Ténériffe, ce qui correspond à 46 degrés à l'Occident du méridien de Paris. Ses routes, réduites depuis l'île Sainte-Catherine jusqu'au cap de la Circoncision, donnent 53 degrés trois quarts de différence en longitude vers l'Est ; et il en concluait la longitude de ce cap, de 26 à 27 degrés, longitude de Ténériffe, c'est-à-dire, 7 à 8 degrés à l'Orient de Paris.

Mais la longitude du départ, telle que l'employait M. Bouvet, c'est-à-dire, celle de Sainte-Catherine, était en erreur de 4 degrés ; car cette longitude, rectifiée d'après celles que les observations récentes ont données pour Rio-Janéiro et Buenos-Aires, doit être de 329 degrés, méridien de Ténériffe (au lieu de 333), ou 50 degrés à l'Ouest de Paris (au lieu de 46). Or, si l'on soustrait 50 degrés, longitude occidentale de Sainte-Catherine, de 53 degrés trois quarts, progrès de M. Bouvet, vers l'Est, il restera 3 degrés trois quarts pour la longitude orientale du cap de la Circoncision, au lieu de 7 à 8 degrés, que M. Bouvet avait conclus, et qu'il avait dû conclure en effet, d'après la carte de Pieter Gooz, qui portait l'île Sainte-Catherine, ou le méridien du départ, 4 degrés trop à l'Est.

M. le Monnier, de l'académie des sciences, a cherché à déterminer la longitude du cap de la Circoncision, par la théorie des déclinaisons de l'aiguille aimantée ; et il fixe cette longitude entre 1 et 2 degrés à l'Orient de Paris. *Voyez* sa Dissertation en réponse à M. Wales, imprimée à la suite du 1.ᵉʳ volume de la traduction du troisième Voyage du capitaine Cook.

Mais comme les différences de méridiens déduites des observations de la déclinaison de l'aimant, ne peuvent être que des approximations assez incertaines, on a cru devoir s'en tenir à la différence de méridien qui résulte du calcul des routes de M. Bouvet, depuis l'île Sainte-Catherine jusqu'au cap de la Circoncision, sans prétendre toutefois que l'estime que ce navigateur a faite de ces routes, soit exempte d'erreur. On a, en conséquence, placé ce cap, sur la carte de l'océan méridional, à 3 degrés trois quarts à l'Orient de Paris.

D'après cette position, fondée sur les raisons ci-dessus déduites, il n'est plus étonnant que, si, comme on a tout lieu de croire, le cap (ou l'île) de la Circoncision existe, il ait échappé aux recherches des capitaines COOK et FURNEAUX, puisque le premier, en venant de l'Ouest, n'a commencé à se mettre en latitude de ce cap, qui est situé sur le cinquante-quatrième parallèle Sud, qu'à environ 8 degrés à l'Est de Greenvich, ou 5 degrés deux tiers à l'Orient de Paris, et que le second ne s'est mis en latitude qu'à 10 degrés et demi de Greenvich, ou 8 de Paris : l'un et l'autre l'avaient dépassé lorsqu'ils se sont établis sur son parallèle.

## LETTRE

*De M. le Maréchal* DE CASTRIES *à M.* DE CONDORCET, *Secrétaire perpétuel de l'Académie des Sciences.*

Versailles, Mars 1785.

LE roi ayant résolu, Monsieur, d'employer deux de ses frégates dans un voyage qui puisse à-la-fois remplir des objets utiles pour son service, et procurer un moyen étendu de perfectionner la connaissance et la description du globe terrestre, je désirerais que l'académie des sciences voulût bien rédiger un mémoire qui exposât en détail les différentes observations physiques, astronomiques, géographiques, et autres, qu'elle jugerait les plus convenables et les plus importantes à faire, tant à la mer, dans le cours de la navigation, que sur les terres ou îles qui pourront être visitées. Pour fixer les vues de l'académie sur le plan qu'elle peut adopter à cet égard, je dois vous prévenir, Monsieur, que les bâtimens de sa majesté seront dans le cas de s'élever, au Nord et au Sud, jusqu'au soixantième parallèle, et qu'ils parcourront la circonférence entière du globe, dans le sens de la longitude. L'académie peut donc comprendre dans sa spéculation, à peu près l'universalité des côtes ou îles connues, et toute la surface de mer comprise, des deux parts, entre les deux grandes masses de terre qui forment les continens.

En invitant l'académie à s'occuper d'un travail qui sera très-agréable au roi, vous pouvez l'assurer, Monsieur, qu'il sera donné la plus grande attention aux observations ou expériences qu'elle aura indiquées, et qu'on s'attachera à remplir complétement ses demandes, autant que les circonstances du voyage pourront permettre de se livrer aux opérations de ce genre. Sa majesté verra avec plaisir que les lumières de l'académie des sciences concourant avec l'amour de la gloire et le zèle qui anime les officiers de sa marine, elle peut se promettre les plus grands avantages, pour l'avancement des sciences, d'une expédition qui a pour objet principal d'en favoriser les progrès.

# MÉMOIRE

*Rédigé par l'Académie des Sciences, pour servir aux Savans embarqués sous les ordres de M. DE LA PÉROUSE.*

M. LE MARÉCHAL DE CASTRIES ayant demandé à l'académie, de la part du roi, un mémoire où seraient indiquées les observations qu'elle jugerait les plus importantes à faire dans le voyage entrepris, pour le progrès des sciences, autour du monde, l'académie a chargé chacun des premiers pensionnaires de ses différentes classes, de rassembler les mémoires particuliers qui leur seraient fournis par les membres de leur classe respective ; elle a fait ensuite rédiger ces mémoires par quatre commissaires, et elle s'empresse aujourd'hui d'en mettre le résumé général sous les yeux du ministre, comme une preuve du désir qu'elle a de concourir, par son zèle et par ses soins, à l'exécution d'une entreprise dont le succès tournera en même temps à la gloire du monarque, à celle de la nation, et à l'avancement des sciences.

Pour mettre plus d'ordre et de clarté dans ce résumé, l'académie a cru devoir réunir d'abord, sous un même point de vue, les observations relatives à plusieurs genres de sciences, qui se rapprochent par la nature de leur objet, quoique cultivées par différentes classes. Telles sont les observations qui concernent les connaissances dont s'occupent les classes de géométrie, d'astronomie, et de mécanique. Ces observations trouveront d'autant plus naturellement leur place à la tête de ce mémoire, qu'elles tiennent à la cosmographie, et ont par-là même un rapport plus direct avec l'objet principal du voyage ordonné par sa majesté.

## GÉOMÉTRIE, ASTRONOMIE, MÉCANIQUE.

Une des recherches les plus intéressantes que les navigateurs soient dans le cas de faire, est celle qui concerne la détermination de la longueur du pendule à secondes, à différentes latitudes. Les inductions que l'on a tirées jusqu'ici de cet instrument, pour déterminer les variations de la pesanteur, ont eu pour fondement des opérations faites en petit nombre par divers observateurs, et avec des instrumens différens; et ce défaut d'uniformité dans les opérations, a dû influer sur la certitude des conséquences déduites de la comparaison des résultats. On sent de quel prix serait un ensemble d'opérations en ce genre, faites avec soin, par les mêmes personnes, avec les mêmes instrumens; et l'académie ne saurait trop inviter les navigateurs à suivre ce travail avec toute l'exactitude possible, dans tous les endroits où ils relâcheront.

La détermination des longitudes sera nécessairement un des points principaux auxquels s'attacheront les voyageurs; mais, pour qu'il résulte un plus grand avantage de leurs recherches, relativement à cet objet, l'académie leur recommande de conserver les calculs originaux des observations de longitude par la distance de la lune aux astres, afin que dans le cas où quelque astronome, par de nouvelles observations faites à terre, corrigerait ensuite les élémens qui auraient servi à déterminer les longitudes dont il s'agit, cette correction pût être employée, à son tour, pour rectifier l'estimation de ces mêmes longitudes.

Les navigateurs, munis des éphémérides, connaissent d'avance le moment des différentes éclipses qui arriveront pendant le cours de leur voyage, ainsi que les lieux où elles seront visibles. L'académie désire qu'ils ne se bornent pas à déterminer les instans du commencement ou de la fin de ces éclipses, mais qu'ils désignent la situation des cornes, et cela dans le plus grand détail possible.

Les phénomènes des marées tiennent de trop près à la navigation, pour ne pas fixer particulièrement l'attention des voyageurs. Il faudrait, sur-tout, qu'ils observassent avec soin la double marée de chaque jour. L'académie croit devoir encore leur faire remarquer que l'on n'a point d'observations exactes sur les marées de la côte occidentale d'Afrique, de celle d'Amérique, non plus que des îles Moluques et des Philippines.

A l'égard des observations qui concernent la géographie, elles seront dirigées d'après le plan qui a été tracé aux navigateurs par sa majesté.

L'académie joindra seulement ici la copie de quelques remarques qui lui ont été communiquées sur cet objet, par M. Buache, son associé géographe.

## PHYSIQUE.

Dans le grand nombre d'effets qu'embrasse l'étude de la physique, il est important que les navigateurs s'attachent sur-tout à ceux qui sont soumis à l'action d'une cause réglée, mais dont l'intensité est sujette, suivant les lieux et les circonstances, à des variations qui ne peuvent être déterminées que par des observations suivies et multipliées.

De ce genre est la variation de la boussole.

L'observation de la déclinaison des aiguilles aimantées, faisant une partie essentielle des moyens de direction qui seront employés par les navigateurs; l'académie se borne, sur cet objet, à leur recommander d'observer, à l'aide des instrumens précis qu'ils emportent avec eux, les variations diurnes de l'aiguille, lorsqu'ils feront quelque séjour à terre.

On a reconnu, par des observations faites d'abord à Brest, à Cadix, à Ténériffe et à Gorée sur la côte d'Afrique, et ensuite à Brest et à la Guadeloupe, que l'intensité de la force magnétique de l'aiguille, était sensiblement la même dans ces différens endroits. L'académie désirerait que les navigateurs répétassent ces observations sur une plus grande étendue de pays, en estimant la force magnétique par la durée des oscillations d'une bonne aiguille d'inclinaison. Les observations dont il s'agit, ne peuvent

peuvent être d'une grande précision, qu'autant qu'on les fera à terre ou dans les rades. Cependant il serait bon de les essayer aussi à la mer, dans des temps très-calmes ; et peut-être donneraient-elles alors des résultats suffisamment exacts. Il serait sur-tout intéressant d'éprouver la force magnétique dans les points où l'inclinaison est la plus grande, et dans ceux où elle est la plus petite.

L'académie recommande aussi aux navigateurs d'observer avec beaucoup de soin l'inclinaison de l'aiguille, dans tous les lieux de relâche, et même à la mer, lorsque le temps le permettra. Dans ce dernier cas, il faudra tenir note de l'incertitude de l'observation, et en assigner à peu près le degré de précision.

L'académie invite encore les navigateurs à tenir un compte exact des hauteurs du baromètre, dans le voisinage de l'Équateur, à différentes heures du jour ; dans la vue de découvrir, s'il est possible, la quantité des variations de cet instrument qui est due à l'action du soleil et de la lune, cette quantité étant alors à son *maximum*, tandis que les variations dues aux causes ordinaires sont à leur *minimum*. Il est inutile de faire remarquer que ces observations délicates doivent être faites à terre, avec les plus grandes précautions. Les navigateurs pourront aussi s'assurer s'il est vrai, comme on a cru le remarquer, que le mercure était d'un pouce plus haut dans le baromètre, à la côte occidentale d'Amérique, qu'à la côte orientale.

L'état de l'atmosphère, et ses variations continuelles,

dont l'observation est de première nécessité dans un voyage sur mer, offriront de plus aux navigateurs un objet de recherches météorologiques, intéressantes par les directions souvent opposées des vents supérieurs comparés à ceux qui soufflent près de la surface de la mer.

L'académie, instruite que les navigateurs emportent avec eux un certain nombre de petits ballons aérostatiques, les invite à en faire usage pour déterminer la hauteur à laquelle les vents qui soufflent dans la partie inférieure de l'atmosphère, changent de direction, et le sens de ces directions. Ces observations sont sur-tout importantes dans les lieux où règnent les vents alizés, dont il serait curieux d'examiner les rapports avec les vents de la région supérieure de l'air.

Le fluide sur lequel vogueront les navigateurs, attirera aussi leur attention, par les divers courans qu'ils y trouveront. L'académie désirerait qu'ils lui donnassent, à leur retour, un résumé du travail important qu'ils auront entrepris pour déterminer ces courans dans les différentes parties du globe, d'après la comparaison de la route déterminée par les moyens ordinaires, avec la route estimée par l'observation tant de la longitude que de la latitude.

Outre les effets qui sont dans le cours ordinaire de la nature, les voyageurs pourront se trouver à portée d'observer des phénomènes qui ne se présentent que par intervalles, tels que certains météores, et entre autres, les aurores, soit boréales, soit australes. L'académie souhaiterait qu'ils observassent la hauteur et l'amplitude de ces aurores.

On n'est point d'accord sur la cause qui produit les trombes ; quelques-uns les attribuent à l'électricité ; d'autres les regardent comme l'effet d'un mouvement de turbination, contracté par une masse d'air [a]. Les navigateurs voudront bien être attentifs à l'observation de toutes les circonstances qui pourraient conduire à l'explication de ce phénomène singulier.

Les navigateurs seront à portée de faire un grand nombre d'expériences intéressantes sur les différens degrés de température de la mer, et sur sa salure dans les différens parages et à différentes profondeurs, la pesanteur spécifique de ses eaux, ses divers degrés d'amertume, à mesure qu'on s'éloigne ou qu'on s'approche des côtes, &c.

L'académie les engage à ne point oublier la comparaison de la température à une certaine profondeur, avec celle du fluide pris à la surface.

Il serait bon encore que les navigateurs profitassent de

---

[a] Dans cette dernière hypothèse, la force centrifuge des molécules d'air éloignées de l'axe de rotation, doit diminuer la pression de celles qui sont placées près de cet axe, les forcer à se dessaisir de l'eau qu'elles tenaient en dissolution, et occasionner un nuage, dont la forme sera à peu près celle d'un solide de révolution, et dont les gouttelettes se disperseront bientôt par l'effet de la force centrifuge. La pression de l'air de l'atmosphère n'étant pas diminuée dans le sens de l'axe de rotation, l'air doit perpétuellement se renouveler, en arrivant par les deux extrémités de cet axe, et, par la diminution de pression, entretenir dans l'intérieur une précipitation d'eau continuelle, qui durera autant que le mouvement de turbination, et dont l'abondance dépendra de la vîtesse de ce mouvement, et de la masse d'air qu'il affecte.

toutes les fouilles ou excavations qu'ils pourront rencontrer, pour en observer également la température, ainsi que celle des fontaines et des puits profonds.

Les marins ont distingué les glaçons plats qui couvrent certaines parties de la mer, des glaçons épais, qui semblent isolés, et paraissent comme des montagnes flottantes. On désirerait qu'un examen suivi des circonstances relatives à ces deux espèces de glaçons, pût donner lieu à quelques conjectures sur leur formation.

On a attribué la lumière qui brille quelquefois sur la surface de la mer, à l'apparition d'une multitude de petits animaux luisans; mais comme cette lumière paraît à tous les endroits où la mer est mise en mouvement, il serait curieux d'examiner ce phénomène dans un plus grand détail, s'il est possible, qu'on ne l'a fait jusqu'ici, pour tâcher de découvrir si l'éclat dont il s'agit ne pourrait point avoir quelque autre cause.

## CHIMIE.

Une question, dont la solution serait propre à jeter du jour sur la théorie des gaz, consisterait à rechercher si l'air est plus pur, ou s'il contient plus d'air vital, à la surface des grandes étendues de mer, comme M. Ingen-Housz a cru le remarquer sur la mer qui baigne les côtes de l'Angleterre; et au cas que l'expérience se vérifiât, on pourrait s'assurer si le résultat est le même en pleine mer, que sur les côtes, où l'on trouve souvent une grande quantité de varech et de plantes diverses qui en couvrent la surface.

Il paraît constant aujourd'hui, que le sel sédatif se trouve naturellement dans l'eau de quelques lacs, tels que celui de Monte-rotondo, en Italie. Cette circonstance n'est peut-être pas particulière à ce lac; et c'est encore un objet de recherches pour les navigateurs, dans le cas où ils visiteraient l'intérieur de quelques-uns des pays où ils aborderont.

Il pourrait arriver aussi qu'ils trouvassent de l'alcali minéral; et alors l'examen des substances dont cet alcali serait mélangé, sa distance par rapport à la mer, et les autres circonstances de ce genre, leur fourniraient des conjectures sur le procédé que la nature emploie pour opérer l'alcalisation du sel marin.

Enfin, les navigateurs, attentifs à toutes les recherches capables d'éclairer la chimie sur les procédés qu'elle fournit aux arts, pourront observer dans les pays qu'ils parcourront, les couleurs qu'on y emploie pour teindre les étoffes, les substances dont on tire ces couleurs, et les moyens qu'on a imaginés pour les appliquer.

## ANATOMIE.

L'ATTENTION et la curiosité de ceux qui ont entrepris de grands voyages, ont dû naturellement se porter vers les diverses variétés de l'espèce humaine. La plupart se sont attachés à observer et à décrire les caractères extérieurs qui se tirent de la couleur, de la stature, de la conformation, et les autres différences du même genre, susceptibles d'être saisies avec facilité, même par des yeux ordinaires.

Il serait à désirer que l'on étendît cette comparaison aux parties intérieures, par des recherches anatomiques : on se procurerait, dans cette vue, les ossemens de la tête et l'os hyoïde d'un cadavre de bonne taille, chez les nations qui paraîtraient différer sensiblement de celles des pays tempérés de l'Europe, par la forme du visage, ou par celle de la tête entière ; on pourrait ainsi acquérir des connaissances sur les variétés qui se trouvent dans l'homme par rapport à la forme des os de la tête.

Pour tirer encore un parti plus intéressant de cette connaissance, on pourrait comparer les proportions du corps des hommes de différentes nations, avec celles que suivent les dessinateurs, pour représenter la *belle nature*, en divisant la hauteur du corps en huit parties. Il faudrait aussi prendre la hauteur en ligne droite, depuis le bas des talons, jusqu'au sommet de la tête.

Les dimensions qu'il conviendra de mesurer avec le plus de soin, sont : la longueur de la grande brasse ; celle de la petite brasse, c'est-à-dire, la longueur d'un seul bras, depuis le dessous de l'aisselle jusqu'à l'extrémité du doigt du milieu ; la circonférence de la tête, à la hauteur du front ; celle de la poitrine, à la hauteur du sein ; celle du ventre, à la hauteur de l'ombilic.

Les anatomistes ont trouvé que le nombre des vertèbres

lombaires variait quelquefois de cinq à six. Il faudrait examiner si les cadavres, dans les pays où les hommes sont d'une très-haute taille, ont six vertèbres lombaires.

On joindra, autant qu'il sera possible, à ces connaissances, celle de la durée de la vie, et de l'âge de puberté pour les deux sexes.

## ZOOLOGIE.

La zoologie, dans l'état actuel où se trouve cette science, offre aux navigateurs un point de vue bien propre à les intéresser, par les avantages qu'elle peut tirer de leurs découvertes pour les progrès de l'anatomie comparée; mais cet objet ne peut être rempli avec succès, qu'autant que leurs descriptions se rapporteront à une méthode commune. L'académie les invite à faire usage de la méthode qui a été suivie dans l'Histoire naturelle générale et particulière, comme étant celle qui présente le plus grand ensemble de descriptions, en ce genre, qui ayent encore été faites sur un même plan.

A l'égard de la description des nouvelles espèces d'oiseaux qui se rencontreront, on peut prendre pour modèle l'Ornithologie de M. Brisson.

Le goût des coquilles rares a rendu la plupart des voyageurs plus attentifs, dans leurs recherches en ce genre, à ce qui pouvait satisfaire la curiosité des amateurs, qu'à ce qui eût fourni de nouvelles lumières aux savans. Le point important serait de reconnaître toutes les coquilles d'une même côte, particulièrement l'espèce dominante; et de plus, la conformation des animaux qui y sont renfermés : ce serait encore, de comparer, autant qu'il se pourra, les coquillages pétrifiés des différens parages avec les coquillages vivans des mers voisines, et de voir si nos coquillages pétrifiés de l'Europe ont leurs analogues vivans dans les mers éloignées, ainsi qu'il paraît qu'on en a déjà trouvé quelques-uns.

## MINÉRALOGIE.

La minéralogie ouvre un champ vaste et fécond aux observations des voyageurs. Ces observations auront surtout du prix, lorsqu'elles seront liées les unes aux autres, et que, par leur rapprochement, elles s'éclaireront mutuellement : ainsi l'examen des matières qui forment les deux côtes correspondantes d'un détroit, ou de celles dont est composé, d'une part, le sol d'une île, et de l'autre, le continent qu'elle regarde, peut faire conjecturer si une plage est d'ancienne ou de nouvelle formation, si une île est voisine de l'embouchure d'un fleuve, ou si elle a fait partie du continent.

Il serait utile encore de rechercher, dans chaque île un peu considérable, ou dans les portions du continent que l'on pourra visiter en détail, à quelle hauteur au-dessus du niveau de la mer, se trouvent les dépôts marins en couches horizontales.

On a soupçonné que les montagnes composées de
couches

couches horizontales et calcaires, diminuaient de hauteur, à mesure que l'on s'approchait de l'Équateur, et que dans cette partie du monde, les montagnes qui avaient cette même structure par couches horizontales, ne s'élevaient presque point au-dessus du niveau de la mer. Ce serait un fait important à constater.

En général, l'aspect des montagnes, sur-tout vers les endroits où leur flanc, coupé à pic, offrirait des indices plus marqués de leur structure, la composition des rochers de granit qui pourraient former le noyau de plusieurs de ces montagnes, les produits des volcans, et sur-tout les basaltes, &c. sont autant d'objets de recherches, qui ne peuvent échapper à l'attention éclairée des navigateurs.

Les cristallisations se présentent, aux yeux des naturalistes, sous un aspect trop attrayant, pour qu'il soit nécessaire d'avertir les voyageurs d'en recueillir le plus grand nombre qu'il leur sera possible. L'académie les invite seulement à donner une attention particulière à certaines variétés qui manquent dans la collection du cabinet du roi, ou qui ne s'y trouvent point sous des formes assez nettes ou assez prononcées. En voici la liste, faite d'après la nomenclature adoptée par M. DAUBENTON, dans la distribution méthodique des minéraux :

1.° Le cristal de roche à deux pyramides, sans aucun indice de prisme intermédiaire ; 2.° le feld-spath en prisme oblique, à quatre pans ; 3.° le spath pesant octaèdre cunéiforme, à sommets aigus ; 4.° le spath fluor en octaèdres réguliers; 5.° le spath calcaire en rhomboïdes aigus et bien saillans; 6.° le spath calcaire à six pans rhomboïdaux et six faces en losange; 7.° la pyrite ferrugineuse à vingt faces triangulaires; 8.° la mine de cobalt sulphureuse.

Pour faciliter aux voyageurs la recherche de ces variétés, l'académie leur fera remettre des polyèdres exécutés en bois, qui en représentent exactement les formes.

Les voyageurs rapporteront nécessairement des échantillons des bois et des marbres qui leur paraîtront les plus intéressans. On leur fait observer que les échantillons de ce genre, qui sont au cabinet du roi, ont sept pouces de hauteur, sur cinq de largeur, parce qu'il faut qu'ils ayent au moins cette grandeur pour que l'on puisse bien reconnaître les caractères d'un bois ou d'un marbre. Il faut de plus, pour les bois, une coupe transversale : dans un tronçon de dix pouces de longueur, on peut aisément prendre une rouelle coupée transversalement, et une planchette de sept pouces de longueur, sciée longitudinalement sur la maille, c'est-à-dire par une coupe qui passe sur la moelle.

Les voyageurs pourront trouver, lorsqu'ils s'avanceront dans les terres, des tourmalines et d'autres cristaux qui s'électrisent par la seule chaleur. Comme la plupart de ces cristaux sont en canons adhérens à la gangue par une de leurs extrémités, et dirigés en différens sens, l'académie désirerait que les voyageurs fissent des expériences pour examiner si l'espèce d'électricité positive ou négative que les cristaux dont il s'agit manifestent constamment par un de leurs bouts, a quelque rapport avec la position de ces cristaux, soit sur leur gangue, soit relativement les uns aux autres.

## BOTANIQUE.

Les différens voyages entrepris depuis un certain nombre d'années, ont enrichi la botanique par la découverte d'une multitude de plantes méconnues jusqu'alors ; et le règne de la nature est si fécond, que nous sommes fondés à espérer une nouvelle récolte des recherches de nos voyageurs : mais il serait à souhaiter que ces recherches fussent dirigées spécialement vers des objets d'utilité, tels que la connaissance des plantes dont les habitans des différens pays où séjourneront les voyageurs, font usage, soit pour la nourriture, soit en médecine, soit relativement aux arts. Ils pourraient aussi rapporter des échantillons et des graines des plantes dont on ne nous envoie que les parties usuelles, et nous en donner des descriptions complètes : dans cette classe sont presque tous les bois dont on se sert pour la teinture, ceux qu'emploient les ébénistes à des ouvrages d'utilité ou d'agrément, et certaines racines, écorces, feuilles, qui se débitent dans le commerce, et dont l'origine doit piquer davantage notre curiosité, à proportion que leur usage nous est plus familier. En général, les navigateurs ne sauraient trop s'attacher à faire une collection riche et variée de graines d'arbres ou d'herbes exotiques, prises à une température qui ne diffère pas trop sensiblement de celle de la France, et dont les productions, en se naturalisant dans notre climat, peuvent servir à orner un jour nos plantations, ou à multiplier nos prairies artificielles.

On cultive dans la nouvelle Zélande une plante de la famille des liliacées, connue sous le nom de *lin de la nouvelle Zélande*. Ce lin est employé dans le pays pour faire des toiles, des cordages, et différens tissus. Le capitaine COOK a rapporté en Angleterre une grande quantité de graines de cette plante, dont aucune n'a levé. Le transport de quelques pieds de la plante même serait peut-être l'occasion d'un des plus beaux présens que des voyageurs pussent faire à nos climats.

Nous n'avons en France que l'individu mâle du mûrier-papier *( morus papyrifera Linnæi )*, dont on se sert à la Chine pour faire du papier, et dans l'île d'O-Taïti, pour faire des étoffes. Nous ne connaissons que l'individu femelle du saule pleureur *( salix Babylonica Linnæi )* : l'individu mâle d'une espèce de fraisier dioïque nommé *fragaria Chilensis*, nous est également inconnu; il croît naturellement au Chili, d'où il a été rapporté par M. FRÉZIER. Les fruits de cette plante, qui, dans leur sol natal, parviennent quelquefois à la grosseur d'un œuf de poule, sont beaucoup plus petits sur les pieds que l'on cultive en France; et cette différence peut venir, en grande partie, du défaut de l'individu mâle auquel on ne supplée qu'imparfaitement, en employant, comme on fait, des pieds de caprons pour féconder les pieds femelles de ce fraisier. Si par quelque circonstance particulière, les navigateurs se trouvaient dans les pays qui produisent les diverses plantes dont il s'agit, ils pourraient s'occuper des moyens de nous rapporter dans chacune des espèces citées, le sexe qui nous manque.

L'académie a joint ici différentes notes qui lui ont été communiquées par plusieurs de ses membres, et dans lesquelles les navigateurs trouveront l'explication des procédés relatifs à quelques-unes des vues proposées dans ce mémoire.

### OBSERVATIONS de M. BUACHE.

LE gouvernement s'étant occupé particulièrement à rassembler toutes les connaissances géographiques sur les mers que l'on se propose de parcourir dans ce nouveau voyage, il suffira d'indiquer ici quelles sont les parties de ces mers où l'on peut espérer de faire de nouvelles découvertes.

1.° Dans la partie méridionale de la mer du Sud, il y a deux espaces qui sont encore peu connus, et où il y a tout lieu d'espérer qu'on trouvera de nouvelles terres.

Le premier est l'espace situé au Sud des îles de Pâque et de Pitcairn, entre les 30.ᵉ et 35.ᵉ degrés de latitude. Les nouvelles cartes de COOK y marquent un groupe d'îles qu'on dit avoir été découvertes par les Espagnols, en 1773; et la plupart des navigateurs qui ont passé au Nord de cet espace, y ont eu des indices de terre. On voit en outre, dans l'Histoire des voyages de la mer du Sud, publiée par

M. DALRYMPLE, que le pilote JUAN FERNANDÈS, faisant route de Lima au Chili, vers 1576, s'éloigna des côtes de l'Amérique, de près de 40 degrés, pour ne pas être obligé de lutter continuellement contre les vents contraires; et qu'après un mois de navigation, il aborda à une côte qu'il crut être un continent, à cause de son étendue. Le pays était très-fertile, et habité par un peuple blanc, de la taille des Européens, et qui était vêtu d'une très-belle étoffe; il reçut avec amitié les navigateurs, et leur fournit des productions du pays. FERNANDÈS, se proposant de faire un armement, et de retourner dans ce pays avec ses compagnons, garda le secret sur sa découverte, et mourut avant l'exécution de son projet, que l'on perdit bientôt de vue. Cette terre de Fernandès, différente de l'île à laquelle ce navigateur a donné son nom, pourrait être la même que le groupe d'îles qu'on dit avoir été découvertes par les Espagnols, en 1773.

Le second espace qui mérite d'être reconnu plus particulièrement, est ce qui est compris entre les nouvelles Hébrides et la nouvelle Guinée. M. DE BOUGAINVILLE et M. DE SURVILLE sont les seuls navigateurs qui y ayent passé; et par la situation des parties de terres qu'ils y ont vues, on a tout lieu de croire que ces terres sont les anciennes îles découvertes par MENDAÑA, en 1567, et connues ensuite sous le nom d'*îles de Salomon*. M. DE SURVILLE a eu la vue de ces terres pendant plus de cent vingt lieues, et toujours dans la latitude assignée aux îles de Salomon.

Puisqu'on a retrouvé une grande partie des anciennes découvertes de MENDAÑA et de QUIROS, il y a tout lieu de croire qu'on retrouvera le reste ; et leurs mémoires méritent d'être consultés. On retrouvera encore l'île de Taumago de QUIROS, avec les îles de Chicayana, Guaytopo, Pilen, Naupau, et autres, qui en sont voisines, puisque c'est en quittant cette île, ou dix jours après, que QUIROS aborda à la terre du Saint-Esprit, qui est connue aujourd'hui sous le nom de *nouvelles Hébrides*.

2.° La partie septentrionale de la mer du Sud, moins connue encore que la partie méridionale, peut donner lieu à un plus grand nombre de découvertes. Il y a d'abord au Sud des îles Mariannes ou des Larrons, entre les 5 et 10 degrés de latitude Nord, une chaîne d'îles, divisées en plusieurs groupes, et qui s'étendent à plus de 25 degrés en longitude : on ne connaît ces îles que par une description vague, et une carte dressée seulement sur le rapport des habitans de quelques-unes de ces îles, qui ont été jetés par une tempête sur les côtes de l'île de Guaham, et que le père CANTOVA a interrogés sur la situation de ces îles ; elles ont échappé aux observations des navigateurs, parce que dans leur traversée, ils dirigent leur route vers l'île de Guaham, qui est plus au Nord.

La partie de cet Océan, qui est au Nord-Est des îles Mariannes, ou à l'Est du Japon, est également inconnue ; on a seulement des indices qu'il y a des îles en assez grand nombre et assez intéressantes : on a parlé entre autres, d'une île assez considérable, située à environ trois cents lieues à l'Est du Japon, où ses habitans venaient commercer.

La terre d'Yeso, au Nord du Japon, ne paraît pas devoir être telle que les Russes et les Anglais l'ont représentée. Les connaissances que le dernier voyage de Cook nous donne de la côte orientale du Japon, nous portent à croire que la carte de la découverte du Yeso, faite par le vaisseau hollandais le Kastricum, est assez exacte ; mais les Hollandais n'ont vu qu'une partie de cette terre, qui peut être intéressante.

3.° Sur la côte occidentale de l'Amérique, au Nord de la Californie, on retrouvera sûrement la rivière de Martin d'Aguilar, à 43 degrés de latitude. Martin d'Aguilar était un des pilotes de Sébastien Viscaino, dont le voyage en cette partie est un des plus intéressans qui ayent été faits.

Il serait à désirer qu'on pût se procurer quelques connaissances des peuples de l'intérieur des terres qui sont au Nord de la Californie ; et, sur ce point, on peut consulter le Voyage de Carwer, et même la Lettre de l'amiral de Fuente, quelque décriée qu'elle ait été. Il serait à désirer qu'au retour, on recherchât les îles Denia et Marseveen, situées au Sud du cap de Bonne-Espérance, et où les Hollandais envoient chercher du bois.

Si l'on voulait s'avancer vers le pôle méridional, relativement à quelques observations physiques, il serait à désirer qu'on le fît dans le Sud-Ouest du cap de Bonne-Espérance et du cap de Horn.

Dans

Dans le premier cas, on pourrait retrouver le cap de la Circoncision, en le cherchant à la longitude que M. LE MONNIER lui a assignée, ou entre 3 et 4 degrés de longitude à l'Est du méridien de Paris; c'est la position que lui donnent d'autres considérations, indépendamment de celles de M. LE MONNIER. De l'autre part, on retrouverait les îles et le port où DRAKE a abordé.

On désirerait que les navigateurs nous fissent connaître les noms que les habitans donnent aux îles qu'ils découvriront, et qu'ils pussent nous procurer un vocabulaire des différens noms que les insulaires donnent aux objets les plus remarquables et de première nécessité.

### *Examen de la nature de l'air.*

L'EXAMEN de l'air de l'atmosphère, et de son degré de salubrité, à différentes latitudes, dans les différens parages, et à différentes élévations, est un objet d'autant plus intéressant, qu'il n'a encore été rien fait d'exact en ce genre, et qu'on ignore absolument si la nature et la composition de l'air sont les mêmes dans les différentes parties du monde, et à différentes élévations. L'épreuve de l'air nitreux paraît être la plus simple et la plus sûre. M. LAVOISIER, dans un mémoire imprimé dans le Recueil de 1782, a fait voir que, pourvu qu'on employât plus d'air nitreux qu'il n'en fallait pour la saturation, il était toujours facile de conclure, par un calcul simple, la quantité d'air vital contenue dans une quantité donnée d'air de l'atmosphère.

Une première attention, pour ce genre d'expériences, est de se procurer de l'air nitreux à peu près pur. Celui qu'on tire de la dissolution du mercure, par l'acide nitreux, est le plus pur de tous; mais, à son défaut, on peut employer, sans inconvénient, celui obtenu par le fer. On commence par introduire deux cents parties d'air nitreux dans l'eudiomètre; on y ajoute ensuite cent parties de l'air qu'on veut essayer, et on observe le nombre des parties restantes après l'absorption. En retranchant le résidu de la somme des deux airs, en multipliant ce résultat par quarante, et divisant ensuite par cent neuf, le nombre qu'on obtient exprime la quantité d'air vital contenue dans cent parties de l'air qu'on a essayé.

Il sera bon de tenir note de la hauteur du baromètre et du thermomètre.

### *Pesanteur spécifique de l'air.*

Le projet des voyageurs étant d'embarquer à bord des frégates une machine pneumatique, on croit qu'il serait bon d'y joindre un globe de verre qui s'y adaptât, dans lequel on ferait le vide, et dans lequel on laisserait ensuite entrer l'air. En pesant ce globe ou matras vide et rempli d'air, on aurait la pesanteur spécifique de l'air dans les différens parages. Il faut avoir grand soin d'observer la hauteur du baromètre et du thermomètre, à chacune de ces opérations.

Ce genre d'expériences suppose que les voyageurs auront

à leur disposition une balance très-exacte, qui puisse peser d'une manière commode, à la précision du demi-grain.

## EXAMEN des eaux.

M. L'ABBÉ CHAPPE, dans son voyage en Californie, a déterminé la pesanteur spécifique de l'eau de la mer, dans un grand nombre de parages; et il en résulte des conséquences intéressantes sur le degré de salure des eaux de la mer. M. DE CASSINI a publié le résultat de ces expériences, d'après les notes qu'il a trouvées dans les manuscrits de M. l'abbé CHAPPE. Il paraîtrait intéressant de suivre ces expériences, puisqu'on a l'occasion de déterminer, pour ainsi dire, en un seul voyage, le degré de salure de presque toutes les mers. Les voyageurs n'ont besoin, à cet effet, que d'un pèse-liqueur très-sensible, construit sur les principes de FARENHEIT, et semblable à celui que M. LAVOISIER avait fait construire, dans le temps, pour M. l'abbé CHAPPE. On pourra employer le même instrument pour déterminer la pesanteur spécifique de l'eau des lacs, des rivières, des fontaines; et en y joignant quelques expériences faites avec des réactifs, on aura une idée non-seulement de la qualité, mais encore de la quantité des sels contenus dans ces eaux.

Lorsque par les réactifs, et par la pesanteur spécifique, une eau paraîtra présenter quelque chose d'intéressant, on pourra en faire évaporer une portion, et on rapportera le résidu, bien étiqueté, pour être examiné avec soin au retour.

# VOYAGE

# QUESTIONS

*Proposées par la Société de Médecine, à MM. les voyageurs qui accompagnent M. DE LA PÉROUSE, lues dans la séance du 31 mai 1785.*

Tout ce qui appartient à la physique et à l'histoire naturelle, dans le voyage que l'on va entreprendre autour du monde, a lieu d'intéresser la médecine, et peut contribuer à son avancement; mais la société de médecine croit devoir se borner aux objets qui concernent plus particulièrement cette science. Comme les questions que nous avons à proposer sont assez multipliées, nous les présenterons ici sous des titres qui seront autant de divisions médicinales, ou qui appartiendront à différentes branches de cette science.

## §. PREMIER.

### ANATOMIE, PHYSIOLOGIE.

*Structure du corps humain, et fonctions de ses organes.*

La plupart des voyageurs ont écrit sur la forme et la structure générale du corps des hommes qu'ils ont observés dans différentes contrées; mais on sait combien leurs descriptions sont en général remplies d'exagération et d'erreurs. On a tout lieu d'attendre plus d'exactitude de la part des savans qui accompagnent M. DE LA PÉROUSE, et on les prie d'observer spécialement les objets suivans :

1.° La structure ordinaire des hommes et des femmes; le grand et le petit diamètre de la tête; la longueur des extrémités supérieures et inférieures, mesurées de l'articulation du bras à l'extrémité du doigt *medius*, de la cuisse à l'extrémité du gros ou du second orteil; la circonférence du bassin, la largeur de la poitrine, celle des épaules; les hauteurs de la colonne vertébrale, mesurée du haut de la première vertèbre du cou au sacrum : ces proportions sont prises des divisions des peintres.

2.° La forme, la couleur de la peau et de ses diverses régions; celles des poils et des ongles.

3.° La forme particulière de la tête ou du crâne; celle de la face, et sur-tout du front, du nez, des yeux, des oreilles, de la bouche, du menton, des dents, de la langue, des cheveux et de la barbe.

4.° Ces diverses régions du corps sont celles que les insulaires ont coutume de déformer, par des trous, des incisions, des corps étrangers qu'ils y insèrent, ainsi que par des huiles, des couleurs préparées avec des ocres, ou des sucs végétaux.

Il peut être utile de décrire exactement les procédés que les sauvages emploient pour se faire à la peau des marques ineffaçables; les substances dont ils se servent à cet effet; comment ils les préparent et les appliquent; l'âge ou les circonstances dans lesquelles ils pratiquent cette opération, et sur-tout les altérations ou difformités locales, ou les effets relatifs à tout l'individu, qui en résultent.

5.° Le défaut, l'excès, ou la différente conformation des parties du corps, comme l'alongement, l'aplatissement du front, la dilatation ou le resserrement du nez, l'agrandissement de la bouche, des oreilles. Ces différences sont-elles le produit constant de l'organisation naturelle, ou l'effet de quelques pratiques particulières? Dampier dit qu'il manque deux dents aux habitans de la terre de Van-Diemen. Est-ce naturellement, ou bien parce qu'ils se les arrachent? c'est ainsi que les deux bouches observées par les matelots de Cook, sur les habitans des côtes de l'Amérique, voisines de l'entrée du Prince-Guillaume, sont le produit d'une incision transversale qu'ils se font au-dessous de la lèvre inférieure. Les conformations relatives au tablier des femmes, à l'alongement prodigieux du scrotum, et la tache brune sur le dos des enfans, observées dans plusieurs contrées de l'Amérique, existent-elles, et sont-elles dues à la nature? On ne nous a presque rien dit sur l'usage des deux mains. La question relative aux ambidextres, ou à la préférence d'une main sur l'autre, n'a point encore assez occupé les naturalistes : il est donc important d'examiner si les peuples que l'on visitera, se servent également de leurs deux mains pour le travail, ou bien s'ils en emploient une de préférence, et si la prééminence de la droite, chez les nations policées, n'est que l'effet du préjugé. Il est aussi important d'examiner si, parmi les peuples qui sont dans l'habitude d'aller nus, il en est qui se servent de leurs pieds avec autant d'agilité que des mains, et pour les mêmes usages.

6.° On n'a point eu de renseignemens positifs sur la force comparée des différens hommes : il serait bon de faire des expériences sur les fardeaux que peuvent porter les habitans des pays où la nature n'a point été affaiblie par la mollesse et par tous les usages admis chez les nations policées, et sur l'espace qu'ils peuvent parcourir, dans un temps donné, soit en marchant, soit en courant.

7.° La nature des sens de la vue, de l'ouïe, de l'odorat, peut fournir des faits importans sur la vigueur ou la faiblesse de ces organes. On a beaucoup parlé de la finesse de l'odorat des peuples sauvages : il est intéressant de vérifier cet objet, et de rechercher si, dans les individus où cette finesse de l'odorat existe, elle n'est pas au détriment de quelque autre sens.

8.° La voix, l'articulation plus ou moins distincte, sont importantes à examiner, ainsi que l'expression de la joie, du plaisir et de la douleur.

9.° L'âge de puberté pour les hommes et pour les femmes. Celles-ci sont-elles, dans tous les climats, sujettes au flux périodique ? Est-il plus ou moins abondant relativement au climat, et quelle est l'époque de sa cessation ? Comment se conduisent-elles pendant leur grossesse ?

Accouchent-elles aisément ou difficilement ? ont-elles besoin de secours pour cette opération ? Lient-elles le cordon ombilical ? Cette opération se fait-elle avant ou après la sortie du placenta ? Emmaillottent-elles leurs enfans, ou par quels moyens suppléent-elles au maillot ? Suit-on quelque pratique à l'égard des enfans nouveau-nés, au moment de leur naissance, comme de leur pétrir la tête, de les laver ? Les mères les nourrissent-elles de leur lait, et jusqu'à quel âge ? Naît-il plus de garçons que de filles ?

10.° Combien meurt-il d'enfans depuis la naissance jusqu'à l'âge de puberté, et quelle est en général la longueur de la vie des hommes dans les différens climats ?

11.° La vîtesse ou la lenteur du pouls, comparée à celle des Européens, qui est à peu près de soixante-cinq à soixante-dix pulsations par minute.

12.° Le rapport de la couleur de la peau avec celle des humeurs. La liqueur spermatique des hommes plus ou moins basanés, la pulpe cérébrale et le sang, répondent-ils à la teinte de leur peau ? Cette couleur varie-t-elle parmi les noirs, dans quelques individus, tels que les nègres-blancs, les blafards, &c. ? Cette variation est-elle le produit d'une maladie, ou d'une constitution altérée par l'influence du climat, comme on le pense des nègres transportés dans les pays froids ?

13.° Y a-t-il fréquemment en Amérique des hommes dont les mamelles contiennent du lait assez abondamment pour nourrir des enfans, comme on l'a dit ? Que doit-on penser des hermaphrodites de la Louisiane? La vie sauvage rend-elle l'amour périodique chez plusieurs nations? Est-il vrai que quelques naturels de l'Amérique se font piquer le membre viril par des insectes, qui y excitent un gonflement considérable?

14.° Nous ne parlerons ici, ni des géans, ni des nains, ni des hommes à queue, &c. parce que ces prétendus écarts de la nature n'ont jamais été vus que par des voyageurs prévenus ou ignorans, ou n'existaient que dans leur imagination exaltée.

## §. II.

### *Hygiène.*

*De l'air, des eaux, des alimens, des habitations, des vêtemens, des exercices, des passions, en tant qu'ils intéressent la santé des hommes.*

Cette partie de la médecine présente le plus d'observations aux voyageurs; mais c'est une de celles sur lesquelles on a le moins de questions à leur proposer, parce qu'en général on s'en occupe toujours avec plus ou moins de soin et de détail. Nous ne nous arrêterons donc qu'aux articles suivans :

1.° La nature de l'air des différens lieux, essayé par les eudiomètres; sa température la plus haute et la plus basse au soleil et à l'ombre, sa sécheresse, son humidité, sa pesanteur, son élasticité, son état électrique mesuré par les différens électromètres, et sur-tout par celui de

M. DE SAUSSURE ; le partage des saisons ; les vents dominans, ou leurs variations ; la nature des météores, comme neige, grêle, pluie, tonnerre, ouragans, trombes marines ou terrestres ; l'altération de l'air par les vapeurs, ou par les émanations des végétaux, en comparant par les expériences d'INGEN-HOUSZ, les fluides qui s'exhalent de leurs différentes parties exposées à l'ombre ou au soleil, sur-tout pour ceux dont le voisinage passe pour être dangereux.

2.° L'examen des eaux de la mer, à différentes hauteurs ou profondeurs, plus ou moins près des côtes ; celui des eaux douces ou saumâtres, la nature des sels qu'elles contiennent : on recommande l'usage des principaux réactifs indiqués par BERGMAN, et sur-tout l'évaporation ; celles que boivent les insulaires, et les différens usages qu'ils en font ; les eaux minérales froides, ou thermales ; les boissons factices, douces, ou fermentées ; la manière de les préparer ; les substances végétales ou animales avec lesquelles on les compose ; leurs effets : nous insisterons sur-tout sur le *kava*, liqueur préparée avec une racine, dans les îles de la mer du Sud, à laquelle ANDERSON attribue une action engourdissante et la propriété de dessécher et de faire tomber par écailles la peau des insulaires qui en boivent avec excès.

3.° Les alimens. Les habitans des différentes contrées que l'on parcourra, se nourrissent-ils de végétaux ou d'animaux, ou des uns et des autres ? Assaisonnent-ils leurs alimens ? Quelle préparation leur font-ils subir ? Mangent-ils à des heures réglées ? peu, ou abondamment ? Emploient-ils le sel dans leurs mets ? Quelle comparaison peut-on établir entre les racines, les fruits, &c. qui leur servent de nourriture, et nos végétaux ? Quels sont les farineux dont ils font usage ? Quelle est l'espèce de fougère qui contient une substance gélatineuse, dont se nourrissent les habitans de la nouvelle Zélande ? N'ont-ils pas des poudres alimentaires, dont ils se munissent dans leurs voyages ? De quelles plantes les tirent-ils, et quels procédés suivent-ils dans leur préparation ? Ne peut-on pas trouver, par quelques recherches, dans les pays que l'on visitera, des substances végétales inconnues aux naturels, et qui puissent servir d'aliment ? N'y aurait-il pas quelques végétaux dont on pourrait retirer une substance sucrée, analogue à celle de la canne à sucre, et avec plus de facilité et moins de frais qu'on ne le fait de cette dernière ?

4.° Les habitations, leur forme, leur étendue, leurs ouvertures, leur exposition, le sol sur lequel elles sont assises, les matériaux dont elles sont construites, la nature de l'abri qu'elles donnent, leur sécheresse ou leur humidité ; si les habitans s'y retirent pendant la nuit, et pendant toute l'année, ou dans certaines saisons ; combien de temps ils y passent par jour ; en quel nombre ils s'y rassemblent, relativement à leur espace ; s'ils y dorment sur des lits, sur des nattes ou sur la terre ; s'il y a des hommes qui n'ont pas d'habitation, et qui vivent toujours à l'air. Les vêtemens, leurs formes, leurs matières, leurs différences.

5.° Les occupations des deux sexes, leurs travaux, leurs exercices; en quoi ils entretiennent ou dérangent la santé des peuples.

6.° Les passions, les mœurs, le caractère dominant de chaque nation; les usages particuliers propres à favoriser l'excrétion des différentes humeurs, comme celui de mâcher du tabac, du bétel, ou quelque substance analogue, ou de fumer, d'user des frictions, des onctions, des bains froids ou chauds, des vapeurs sèches ou humides; la méthode de masser; l'influence de ces divers moyens, et sur-tout des onctions huileuses et du tatouage, sur la transpiration.

§. III.

### Des maladies.

Les maladies particulières aux climats qui seront visités, peuvent fournir des observations importantes. Cook et Anderson ont parlé, quoiqu'avec peu de détails, de celles qu'ils ont observées dans les îles des Amis et de la Société. Ils ont vu chez les habitans des premières, une cécité due aux vices de la cornée; des dartres qui laissent des taches sur la peau, et qui affectent la moitié des insulaires; de larges ulcères qui les attaquent, et qui sont de mauvaise nature, puisqu'ils font perdre le nez à beaucoup d'entr'eux; une enflure coriace et indolente des bras et des jambes; une tumeur des testicules. Anderson, à qui sont dues ces observations, a indiqué cinq ou six maladies qu'il a vues à O-Taïti ; mais il n'a parlé que de l'hydropisie, et du *sefaï* ou enflure indolente, et de la maladie vénérienne, que l'équipage du capitaine Cook y a apportée dans ses deux premières relâches.

Il paraît que ce sont les maladies de la peau auxquelles les insulaires sont le plus exposés.

Quoiqu'Anderson n'ait vu aucun malade alité, et que les insulaires de la mer du Sud négligent, en général, de traiter régulièrement leurs maladies, nous prierons les voyageurs de vouloir bien observer avec soin les articles suivans, dont plusieurs sont relatifs aux maladies regardées comme nouvelles dans nos climats.

1.° Y a-t-il chez ces insulaires des maladies aiguës ou des fièvres ? Anderson n'a indiqué que des chroniques. Parmi les premières, observe-t-on les maladies éruptives ? La petite vérole y existe-t-elle ? Quels sont sa marche et ses ravages ? Les peuples qu'on visitera, connaissent-ils l'inoculation ? Y aurait-il quelque climat où cette maladie serait endémique ? Sont-ils attaqués de maladies contagieuses ou épidémiques ? Ont-ils éprouvé le fléau de la peste ? Le tétanos et le croups existent-ils chez les enfans ? On demande une description exacte de toutes les maladies de cette classe, et sur-tout relativement à leurs crises, et quels sont les rapports de leur marche et de leur nature avec celles de nos climats.

2.° Parmi les maladies chroniques, les plus fréquentes dans les îles de la mer du Sud paraissent être celles qui attaquent la peau. A quoi peut-on y attribuer la multiplicité des dartres et des ulcères observés par ANDERSON dans ces îles ? Sont-ils dûs aux onctions huileuses, ou à la piqûre des insectes ? Ceux-ci s'y engendrent-ils fréquemment, comme cela a lieu dans les ulcères des pays chauds ? Ces ulcères qui rongent la face, et détruisent le nez, ne sont-ils pas cancéreux ? Les habitans sont-ils sujets à la lèpre ? Est-ce à cette maladie que l'on doit rapporter l'enflure indolente des bras et des jambes, observée par COOK ? Sont-ils sujets aux maladies pédiculaires et au dragonneau ?

3.° La maladie vénérienne existe-t-elle dans les terres que l'on visitera, continent ou îles ? Paraît-elle y être naturelle, ou y avoir été apportée ? Quels remèdes emploient-ils pour la guérir ? Dans quel état est-elle aux îles des Amis ou de la Société, où COOK l'a apportée dans ses premières relâches ? Par quels symptômes se montre-t-elle ? Est-il vrai que les insulaires n'ont point de gonorrhée ?

4.° Le scorbut est-il endémique dans quelque parage ? Quels sont ses symptômes et ses ravages, dans les pays chauds ou froids ? Quels remèdes lui oppose-t-on ?

5.° Le rachitis et les difformités qu'il fait naître, sont-ils connus dans les pays où l'on pénétrera ? Les maladies nerveuses, convulsives ou spasmodiques, et sur-tout l'épilepsie y existent-elles ? Les enfans sont-ils sujets à quelques maladies et sur-tout aux convulsions pendant la dentition ?

6.° Y a-t-il quelques hommes ou femmes chargés en

particulier de la guérison des maladies? Quels remèdes ou quels procédés emploient-ils? Y a-t-il quelques hôpitaux, ou sépare-t-on de la société quelques classes de malades?

## §. IV.

### DE LA MATIÈRE MÉDICALE.

IL paraît, d'après le rapport d'ANDERSON, que les prêtres sont les seuls habitans des îles de la mer du Sud qui se chargent de la guérison des malades, et qu'ils emploient quelques sucs d'herbes; mais il ne dit rien de ces plantes, ni des différens moyens qu'ils mettent en usage contre les maladies de la peau, les ulcères, les enflures et l'hydropisie qui les attaquent. Les femmes guérissent les suites de couches, au rapport de ce naturaliste, en s'asseyant sur des pierres chaudes, enveloppées de deux pièces d'étoffe entre lesquelles elles mettent une espèce de moutarde : ce remède les fait suer beaucoup; et il n'a point réussi pour les maladies vénériennes. Ces peuples n'ont donc que très-peu de connaissances sur les propriétés des remèdes que la nature leur offre; ils n'ont même point de vomitif. C'est donc aux voyageurs à reconnaître la vertu des plantes dont la saveur et les autres propriétés physiques pourront leur fournir quelques lumières, non-seulement dans les îles de la mer du Sud, mais dans tous les pays où ils aborderont. On leur propose, sur cet objet, les articles suivans :

1.° Examiner la saveur, l'odeur des racines, des bois, des

écorces, des feuilles, des fleurs, des fruits et des semences des végétaux des différens pays peu connus, et les comparer aux différentes substances végétales employées en Europe comme médicamens ; faire le même travail sur les sucs qui découlent des arbres, ainsi que sur les matières animales.

2.° Observer les différens remèdes qui sont en usage, dans les pays chauds où l'on descendra, contre les maladies qui en affligent les habitans, et décrire même les procédés superstitieux, qui sont souvent la seule médecine des peuples barbares.

3.° Essayer les décoctions de quelques plantes émollientes, aromatiques, âcres, dans les affections de la peau, dont les insulaires sont attaqués.

4.° Employer le mercure en frictions contre les maladies vénériennes, dont les habitans des îles de la mer du Sud sont attaqués, et leur fournir les moyens de se débarrasser de ce terrible fleau ; observer sur-tout les effets du mercure chez ces peuples.

5.° Rechercher si quelques végétaux sudorifiques de ces îles n'auraient pas la vertu antivénérienne, tels que, particulièrement, la *lobelia syphillitica ( rapuntium Americanum flore dilutè cœruleo )*, et le *celastrus inermis*, de LINNÉ.

6.° Rechercher s'il n'existerait pas dans quelques pays chauds les analogues du quinquina, du simarouba, de l'ipécacuanha, du camphre, de l'opium, &c. et si les îles contiennent des plantes émétiques ou purgatives dont on pourrait tirer quelque parti.

7.°

7.º Prendre des renseignemens et faire des observations sur les propriétés de l'anacarde, qui passe à la Louisiane, pour guérir la folie; sur la vertu du *telephium* et du *gramen* marin, que les Groënlandais préfèrent au cochléaria, pour la guérison du scorbut; sur l'écorce de Winter, la racine de Belaage [a], de Columbo [b], et celle de Jean Lopez [c].

8.º Indiquer quels sont les peuples qui empoisonnent leurs flèches, quelles substances ils emploient à cet effet; la nature, la description des plantes d'où ils retirent les sucs vénéneux qui leur servent pour cela, et sur-tout les remèdes qu'ils administrent pour en prévenir l'action délétère : déterminer sur-tout si le sel et le sucre peuvent être regardés comme un antidote contre les blessures faites par ces flèches, ainsi qu'on pourrait le croire d'après les expériences de LA CONDAMINE.

9.º Examiner les animaux et sur-tout les serpens et les poissons vénéneux, et chercher à reconnaître de quelle cause peut dépendre cette dangereuse propriété dans ces derniers, et par quels moyens on peut la prévenir.

10.º Recueillir avec soin les remèdes, soit internes, soit externes, qui passent pour spécifiques dans les maladies des différens peuples; décrire la nature de ces spécifiques, la manière de les préparer, celle de s'en servir, leurs

---

[a] A Madagascar.
[b] Ile de Ceylan.
[c] Côte de Mosambique.

doses, leurs effets, le temps de la maladie où on les emploie : c'est ainsi que les Péruviens nous ont appris à connaître les propriétés du quinquina.

11.° Enfin réunir, dans un herbier particulier, et séparé de la botanique, les plantes ou les parties des plantes qui servent d'alimens, de remèdes ou de poisons, dans tous les pays où l'on abordera.

## §. V.

### CHIRURGIE.

*Des maladies et des opérations chirurgicales.*

ANDERSON remarque que la chirurgie est un peu plus avancée que la médecine, comme cela doit être chez les peuples sujets à peu de maladies, mais exposés, ainsi que tous les hommes, à des accidens extérieurs. COOK parle d'une femme de la Lefooga, dans la nouvelle Zélande, qui exerce le métier d'oculiste : elle pansait les yeux d'un enfant avec deux petites sondes de bois, qu'elle frottait sur ses organes, jusqu'à en tirer du sang. Il paraît que les naturels des îles des Amis ne craignent pas les blessures, car ils s'en font volontairement à la tête, pour marquer leur chagrin ; ils se coupent le petit doigt avec une hache de pierre quand ils sont malades, et une des phalanges de ce doigt quand leurs chefs le sont. On voit beaucoup d'insulaires avoir un petit doigt de moins à une main, ou à toutes les deux. Cette pratique tient, sans doute, à la superstition : ils se font des incisions dans différentes parties du corps, et sur-tout aux jambes. Au reste, ANDERSON remarque qu'ils sont fort mauvais chirurgiens, puisqu'il a vu un bras très-mal coupé, et une luxation de la même partie, qui n'était point réduite après plusieurs mois. Cependant ces insulaires connaissent, suivant lui, les blessures mortelles, et placent des éclisses sur les membres fracturés ; ils introduisent même dans les plaies avec esquilles d'os, un morceau de bois pour tenir lieu des os sortis ; et ANDERSON a vu des cicatrices de coups de pique, qui annonçaient la cure de blessures que nous aurions jugées mortelles. Enfin, des hommes d'O-Taïti, que l'on appelle *tahoua*, s'occupent de l'incision du prépuce chez les enfans, et ils la pratiquent d'un seul coup avec une dent de requin ; ils guérissent l'enflure qui survient à cette partie, avec des pierres chaudes qu'ils y appliquent. Les faits qu'il nous paraît important de recueillir sur cette partie de la chirurgie, peuvent se réduire aux suivans :

1.° Les luxations, les fractures, les hernies, et les maladies chirurgicales en général, sont-elles très-communes chez les hommes qui vivent dans l'état de nature ?

2.° Quels moyens emploient-ils pour guérir ces différentes maladies ?

3.° Ont-ils quelques instrumens particuliers ? Quelle est leur forme, leur matière, leur usage ? En acheter, et en faire la collection.

4.° La circoncision et l'infibulation sont-elles pratiquées ? Comment y procède-t-on ?

5.° Y a-t-il des hommes ou des femmes chargés du soin particulier de traiter telle ou telle maladie chirurgicale, comme celle des yeux, des oreilles, des dents, de la peau, les accouchemens ?

6.° Quelle est la forme et la nature des armes dont ils se servent dans leurs combats ; celle des plaies qui en résultent, et la manière dont ils les traitent et les guérissent ?

Au Louvre, le 31 mai 1785. *Signé* MAUDUYT, VICQ-D'AZYR, DE FOURCROY et THOURET.

Je certifie la présente copie conforme à l'original déposé au secrétariat de la société de médecine, qui m'a chargé de l'adresser au plutôt au ministre de la marine. *Signé* VICQ-D'AZYR, secrétaire perpétuel.

# PROJET

*D'expériences à faire, pour préserver de corruption l'eau qu'on embarque, communiqué à* M. DE LA PÉROUSE, *Capitaine de vaisseau, allant faire le tour du monde; par* M. *l'abbé* TESSIER, *de l'Académie des Sciences, et de la Société de Médecine.*

Un des plus grands désagrémens de la navigation, est la corruption de l'eau douce qu'on est obligé de boire, dans les voyages de long cours. Différens moyens ont été proposés pour y remédier : les uns avaient pour but de rendre potable l'eau de mer, ce qui serait sans doute avantageux dans beaucoup de circonstances, mais les procédés ont paru dispendieux et embarrassans : les autres consistaient dans des préparations qui tendaient à empêcher l'eau douce qu'on embarque, de se corrompre ; ces derniers seraient les plus simples, puisqu'ils n'exigeraient ni soins pendant la navigation, ni transport de matière combustible.

Je n'examine point si beaucoup d'expériences proposées jusqu'ici relativement à cet utile objet, ont été faites avec cette attention scrupuleuse que prescrivent le désintéressement et le désir sincère de découvrir une vérité précieuse pour les hommes. Le voyage de M. DE LA PÉROUSE autour du monde, offre l'occasion la plus favorable de faire des tentatives en ce genre; il doit aller sous toutes sortes de latitudes; l'amour du bien et du vrai l'anime; il joindra ses lumières à celles des physiciens qui l'accompagnent: on peut donc compter sur les résultats qu'il présentera à son retour.

C'est dans cette vue que je trace ici un projet d'expériences, en indiquant des moyens isolés et des moyens combinés, parmi lesquels il y en a qui n'ont pas encore été employés, à ce qu'il me semble.

D'après ce que j'ai lu dans les écrits des navigateurs, d'après les conversations de plusieurs officiers de marine, l'eau embarquée ne se corrompt que parce qu'il s'y forme des insectes qui, à certains degrés de latitude où la température est très-chaude, éclosent, meurent et se putréfient. Ces insectes doivent leur naissance à des œufs, déposés, ou dans l'eau avant qu'on l'embarque, ou dans les futailles qui la contiennent, soit avant, soit pendant la traversée. L'eau qu'on embarque en hiver, celle qu'on puise à des sources, est moins susceptible de corruption que l'eau qu'on embarque en été, et que celle des rivières; ces différences dépendent des insectes, qui déposent plutôt leurs œufs dans certaines eaux que dans d'autres, et toujours en été : on sait aussi que le bois sert souvent d'asile aux œufs de ces animaux; il est donc possible qu'il s'en trouve dans celui qui compose les futailles. Je regarde comme important de s'assurer jusqu'à quel point.

En conséquence, je suis d'avis qu'on fasse subir à l'eau seule quelque préparation, qu'on en fasse subir aussi aux futailles seules, et qu'enfin on en fasse subir et à l'eau et aux futailles, d'une manière combinée. On reconnaîtra parlà, ou que les œufs des insectes sont tous dans l'eau, ou tous dans les futailles : peut-être ne pénètrent-ils dans ces dernières que pendant la traversée; les expériences suivantes l'apprendront encore, et indiqueront le meilleur préservatif. Le premier soin est de constater l'état de l'eau douce qu'on embarque, en examinant sa pesanteur au pèse-liqueur, sa température au thermomètre, sa pureté ou divisibilité, par la facilité avec laquelle elle cuit les légumes secs, et dissout le savon : on notera la source, la rivière où on l'aura prise, l'heure du jour, et l'époque de l'année. Le pèse-liqueur et le thermomètre qui auront servi pour l'épreuve, seront ceux qu'on destinera à l'embarquement; on emportera aussi des mêmes légumes secs et du même savon, pour d'autres épreuves. En route, on choisira vingt barriques, chacune d'une capacité égale, et semblables à celles qui contiendront le reste de l'eau douce : ce nombre de barriques d'expériences n'effraiera pas, quand on réfléchira que l'eau qu'on y conservera, sera toute bue dans la traversée; que dans aucun cas elle ne sera inférieure en qualité à l'eau ordinaire d'embarquement, et qu'elle peut entrer en déduction sur la quantité de barriques qu'on se propose d'emporter. Les barriques d'expériences seront faites du même bois, et cerclées de même; on les placera dans la partie des vaisseaux où on place les autres, et sans précautions particulières.

PREMIÈRE EXPÉRIENCE.

L'eau dont on remplira deux des barriques, sera auparavant exposée sur le feu, où on lui fera éprouver, pendant une demi-heure, le degré d'ébullition; il n'y a point d'œufs d'insectes qui, sans périr, puissent soutenir cette chaleur. Ce moyen, tout simple qu'il est, n'a pas été mis en usage, à ce que je crois : les marins sont sur la voie, puisqu'ils jettent quelquefois des boulets rouges dans l'eau qu'ils prennent à certaines aiguades. On mettra sur l'une des barriques, N.° 1, E. B., et sur l'autre, N.° 2, E. B., c'est-à-dire, *eau bouillie*.

SECONDE EXPÉRIENCE.

On imbibera, à deux ou trois fois, l'intérieur de deux barriques, avec de la chaux vive fondue dans l'eau bouillante; pour cet effet, on se servira d'un pinceau, qu'on appuiera fortement contre les parois, afin que l'eau de chaux s'y insinue plus avant : on sent bien que cette imbibition ne peut se faire qu'autant que les barriques n'auront pas les deux fonds, et qu'il faut imbiber le côté intérieur des douves qui formeront le second fond, avant de le placer : ce sera de l'eau qui n'aura pas bouilli, qu'on introduira dans ces barriques. On mettra sur l'une, N.° 1, E. C. S., et sur l'autre, N.° 2, E. C. S., c'est-à-dire, *eau chaulée simplement*.

TROISIÈME EXPÉRIENCE.

Il ne s'agit, dans celle-ci, que de combiner les deux premières : on remplira d'eau bouillie deux barriques,

intérieurement

intérieurement imbibées de chaux comme dans le cas précédent. Sur l'une, on mettra N.° 1, E. B. C., et sur l'autre, N.° 2, E. B. C., c'est-à-dire, *eau bouillie, chaulée.*

### QUATRIÈME EXPÉRIENCE.

Deux autres barriques, étant également imbibées de chaux intérieurement, seront remplies d'eau bouillie, à laquelle on ajoutera quatre onces d'esprit de vitriol par deux cent cinquante pintes d'eau, mesure de Paris. On mettra sur l'une, N.° 1, E. B. C. V., et sur l'autre, N.° 2, E. B. C. V., c'est-à-dire, *eau bouillie, chaulée, vitriolisée.*

### CINQUIÈME EXPÉRIENCE.

On se contentera de mettre dans deux autres barriques, de l'eau douce, sans la faire bouillir, et d'y mêler quatre onces d'esprit de vitriol par deux cent cinquante pintes d'eau; on n'imbibera pas non plus ces barriques, de chaux. Sur l'une, on mettra N.° 1, E. S. V., et sur l'autre, N.° 2, E. S. V., c'est-à-dire, *eau simple, vitriolisée.*

### SIXIÈME EXPÉRIENCE.

Deux barriques contiendront de l'eau bouillie, à laquelle on joindra quatre onces d'esprit de vitriol, sans autre préparation. Sur l'une, on mettra N.° 1, E. B. V., et sur l'autre, N.° 2, E. B. V., c'est-à-dire, *eau bouillie, vitriolisée.*

### SEPTIÈME EXPÉRIENCE.

On enduira extérieurement de goudron deux barriques,

qu'on remplira d'eau bouillie, sans les imbiber intérieurement. Sur l'une, on mettra N.° 1, E. B. G. E., et sur l'autre, N.° 2, E. B. G. E., c'est-à-dire, *eau bouillie, goudronnée extérieurement.*

HUITIÈME EXPÉRIENCE.

On imbibera de chaux intérieurement, comme dans les deuxième, troisième et quatrième expériences, deux barriques, qu'on remplira d'eau bouillie, et qu'on goudronnera aussi extérieurement. Sur l'une, on mettra N.° 1, E. B. C. G., et sur l'autre, N.° 2, E. B. C. G., c'est-à-dire, *eau bouillie, chaulée, goudronnée.*

NEUVIÈME EXPÉRIENCE.

On goudronnera seulement extérieurement deux barriques, qui seront remplies d'eau simple qui n'aura pas bouilli. Sur l'une, on mettra, N.° 1, E. S. G. E., et sur l'autre, N.° 2, E. S. G. E., c'est-à-dire, *eau simple, goudronnée extérieurement.*

DIXIÈME EXPÉRIENCE.

On remplira deux barriques d'eau simple, sans faire subir ni à l'eau, ni aux barriques, aucune préparation, soit extérieurement, soit intérieurement. Cette expérience est un objet de comparaison pour toutes les autres.

C'est à M. DE LA PEYRE, chirurgien de vaisseau, qu'appartient l'idée d'imbiber l'intérieur des futailles d'une eau de chaux vive. J'ai pris de lui le fond de son procédé, que j'ai varié et corrigé, autant que je l'ai cru nécessaire. L'addition de l'esprit de vitriol dans l'eau, est connue depuis long-temps.

Il faut avoir l'attention de ne faire bouillir l'eau que quand les barriques qui doivent la recevoir seront prêtes, et les remplir aussitôt. Si on attendait long-temps, d'autres insectes pourraient y déposer leurs œufs.

On sent bien qu'il est nécessaire que toutes les barriques d'expériences soient exactement bouchées.

Au degré de latitude et de chaleur où le reste de l'eau d'embarquement se corrompra, on examinera en même temps celle de chacune des barriques d'expériences : on les goûtera toutes ; on verra si elles ont de l'odeur ; on en observera la transparence ; on les pesera au pèse-liqueur ; on y introduira un thermomètre pour connaître leur température ; on fera cuire, dans une égale quantité de chacune, un poids égal de légume sec qui aura servi pour le même usage, avant le départ, et qu'on aura réservé pour cet effet ; enfin, on fera dissoudre aussi dans une quantité égale de chacune, un poids égal du savon déjà employé.

Il faudra bien remarquer, s'il s'y forme des insectes, quelles espèces d'insectes ; suivre leurs métamorphoses, et les nuances de corruption et de putréfaction de l'eau : il serait bon même de conserver dans de l'eau-de-vie quelques-uns de ces insectes pour les rapporter en France.

Si les besoins des navigateurs le permettent, il ne faudra toucher aux autres barriques restantes de chacune des dix expériences, que quand on se retrouvera sous un autre ciel, et encore dans une latitude où l'eau ordinaire se corrompra; dans ce second cas, on les examinera comme dans le premier.

Il sera tenu un état exact, en forme de procès-verbal, de tout ce qui se fera et se remarquera dans les expériences. Ce procès-verbal sera signé de M. DE LA PÉROUSE, de ses officiers, et des physiciens qu'il aura à son bord.

Si ce projet d'expériences est jugé intéressant, on sentira combien il serait à désirer que chacun des deux bâtimens que commandera M. DE LA PÉROUSE, les répétât dans le même temps; ils peuvent se séparer et parcourir des pays différens; deux observations se confirmeront réciproquement, et porteront la chose à la démonstration : on doit s'y refuser d'autant moins, que l'eau des expériences sera aussi bonne que l'autre, et qu'elle n'occupera pas dans les vaisseaux une place inutile, puisqu'on pourra la boire.

Je demande que M. DE LA PÉROUSE veuille bien signer deux copies de ce projet, qui seront aussi signées de moi; il en gardera une et moi l'autre : ce sera une preuve de l'engagement, qu'il contractera envers le public, de se charger des expériences qui peuvent tourner à l'avantage de la navigation; du moins elles sont proposées dans cette intention.

A Rambouillet, ce 19 mai 1785. *Signé* TESSIER et LA PÉROUSE.

# MÉMOIRE

*Pour diriger le Jardinier dans les travaux de son voyage autour du monde; par M. THOUIN, premier Jardinier du Jardin des plantes.*

La mission du jardinier qui accompagnera M. DE LA PÉROUSE dans son expédition, ayant pour but de porter aux habitans des lieux qu'il va parcourir, les productions végétales de l'Europe qui peuvent leur être utiles, et de rapporter de ces divers pays les végétaux propres à enrichir l'Europe, nous croyons devoir diviser ce mémoire en deux parties, qui traiteront chacune des objets qui ont rapport à ce double motif d'utilité.

## PREMIÈRE PARTIE.

*CHOIX, NATURE et CULTURE des végétaux qu'on transportera de France.*

De tous les présens que la munificence du roi veut faire aux habitans des pays nouvellement découverts, les végétaux utiles à la nourriture des hommes sont, sans contredit, ceux qui leur procureront les biens les plus durables, et les plus propres à augmenter leur bonheur.

Le choix de ces végétaux doit être fait parmi nos plantes

légumières, et nos arbres fruitiers les plus intéressans : les légumes et les fruits qui n'ont besoin d'aucune préparation pour être propres à la nourriture des hommes, doivent tenir le premier rang ; et ceux qui n'ont besoin que d'être cuits à sec pour devenir mangeables, doivent être mis au second. C'est à quoi doivent se borner les présens qu'on peut faire à des peuples qui, n'ayant point de vaisseaux propres à la cuisson des alimens dans les fluides, ne feraient aucun usage des légumes et des fruits qui exigent cette préparation pour être mangés. C'est d'après ces considérations que nous avons formé les listes qui terminent ce mémoire.

On doit encore observer, pour diminuer les frais d'acquisition, de ne pas emporter les semences des variétés de légumes qui ne se conservent que par une culture soignée et délicate. Ces graines, livrées à elles-mêmes dans des climats si différens de ceux de leur naissance, ou tout au plus abandonnées à une culture grossière, rentreraient bientôt dans leurs espèces primitives, et ne feraient que des doubles emplois, onéreux au transport.

Le choix arrêté, il convient de déterminer en quelle nature il sera plus profitable de faire ces transports de végétaux.

Il n'est pas douteux que la voie des semences, en même temps qu'elle est la moins dispendieuse pour les acquisitions, la plus facile pour le transport, est encore la plus sûre, en général, pour multiplier les productions d'un climat dans un autre; mais elle exige du choix dans les graines, des attentions pour leur conservation pendant le voyage, et des soins pour les semer avec fruit dans les différens lieux auxquels on les destine.

On apportera la plus scrupuleuse attention pour n'acquérir que des semences de la dernière récolte, qui auront été bien aoûtées, et qui seront parfaitement saines : celles qui se trouveraient ridées, ou piquées par des insectes, seront soigneusement exclues, non-seulement comme inutiles, mais même comme nuisibles à la conservation des autres.

Ces semences ainsi choisies seront divisées en deux parties; la première comprendra toutes celles qui n'ont besoin que d'être abritées du contact de l'air et de l'humidité pour se conserver jusqu'à leur destination; la deuxième sera composée de toutes les graines qu'il sera nécessaire d'ensabler ou de mettre en terre, pour conserver leur propriété germinative, telles que les noyaux de nos arbres fruitiers, les semences de plusieurs plantes de la famille des ombellifères, &c.

Les premières doivent être renfermées dans des sacs de papier gris, et ensuite mises dans des boîtes de fer-blanc, soudées le plus hermétiquement possible; les secondes seront mises, lits par lits, avec de la terre ou du sable, dans des boîtes de fer-blanc, qu'on fermera ensuite très-exactement.

Ces différentes boîtes, ainsi scellées, doivent être renfermées dans des caisses solides, qu'on recouvrira de toile cirée ; elles doivent être placées dans l'endroit du vaisseau le moins accessible à l'humidité, et le plus abrité de l'extrême chaleur, comme du très-grand froid : on les y laissera, sans être ouvertes, jusqu'à l'époque où il sera à propos de semer les graines.

Comme il est probable que les semis n'auront pas un seul lieu pour objet, et qu'il est à présumer que la nouvelle Zélande, les îles Sandwich, celles des Amis et de la Société, auront leur part de ces présens ; pour éviter d'éventer des graines qui ne devront être semées qu'à des époques très-différentes, nous croyons qu'il serait convenable de diviser en quatre parties la totalité de cet assortiment, de manière que chacune d'elles puisse être contenue dans une caisse qu'on n'ouvrira qu'à l'instant de les semer. Cela remédiera à un inconvénient qui serait très-préjudiciable aux semences.

L'ordre étant absolument indispensable dans une collection de cette espèce, le jardinier aura l'attention d'écrire sur chaque paquet le nom de la graine qui y est renfermée, de les inscrire sur un registre, à mesure qu'il les emballera dans les boîtes de fer-blanc, de numéroter ces boîtes relativement à son registre, et ensuite de les placer par ordre de numéros dans chacune des grandes caisses qui doivent contenir cet assortiment : au moyen de cela, il sera, en tout temps, à portée de trouver promptement et sans peine les objets dont il aura besoin.

Il n'est guère possible de tracer d'une manière précise

un

un plan pour les semis de ces graines et leur culture dans des lieux qu'on parcourra si rapidement ; tout ce que nous pouvons dire se réduira à des généralités auxquelles l'intelligence du jardinier suppléera.

En abordant dans un lieu où l'on se proposera de faire des semis, le premier soin du jardinier doit être de s'informer de la température du climat, d'examiner si les productions du sol, sur-tout dans les plantes annuelles, sont dans un état de croissance, de repos, ou de dépérissement. Ces observations doivent le diriger dans le choix des graines qui conviendront au climat, et dans les expositions les plus favorables aux semis.

Dans les pays très-froids, si l'on arrive en automne ou dans l'hiver, il faut renoncer à semer des graines de plantes annuelles, qui ne germeraient pas, ou seraient détruites par les premières gelées; on peut tout au plus risquer quelques graines d'arbres, telles que des pepins de pomme, de raisin, des noyaux de différens fruits, &c. parce que ces semences, ne devant lever qu'au printemps, pourront se conserver malgré les froids : si l'on arrive au printemps ou dans l'été, alors rien n'empêchera de semer toutes les graines des espèces de plantes qui paraîtront devoir s'acclimater, en observant, autant qu'il sera possible, de choisir le sol et l'exposition qui conviennent à chacune d'elles.

Dans les pays très-chauds, en général, la sécheresse est un des inconvéniens qui nuisent le plus à la multiplication des végétaux; il convient, pour en garantir les semis, de choisir des sols humides, les bords des ruisseaux, les terrains bas, dans le voisinage de la mer : les lieux ombragés seront ceux qui devront être préférés pour l'établissement des cultures.

Les lieux destinés aux semis étant désignés, il est nécessaire que le jardinier les fasse labourer, et qu'il les dispose à recevoir les semences qu'il conviendra d'y confier; après quoi, il semera ses graines, et surveillera leur culture autant de temps que lui permettra le séjour des vaisseaux. S'il pouvait inspirer l'amour de ces cultures à quelques naturels du pays, et qu'il parvînt à leur faire connaître le mérite des productions qui en sont l'objet, il remplirait doublement le but de bienfaisance que l'on espère de sa mission.

Indépendamment de ces cultures soignées, le jardinier peut encore essayer un autre moyen de multiplication, qui, s'il ne lui produit pas de grands avantages, lui coûtera fort peu ; ce serait, toutes les fois qu'il se disposerait à parcourir le pays, de remplir ses poches d'un mélange de plusieurs espèces de graines, qu'il répandrait, chemin faisant, dans les lieux qui lui paraîtraient les plus propres à leur réussite : quelques coups de houlette suffiraient pour enfouir les semences, et ameublir la terre du voisinage.

Pour n'omettre aucun des moyens qui peuvent rendre son voyage utile et agréable, le jardinier doit tenir un journal exact de toutes ses opérations : l'époque de ses semis, leur réussite, les progrès de la végétation et leurs résultats, lorsqu'il pourra les observer, nous fourniront des points de comparaison qui pourront perfectionner notre culture.

Comme il existe plusieurs végétaux qui peuvent être très-utiles aux habitans des lieux qu'on va parcourir, mais dont les semences n'ont pas la propriété de perpétuer nos variétés intéressantes, fruit d'une longue culture, tels que la plus grande partie de nos arbres fruitiers, il convient d'essayer de porter en nature quelques individus de chacun de ces arbres; ce sera l'objet du chapitre suivant. Malgré cela, on ne doit pas négliger d'emporter abondamment des graines de ces arbres; elles fourniront des fruits sauvages, qui semblables à ceux dont se nourrissaient nos pères, pourront être employés à la nourriture de peuples encore moins civilisés qu'eux, et leur procurer un fonds de richesses dont leur industrie perfectionnée pourra tirer par la suite le plus grand avantage.

*TRANSPORT des végétaux en nature.*

L'ÉPOQUE où nous nous trouvons, ne permet pas de lever des végétaux qui sont en pleine terre et dans le moment de leur plus grande végétation; mais à Paris, on a la ressource de trouver en pot ce qui ne se rencontre par-tout ailleurs que cultivé en pleine terre: il est donc nécessaire de s'approvisionner de ces objets chez nos marchands; le succès presque certain dédommagera amplement de la légère dépense du transport d'ici au lieu de l'embarquement.

Le transport d'arbres ne peut se faire, avec quelque espérance de succès, que dans des caisses où ils puissent végéter pendant le voyage. Il faut pour cela se munir d'un coffre de quarante pouces de long, sur vingt de large et autant de profondeur, percé par son fond d'une douzaine de trous pour l'écoulement des eaux surabondantes. Sa partie supérieure sera composée d'un bâtis triangulaire, sur lequel s'adapteront des grillages de fil de fer, des châssis vitrés, et des contrevents, pour établir une libre circulation de l'air, augmenter la chaleur quand il en sera besoin, et abriter des froids.

Le choix des espèces étant fait conformément à l'état que nous en avons dressé, et que nous plaçons à la fin de ce mémoire, il conviendra de n'acquérir que des individus jeunes, qui seront branchus dans toute la longueur de leur tige. Il faut avoir soin qu'ils soient bien portans, vigoureux; et que leurs greffes soient le plus près de la racine qu'il sera possible. Lorsqu'on aura rassemblé tout ce qui pourra être renfermé dans une caisse, on les emballera de la manière suivante :

Au fond du coffre, et sur les trous pratiqués pour l'écoulement des eaux, on posera de menus plâtres pour empêcher la terre d'être entraînée par l'eau des arrosemens; après cela, on établira un lit de terre forte de trois pouces d'épaisseur, qu'on appuiera légèrement. C'est sur ce lit qu'on posera le premier étage d'arbres choisis parmi les plus grands, et sur-tout dans ceux qui, comme les figuiers, les vignes, les cerisiers, &c. ne craignent pas d'avoir leurs tiges enterrées un peu profondément ; on rapprochera le plus qu'il sera possible les mottes de ces arbres qui auront été tirés de leurs pots, et on remplira les vides qu'elles pourraient laisser entre elles, avec du terreau de bruyère, qu'on tassera le mieux qu'il sera possible, pour que ce premier rang ne forme qu'une masse solide : un lit de terreau de bruyère, de deux pouces d'épaisseur, recouvrira le premier étage. On procédera ensuite à l'arrangement du second. Il doit être disposé, comme le premier, mottes contre mottes, les tiges les plus hautes dans le milieu, et par gradation les plus basses sur les bords : on garnira ensuite tous les vides avec du sable de bruyère, sans s'embarrasser d'enterrer les tiges des arbres du lit inférieur ; pourvu qu'elles sortent de terre de trois à quatre yeux, cela suffira à leur conservation. Enfin, on tassera la masse totale, soit en battant la caisse contre terre, soit en la foulant avec le poing, pour qu'il n'y reste point de vide, et que les cahots des voitures et les roulis du vaisseau ne produisent aucun dérangement. Pour être plus sûr de se procurer cet avantage, on pourra établir sur la surface du lit supérieur une couche de mousse recouverte d'une autre couche de paille neuve de froment, le tout de l'épaisseur d'un pouce et demi ; lesquelles seront comprimées par un bâtis qui traversera le coffre entre les tiges des arbrisseaux, sans y toucher, et sera cloué sur deux tasseaux qu'on établira intérieurement le long des côtés latéraux.

La plantation faite, on taillera les arbres de manière que les branches les plus près du grillage de fil de fer, s'en trouvent éloignées d'environ un pouce ou deux; ensuite on arrosera fortement la masse totale de cette caisse, et quelques jours après on pourra la faire partir pour Brest par les rouliers.

Pour qu'il y ait moins de déperdition d'humidité dans la caisse, pendant un voyage qui peut durer douze ou quinze jours sans qu'il soit possible de la remplacer, il conviendra de fermer les volets latéraux; mais les deux petits des extrémités doivent rester ouverts, pour que l'air se renouvelle et que les plantes ne pourrissent pas.

A l'arrivée des caisses à Brest, le premier soin du jardinier doit être de les ouvrir, de lever les grillages de fil de fer, pour couper les pousses étiolées de ces arbres; et ensuite il sondera la terre pour juger de l'état d'humidité ou de sécheresse dans lequel elle se trouvera, et remédier au petit désordre qu'aura pu occasionner le voyage. Après la privation d'air libre qu'auront éprouvée ces arbres, il ne serait pas prudent de les exposer subitement au soleil; il conviendra de les en préserver, soit en plaçant les caisses à l'ombre, ou en les couvrant de canevas pendant quelques jours.

La culture des caisses, pendant la traversée, se réduira à des arrosemens au besoin, à garantir les arbres de l'extrême chaleur comme des grands froids, soit en les couvrant de canevas pendant le jour, et leur donnant le plus d'air possible pendant les nuits, soit en les descendant sous les ponts, dans les parages froids; ensuite, quelques coups de serpette seront utiles, pour élaguer, de temps en temps, les individus trop vigoureux, qui pourraient nuire à leurs voisins.

Ces arbres, arrivés au lieu de leur destination, seront tirés des caisses, avec leurs mottes, le plus soigneusement qu'il sera possible, et on les plantera aux expositions et dans la nature de terrain qui conviennent à chacun d'eux; et pendant son séjour, le jardinier veillera à leur conservation. Si toute la pacotille n'est pas destinée pour le même lieu, il se contentera de tirer des caisses les individus qu'il se proposera de planter, et il remplira leurs places par des productions du pays qu'il croira devoir être utiles à l'Europe. C'est à l'intelligence du jardinier à faire comprendre aux habitans du lieu, que ces arbres sont des présens, et qu'ils doivent les soigner avec intérêt, par l'utilité qu'ils en tireront. Voilà, à peu près, tout ce qu'on peut dire sur la première partie de la mission du jardinier; nous allons traiter de la seconde.

## SECONDE PARTIE.

*DE LA RÉCOLTE des végétaux qui peuvent être utiles à l'Europe, et de leur conservation pendant le voyage.*

Ces récoltes doivent comprendre, 1.° les semences, 2.° les oignons et les racines charnues des plantes vivaces,

3.° et les jeunes pieds d'arbres intéressans dont on n'aura pu se procurer des graines.

Les semences doivent être récoltées, lorsqu'on en aura le choix, dans leur plus parfaite maturité ; mais comme il arrivera très-souvent que le peu de séjour que l'on fera dans les îles où l'on abordera, ne laissera pas le temps de retarder la récolte des semences qui ne seront pas parfaitement mûres, il ne faut pas se dispenser pour cela de les ramasser : on peut en tirer toujours un parti avantageux ; mais dans ce cas, il convient d'avoir une précaution indispensable.

Les plantes herbacées, dont les semences ne se trouveraient qu'aux trois quarts et même aux deux tiers de leur maturité, doivent être arrachées avec leurs racines, ensuite liées par bottes, et transportées au navire, où on les suspendra dans un lieu à l'abri du soleil et de l'humidité : il est indubitable qu'une partie des semences de ces plantes mûrira dans l'espace de six à huit jours ; alors on les récoltera.

S'il arrivait qu'une plante intéressante dont on eût fort à cœur d'obtenir des semences, ne se trouvât qu'à l'époque où ses graines ne seraient que nouées, il ne faudrait pas désespérer de parvenir à son but. Dans ce cas, il conviendrait d'arracher ces plantes en mottes, et de les planter dans des paniers. Ces paniers seront couverts de leurs nattes pendant les premiers jours ; on arrosera matin et soir les plantes qu'ils renferment, et insensiblement on les découvrira :

découvrira : la maturation des graines s'effectuera pendant le voyage, et l'on n'aura pas à regretter d'avoir manqué une occasion souvent unique de procurer à l'Europe un végétal précieux.

Si l'on a le bonheur de rencontrer des semences parfaitement mûres, la manière de les récolter n'est point indifférente pour leur conservation. Non-seulement il faut bien se garder de les égrainer, mais il faut, au contraire, les cueillir avec leurs enveloppes et leurs péduncules. Celles qui viennent dans des gousses, siliques et capsules, resteront dans leurs fruits, qu'il sera même nécessaire de lier, pour qu'ils ne s'ouvrent point pendant la traversée; il en sera de même des cônes, et en général de tous les fruits secs. Les petites semences qui croissent en épis, en panicules, en verticilles, en corymbes, seront récoltées toutes entières avec des queues de cinq à six pouces de long, qu'on tordra dans différens sens, pour intercepter toute communication intérieure de l'air avec les germes des semences.

La conservation des graines, pendant un voyage aussi long et dans des latitudes si différentes, exige des précautions indispensables : il est certain que les semences qui resteront renfermées dans leurs enveloppes, se conserveront mieux que les autres; mais il faut qu'elles soient bien sèches, ainsi que les parties qui les accompagnent, qu'ensuite on ait l'attention de les débarrasser des insectes, et des œufs de ces insectes, qui pourraient éclore pendant la traversée et manger ces semences sans qu'on s'en aperçût. Quelques heures d'exposition à un soleil ardent, suffiront pour produire le premier effet; et si l'on soupçonne des insectes imperceptibles, ou des œufs renfermés dans les enveloppes de ces semences, en prenant la précaution de les placer sous une cloche dans laquelle on allumera du soufre, la vapeur de cette substance les fera périr en quelques minutes. Assuré que les semences ne contiennent ni humidité surabondante, ni insectes, on les enveloppera, espèce par espèce, dans des carrés d'un papier fort qui n'aura point été collé. Sur chacun de ces paquets, on mettra un numéro qui sera relatif à un échantillon de la plante ou arbre sur lequel on aura récolté la graine; ensuite on rangera ces différens paquets dans une boîte de fer-blanc, en les serrant le plus qu'il sera possible, autant pour économiser la place, que pour empêcher l'action du roulis sur des corps qui, n'étant pas fortement assujettis, se froisseraient et se détruiraient les uns les autres. La boîte remplie sera fermée de son couvercle, qu'on soudera le plus hermétiquement qu'il sera possible; on écrira aussitôt sur cette boîte l'objet qu'elle renferme, comme, par exemple : *Graines récoltées depuis telle époque jusqu'à telle époque, dans tel lieu.*

Lorsqu'on aura rassemblé plusieurs boîtes semblables, on les emballera dans une caisse de bois fort, qu'on couvrira d'une toile cirée, sur laquelle on mettra un renseignement pareil à celui ci-dessus.

Les semences nues, du volume d'une noisette et au-dessus, exigeront une autre préparation. Il convient, immédiatement après leur récolte, de les laisser exposées à l'air libre, dans un lieu fermé, pendant le temps convenable, pour les ressuyer de l'humidité qu'elles pourraient contenir de trop, et en même temps pour perfectionner leur maturité; après quoi on visitera ces graines, pour en rejeter toutes celles qui seront mal conformées, avortées, ou piquées par des insectes. Ensuite on disposera au fond d'une boîte de fer-blanc, d'une capacité suffisante pour contenir le double du volume des graines, un lit de terre d'un doigt d'épaisseur, sur lequel on établira un lit de semences écartées de quelques lignes les unes des autres; on recouvrira ces graines de six lignes de terre, sur laquelle on disposera un autre lit de graines; ainsi de suite, jusqu'à environ un doigt de la partie supérieure de la boîte, pour y mettre le dernier lit de terre qui doit être comprimé fortement par le couvercle, qu'on soudera.

La terre dont on se servira pour cette opération, ne doit être, ni trop sèche, ni trop humide, mais telle qu'on la rencontre à la surface de la terre, lorsqu'il n'a pas plu depuis huit ou dix jours. Trop sèche, elle absorberait l'humidité nécessaire à la conservation des graines; trop humide, elle les ferait pourrir. C'est du juste milieu entre ces deux extrêmes, et proportionnément à la nature des graines, que dépend la réussite de cette espèce d'emballage.

Il n'est pas besoin d'avertir qu'il est important, après

avoir soudé la boîte, de mettre dessus un titre qui annonce ce qu'elle renferme, toujours en rapport avec l'herbier et avec le journal du jardinier; l'importance de cette précaution est trop sensible.

Les semences nues, d'un petit volume au-dessous de celui d'un pois, peuvent être mises pêle-mêle avec de la terre, sans observer de lit régulier, et du reste arrangées comme les précédentes.

Les graines renfermées dans des calices charnus, dans des baies, ou dans des fruits pulpeux, comme les figues, les groseilles, les pommes, les pêches, &c. doivent en être tirées lorsque ces fruits commencent à pourrir, signe de la parfaite maturité des semences; on les étendra ensuite à l'air libre, après quoi on pourra les renfermer dans des caisses de fer-blanc, avec de la terre, comme il a été dit ci-dessus.

Pour varier les chances et ne rien donner au hasard, peut-être serait-il convenable d'emballer avec de la terre, et de la même manière que les semences nues, une portion de chaque espèce de celles qui viennent renfermées dans des capsules, siliques, &c. Cette précaution serait sur-tout très-utile à prendre, lors des récoltes du commencement du voyage : on ne saurait trop varier les procédés pour conserver les graines pendant un si long temps.

Jusqu'à présent toutes les boîtes dont nous avons recommandé le scellement à mesure qu'elles se trouveront remplies, ne doivent être ouvertes, en aucun cas, jusqu'à l'époque où arrivées en France, on sera disposé à semer les graines : elles n'exigeront d'autres soins pendant la traversée, que d'être placées dans l'endroit du vaisseau le moins exposé aux variations de l'atmosphère des parages qu'on rencontrera; elles doivent être préservées aussi de trop d'humidité, et sur-tout de la grande sécheresse.

Parmi les semences, on n'est point encore sûr qu'il n'en existe pas plusieurs dont il soit impossible de retarder la germination, telles que celles des palmiers, des myrtes, des rubiacées, et en général toutes celles dont les graines sont remplies par un corps corné, et qui n'ont qu'un très-petit embryon logé dans une petite cavité; ces familles sont nombreuses en beaux arbres, la plupart utiles. Le peu de réussite des semences de ces arbres, qui nous ont été apportées avec beaucoup de précautions, semble prouver cette impossibilité : il convient donc d'employer d'autres moyens pour se procurer ces êtres intéressans. Nous croyons qu'il conviendrait de semer les graines à mesure qu'on les récolterait. Il faudra pour cet effet avoir un coffre auquel on pourra donner les dimensions ou l'étendue qu'on jugera nécessaires à la quantité de graines qu'on aura à y mettre, mais auquel on ne pourra donner moins de vingt pouces de profondeur. Ce coffre doit être rempli d'une terre meuble substantielle, qu'on prendra à l'instant du besoin, dans un lieu fertile en plantes : on y sèmera les graines fort près les unes des autres, à différentes profondeurs; les plus grosses, comme les cocos des

Maldives, à huit pouces de profondeur, et les plus fines, à quatre lignes. On ménagera, entre la terre et le bord supérieur du coffre, un espace de deux pouces pour y mettre un lit de mousse, lequel sera contenu par quatre ou cinq traverses clouées sur les bords du coffre, pour assurer la masse qu'il renfermera contre les roulis du vaisseau. Les semis faits dans cette caisse, on établira à sa partie supérieure une rangée de cerceaux, sur laquelle on bâtira un grillage en fil de fer, pour préserver les semis du ravage des rats et des animaux domestiques du vaisseau, pendant la traversée. La culture de ces semis consistera à entretenir, par des arrosemens, la terre de ces caisses dans un état d'humidité favorable à la germination des graines, à les préserver des coups de soleil trop ardens, en les couvrant pendant le jour d'un canevas grossier, et sur-tout à les préserver du froid dans les parages où il y aurait à craindre des gelées, en les transportant dans le lieu le plus abrité du vaisseau, et enfin à sarcler avec ménagement les herbes trop voraces qui pourraient nuire à de plus délicates : deux petites portes pratiquées dans les deux parties du grillage des extrémités, faciliteront les moyens de faire cette opération autant de fois qu'elle sera nécessaire.

Nous avons présumé, jusqu'à présent, que le jardinier chargé des récoltes végétales, trouverait à son débarquement, dans les lieux qu'il parcourra, les graines mûres, ou presque mûres ; mais il peut arriver qu'il ne rencontre ni l'un ni l'autre, et que se trouvant dans une position à ne pouvoir enlever des individus en nature, il se voie dans la triste nécessité d'abandonner un lieu sans pouvoir montrer à l'Europe une seule de ses productions : dans un cas semblable, il lui restera une ressource dont il peut faire usage, même dans des circonstances moins défavorables.

Tout le monde sait que les graines des végétaux tombent à mesure qu'elles mûrissent, et qu'une grande partie est entraînée par les eaux dans les lieux bas, ou portée par les vents sur les lisières des bois : en ramassant avec un balai, dans ces différens lieux, une masse de quelques pieds cubes de terre prise sur une grande surface, on sera sûr d'emporter beaucoup de semences de plantes indigènes ; et ces terres, renfermées dans des boîtes, après avoir été desséchées convenablement, conserveront les semences jusqu'en Europe. Nous en avons eu la preuve par l'envoi que nous a fait de Cayenne M. AUBLET. Ce voyageur avait embarqué une soixantaine de caisses remplies d'arbres et de plantes précieuses de cette colonie : les arbres moururent en chemin ; mais les terres où ils étaient plantés, ayant été étendues sur une grande surface de couches couvertes de châssis, produisirent un grand nombre de plantes, dont plusieurs se sont conservées dans nos jardins. On peut donc user de ce moyen avec certitude du succès : il est même le seul qui, dans certains cas, puisse procurer quelques espèces de plantes.

Les parties de la fructification des plantes de la famille

des fougères, des champignons, &c. sont à peine connues; à plus forte raison connaît-on moins encore les graines de ces plantes. Jusqu'à présent les pieds en racines qu'on a essayé de faire passer en Europe, n'ont eu aucun succès : il est probable qu'en ramassant les terres où croissent ces plantes, et en mêlant dans ces terres de leurs feuillages dans différens états, on obtiendra des germes qui, s'ils sont bien gouvernés dans leurs premiers développemens, nous procureront des plantes intéressantes. Pour cela, il faut que le jardinier chargé de ces envois, ait la plus grande attention de noter sur son journal la nature du sol où il aura fait sa récolte, son exposition, le degré d'humidité ou de sécheresse, enfin s'il l'a faite dans un terrain boisé ou découvert.

Pour économiser la place autant qu'il est possible, et pour tirer tout le parti dont les envois de semences qui seront faits à graines nues sont susceptibles, il faut choisir la terre dont on les accompagnera, comme il a été dit ci-dessus, plutôt que de la prendre au hasard; ce qui demandera quelque attention de plus, mais procurera un bien plus grand avantage.

Pour terminer enfin ce qui reste à dire sur les envois de graines, nous tâcherons d'établir les proportions dans lesquelles on doit récolter chacune d'elles.

Il n'est pas douteux que les arbres et les plantes qui peuvent être utiles en Europe à la nourriture de ses habitans, doivent tenir le premier rang; comme l'espèce de fougère dont la racine sert d'aliment aux peuples de la

*nouvelle*

nouvelle Zélande. Les plantes d'usage dans les arts, occuperont le second ; celles qui peuvent servir à la décoration de nos jardins, le troisième ; enfin le quatrième comprendra les plantes qui ne sont propres qu'à tenir une place dans les jardins de botanique. On doit encore proportionner la quantité de la récolte de chaque espèce de graines, au climat dans lequel on la fera. Dans les pays dont la température est analogue à celle de l'Europe, on ne risque rien d'en ramasser en grande abondance, parce que l'emploi de ces graines sera facile à faire, devant être semées en pleine terre ; et leur quantité fournira les moyens de les multiplier en grand dans les différentes provinces de France. Celles des pays plus chauds doivent être ramassées en moindre quantité, parce que ces semences ayant besoin de couches, de châssis et de serres pour lever, on ne peut en conserver qu'un petit nombre, à moins qu'on ne veuille en faire passer dans nos colonies des Antilles et de l'Inde : alors il faut que la culture de ces objets soit susceptible de procurer des avantages.

Une autre observation non moins importante, c'est de colliger une plus grande quantité de chaque espèce de semences, dans les dernières années du voyage, que dans les premières ; parce qu'il est très-probable que, malgré tous les soins possibles, une partie des graines récoltées dans le commencement du voyage, s'appauvrira avant le retour des vaisseaux en Europe, et qu'il y en aura beaucoup de chaque espèce qui ne seront plus en état de lever ; au lieu que les récoltes des dernières années du voyage, seront infiniment meilleures.

Si l'on prévoyait devoir toucher pendant le voyage à des établissemens européens, il serait bien intéressant que le jardinier fît ses dispositions d'avance, pour y déposer une pacotille de petits paquets de toutes les espèces de semences qu'il aurait colligées précédemment, et qu'il y joignît aussi un double de son herbier, dont les numéros seront en rapport avec ceux qu'il mettra sur les sachets des graines qu'il rapportera en Europe. Ces envois pourraient être contenus dans des boîtes de fer-blanc renfermées dans des caisses enveloppées de toile cirée, et adressées à M. le maréchal DE CASTRIES, pour les jardins du roi.

*DU TRANSPORT des bulbes, oignons, racines charnues de plantes vivaces, et de leur culture pendant le voyage.*

IL n'y a pas de doute que si l'on rencontre ces plantes dans leur état de repos, c'est-à-dire, lorsque leur fructification est achevée et leurs fanes desséchées, ce sera la saison la plus favorable de les lever de terre; elles n'exigeront ensuite d'autres soins que d'être épluchées pour les dégager des enveloppes qui pourraient s'imprégner de l'humidité de l'air et occasionner la pourriture des oignons: exposées pendant quelques jours aux rayons du soleil, elles se ressuieront, et l'on pourra alors les renfermer dans des boîtes, lit par lit, avec du sablon fin et sur-tout fort sec.

Si l'on ne rencontre ces plantes qu'en pleine végétation,

il conviendra alors de les lever de terre en mottes, de les planter dans des paniers, et de les y cultiver jusqu'au temps où leurs fanes étant amorties, on pourra les arracher sans risque. En prenant les précautions indiquées dans l'article précédent, on parviendra à les conserver.

Ces bulbes n'étant pas susceptibles d'être retardées dans leur végétation, à l'époque où elles ont coutume de croître, elles pousseront, quelque chose qu'on fasse ; il convient donc que le jardinier ait l'attention de visiter de temps en temps les boîtes où il les aura renfermées. Lorsqu'il s'apercevra qu'elles commenceront à entrer en végétation, il faut qu'il les en tire, et qu'il dispose pour leur plantation une ou plusieurs caisses de huit pouces, ou d'un pied tout au plus. Elles seront remplies d'une terre légère, sablonneuse et substantielle, que le jardinier prendra dans un sol qui lui paraîtra le plus fertile en plantes, toujours dans la vue d'acquérir des productions indigènes, ce qui multipliera les chances sans augmenter l'embarras du transport. Les oignons peuvent être plantés à un demi-pouce les uns des autres, et à la profondeur d'un à quatre pouces, suivant leur grosseur. La plantation faite, il est bon qu'il se trouve environ deux pouces de vide entre la terre et le bord du coffre, pour y mettre un lit de mousse longue, ou à son défaut, d'herbe sèche : on clouera sur ce coffre un grillage de tringles, pour assurer toute la masse contre les roulis du vaisseau ; on pratiquera ensuite le bâtis de cerceaux, et le grillage de fil de fer.

Pendant la végétation de ces plantes bulbeuses, la culture doit consister en des arrosemens légers, en des sarclages, en des soins assidus pour les garantir de l'ardeur du soleil, des pluies trop abondantes, et sur-tout du froid.

Lorsque la végétation des plantes bulbeuses sera accomplie, il conviendra alors de les priver d'eau entièrement, d'accélérer le desséchement de leurs fanes, en les laissant exposées au plus grand soleil; après quoi rien n'empêchera qu'on ne relève ces oignons de terre, et qu'on ne les renferme dans leurs boîtes, après avoir pris les précautions indiquées pour leur conservation. Ces soins se répéteront autant de fois qu'il s'écoulera d'années pendant le voyage.

Pour ne pas perdre l'historique de la végétation de ces espèces de bulbes dans des déplacemens si multipliés, il conviendrait qu'on assujettît, avec un fil de fer, un numéro en plomb à chacune d'elles, lequel fût relatif au journal du jardinier.

*DU CHOIX des arbres vivans qu'on voudra rapporter en Europe, et de leur culture pendant le voyage.*

On ne doit user que fort modérément de ce moyen d'acquérir des productions des pays qu'on parcourra, et sur-tout dans le commencement du voyage. Il est peu de végétaux qui, cultivés pendant trois à quatre ans dans des caisses, et éprouvant des changemens presque subits d'une température à une autre, puissent résister à tant de contrariétés, malgré les soins assidus dont nous allons ébaucher le détail : il faut donc absolument se restreindre à ne colliger de cette manière que les objets essentiels qu'il sera impossible de se procurer de semence.

Il faut choisir des individus jeunes ; ceux venus de semence sont préférables à ceux qui croissent sur souche : il est bon qu'ils soient bien sains et vigoureux, que leurs tiges ayent à peu près la grosseur du pouce par le bas, et qu'ils soient branchus dès leurs racines, s'il est possible ; il faut les déplanter avec soin, sans casser ni froisser les racines.

On les plantera dans des caisses le plus près possible les uns des autres.

Pour faire cette opération avec succès, voici les moyens qu'on doit employer. La caisse établie d'un bois solide, sera placée de niveau sur des tasseaux qui élèveront le fond de la caisse de quelques pouces au-dessus du sol, dans un lieu abrité du soleil. Dans le fond de la caisse, et sur les trous qui y auront été pratiqués, on placera quelques coquilles ou menues pierrailles, pour empêcher la sortie de la terre et faciliter l'écoulement des eaux. Après cela, on fera un lit de terre meuble et substantielle, de deux à trois pouces de haut, dans toute l'étendue de la caisse : ensuite, si les arbres et arbustes qu'on se proposera d'apporter, sont à racines nues, on les disposera les uns contre les autres, en plaçant ceux qui ont les racines les plus volumineuses les premiers, et ceux qui en sont le moins pourvus, entre les autres, et le plus près qu'il sera possible, pour économiser la place; enfin avec de la terre fine et bien sèche, pour qu'elle s'insinue dans tous les vides des racines, on enterrera les arbres jusqu'au collet, ayant soin, à fur et mesure qu'on la répandra sur les racines, de la tasser, soit en battant la caisse contre terre, soit en se servant d'un plantoir pour la fouler entre les racines, et faire en sorte qu'elle remplisse tous les vides. Cette opération faite, on arrosera cette caisse à plusieurs reprises, jusqu'à ce que l'eau perce par les trous d'en bas; et on rabattra les jeunes arbres à sept ou huit pouces au-dessus de la terre : il sera bon de couvrir la surface de la terre d'un lit de mousse de quelques pouces d'épaisseur, tant pour conserver l'humidité, que pour affermir la masse totale, au moyen d'un grillage en bois.

Si les arbustes, au lieu d'être à racines nues, sont en mottes, c'est-à-dire, garnis de terre autour des racines, leur réussite en sera plus sûre; alors on rapprochera ces mottes les unes des autres dans la caisse, et, pour regagner la perte de place qu'elles occasionneront par leur volume, on pourra planter entre chacune d'elles des boutures d'arbres qui se propagent de cette manière, tels que les paletuviers, les figuiers, et autres arbres spongieux; d'ailleurs on pourra y semer des graines, comme dans les autres, et les arranger, pour le reste, de la même manière.

Ces caisses ainsi garnies d'arbrisseaux, pourront être embarquées sur les vaisseaux. Leur culture doit être la même que celle qui se pratique dans nos serres chaudes : elle consistera, d'abord en des arrosemens journaliers, proportionnés au besoin des individus et au degré de chaleur des parages où l'on se rencontrera ; il vaut mieux pécher par défaut que par excès ; les suites en sont moins à craindre pour la conservation des arbres. Ces arrosemens seront faits avec de l'eau douce, l'eau de mer étant nuisible à presque tous les végétaux : on les administrera le matin et le soir dans les latitudes chaudes, et avec l'arrosoir à pomme, en manière de petite pluie, qui lave les feuilles et les tiges avant que d'imbiber la terre. Dans les pays froids, au contraire, il faut n'arroser que dans un besoin pressant, choisir l'heure du jour la plus chaude, et verser l'eau avec l'arrosoir à goulot, seulement au pied des plantes qui en auront besoin.

Indépendamment de ces soins, il est important que le jardinier surveille chaque jour ses arbrisseaux, qu'il les nettoie des feuilles mortes et des insectes qui pourraient leur nuire, qu'il rogne les pousses trop vigoureuses, qu'il les abrite du froid, de l'extrême chaleur, de la sécheresse, de la trop grande humidité ; et sur-tout, dans les parages où il ne sera pas possible de les laisser à l'air libre, qu'il renouvelle de temps en temps l'air des caisses, en ouvrant pendant quelques heures les deux petites croisées de l'extrémité ; sans cela les plantes s'étioleraient, elles moisiraient, et finiraient par périr.

Les plantes succulentes, de la nature des plantes grasses,

telles que les raquettes, les cierges, les aloës, les euphorbes, les pourpiers ligneux, les ficoïdes, &c. pourront s'apporter en nature de la même manière que les arbrisseaux; mais il ne faut pas les mêler ensemble, parce qu'elles exigent une autre culture. On en fera des caisses séparées; la terre où elles seront plantées très-près les unes des autres, doit être d'une nature compacte; six à huit pouces d'épaisseur au fond d'une caisse suffiront pour les recevoir: au lieu de mousse, on mettra sur cette terre une couche de paille longue ou de foin bien sec, fortement assujettie par un grillage de bois; et lorsque ces plantes auront été plantées dans les caisses, on les arrosera assez abondamment pour consolider la terre autour des racines pendant le voyage. Ces plantes ne devront être arrosées que lorsqu'elles en auront le plus grand besoin; on leur donnera de l'air le plus souvent qu'il sera possible, et on les garantira sur-tout de l'humidité et du froid.

Voilà à peu près toutes les précautions essentielles qu'on doit prendre pour la réussite des plantes en nature. L'intelligence du jardinier suppléera à une infinité de petits détails qu'on n'a pu prévoir; mais nous croyons qu'on ne doit user de ce moyen d'enrichir l'Europe de productions étrangères, que l'année du retour des vaisseaux.

Nous terminerons ce mémoire par l'état des outils et ustensiles dont il est bon que le jardinier soit pourvu pour ses cultures et ses récoltes, pendant le voyage.

*État des objets nécessaires au jardinier pendant son voyage.*

1.° Vingt-quatre boîtes de fer-blanc, de différentes grandeurs, depuis dix pouces de long, sur huit de large et six de profondeur, jusqu'à vingt pouces de long, sur seize de large et douze d'épaisseur.

Ces boîtes sont destinées à mettre une partie des semences qu'on emportera d'Europe, et elles serviront, au retour, à contenir les graines qu'on aura rencontrées pendant le voyage.

2.° Deux arrosoirs, dont un à pomme fine, et l'autre à goulot, pour cultiver les plantes en nature sur le vaisseau, et pour la culture première des graines qu'on semera dans différens parages.

3.° Quatre serpettes de différentes tailles, pour servir et dans les cultures et dans les récoltes.

4.° Deux greffoirs pour le même usage.

5.° Deux thermomètres à mercure, gradués suivant Réaumur, pour être placés dans les caisses de plantes vivantes, afin de diriger le jardinier sur leur culture.

6.° Les dix poinçons nécessaires pour frapper les numéros propres à marquer les arbres et plantes qu'on emportera d'Europe, et ceux qu'on y rapportera.

7.° Soixante livres de plomb laminé, d'une ligne d'épaisseur, pour faire des numéros.

8.º Un bâton de six pieds de long, divisé en pieds dans sa longueur, qui, par le bas, aura une douille sur laquelle se vissera une petite bêche pour lever des plantes avec leurs racines, et par sa partie supérieure une autre emboîture pour y placer un petit croissant avec un crochet, pour atteindre aux branches d'arbres qui seront hors de la portée de la main.

9.º Deux pioches à deux pointes, dont une sera aplatie, et l'autre aiguë, propres à faire les défonçages nécessaires à la plantation des arbres, ou enlever ceux qu'on voudra rapporter en Europe.

10.º Deux bêches destinées au même usage.

11.º Deux scies à main, fermant en couteau, propres à scier les branches d'arbres dont il ne serait pas possible de se procurer des graines autrement.

12.º Trois boîtes de fer-blanc, de seize pouces de long, sur dix de large et six d'épaisseur, divisées dans l'intérieur en plusieurs compartimens; s'ouvrant à charnière, et ayant des anneaux pour les suspendre en bandoulière, lorsqu'on ira récolter des graines et des plantes pour l'herbier.

13.º Six autres boîtes de fer-blanc, de seize pouces de long, sur onze de large et un pied d'épaisseur, pour mettre les plantes sèches, dont les numéros seront en rapport avec ceux qui seront mis sur les semences qu'on récoltera.

14.º Six rames de grand et fort papier gris, non collé, pour préparer les exemplaires de plantes qu'on destinera à l'herbier.

15.° Quatre rames de grand papier blanc, pour mettre les plantes sèches.

16.° Quatre livrets *in-4.°* de papier blanc, propres à faire le journal du jardinier, et les états des productions qu'il emporte, et de celles qu'il rapportera de son voyage.

17.° Une grande écritoire garnie de deux canifs, d'une douzaine de crayons, et d'un stylet pour disséquer les graines.

18.° Une loupe à deux lentilles.

19.° Les Élémens d'agriculture, de DUHAMEL, 2 vol. *in-12.*

20.° La Physique des arbres, de DUHAMEL, 2 vol. *in-4.°*

Ces deux ouvrages sont destinés à l'instruction et à l'amusement du jardinier pendant un si long voyage.

*ÉTAT des graines qu'il est nécessaire d'acquérir pour semer dans les différens lieux qu'on parcourra.*

## PREMIÈRE DIVISION.

*Objets qui peuvent se manger sans préparation.*

### FRUITS D'ARBRES.

Pepins de
- Pommes. . . . . . . . . . . . . . . 6 boisseaux.
- Poires. . . . . . . . . . . . . . . . 6 *idem.*
- Raisin. . . . . . . . . . . . . . . . 8 *idem.*
- Groseilles. . . . . . . . . . . . . 8 litrons.

Noyaux de
- Pêches. . . . . . . . . . . . . . . . 2 boisseaux.
- Abricots. . . . . . . . . . . . . . . 1 *idem.*
- Prunes. . . . . . . . . . . . . . . . 1 *idem.*
- Cerises. . . . . . . . . . . . . . . . ½ *idem.*

Amandes. . . . . . . . . . . . . . . . . . . . . 2 *idem.*
Noix. . . . . . . . . . . . . . . . . . . . . . . 2 *idem.*

### FRUITS D'HERBES.

Graines de
- Melons de différentes espèces. . 6 litrons.
- Pastèque à chair rouge et à chair blanche. . . . . . . . . . . . . 4 *idem.*
- Artichauts blancs et violets. . . . 4 *idem.*
- Poivre de Guinée. . . . . . . . . 1 *idem.*

### LÉGUMES.

Graines de
- Céleri des différentes variétés. . 1 boisseau.
- Cerfeuil. . . . . . . . . . . . . . . ½ *idem.*
- Cresson alénois. . . . . . . . . . 1 *idem.*
- Persil des différentes variétés. . . 4 litrons.
- Pourpier doré. . . . . . . . . . . 1 *idem.*
- Oseille. . . . . . . . . . . . . . . . 1 *idem.*
- Laitue pommée. . . . . . . . . . ½ boisseau.
- Laitue romaine. . . . . . . . . . ½ *idem.*
- Petite laitue à couper. . . . . . . 1 *idem.*
- Chicorée sauvage. . . . . . . . . 1 *idem.*

### RACINES.

Oignons blancs et rouges. . . . . . . . . . . . 1 *idem.*

Navets des différentes variétés. . . . . . . . 2 boisseaux.
Raves des différentes espèces. . . . . . . . 6 litrons.
Radis noirs et blancs. . . . . . . . . . . . . 2 *idem.*
Ail. . . . . . . . . . . . . . . . . . . . . . . 1 *idem.*
Échalotes. . . . . . . . . . . . . . . . . . . 1 *idem.*

## DEUXIÈME DIVISION.

*Substances qui n'ont besoin d'autre préparation pour être mangées, que d'être cuites à sec.*

### RACINES.

Pommes de terre. . . . . . . . . . . . . . . 1 litron.
Carottes des diverses variétés. . . . . . . . 2 boisseaux.
Chiroui. . . . . . . . . . . . . . . . . . . . 3 litrons.
Panais. . . . . . . . . . . . . . . . . . . . 1 boisseau.
Salsifis d'Espagne. . . . . . . . . . . . . . 1 *idem.*
Salsifis blanc. . . . . . . . . . . . . . . . . $\frac{1}{2}$ *idem.*
Betterave rouge, blanche et jaune. . . . 3 *idem.*

### SEMENCES CÉRÉALES.

A acquérir à Brest.
{ Froment des différentes espèces. 8 boisseaux.
Maïs des différentes variétés. . . 4 *idem.*
Sarrasin, ou blé noir. . . . . . . 4 *idem.*
Riz de Piémont. . . . . . . . . . 4 *idem.*
Orge des différentes espèces. . . 4 *idem.*
Avoine des différentes variétés. . 2 *idem.*
Seigle. . . . . . . . . . . . . . . 4 *idem.*

# VOYAGE

## TROISIÈME DIVISION.

*Productions qui ne sont mangeables que cuites dans un fluide, et qui ne conviennent, pour cette raison, qu'aux peuples qui ont l'usage des vaisseaux propres à les faire cuire.*

| | |
|---|---|
| Pois des différentes espèces. | 6 boisseaux. |
| Haricots des différentes espèces. | 6 *idem.* |
| Féves de marais des différentes variétés. | 3 *idem.* |
| Lentilles de la grosse espèce. | 2 *idem.* |
| Pois chiches blancs et rouges. | 1 *idem.* |
| Lupins. | 2 litrons. |
| Vesce blanche et noire. | 2 *idem.* |
| Fenu-grec. | 1 *idem.* |
| Moutarde blanche. | 1 *idem.* |
| Mélongène. | $\frac{1}{2}$ *idem.* |
| Chou pommé blanc. | 1 boisseau. |
| Chou pommé rouge. | 1 *idem.* |
| Citrouille et potiron. | 1 *idem.* |
| Concombre. | 1 litron. |
| Courge. | 1 *idem.* |
| Calebasse. | 1 *idem.* |
| Bonne-dame. | 1 boisseau. |
| Carde-poirée. | $\frac{1}{2}$ *idem.* |
| Tabac. | $\frac{1}{4}$ de litron. |

*Nota.* Il conviendra de diviser cet assortiment de graines en quatre parties égales, dont chacune sera renfermée dans une caisse qu'on n'ouvrira qu'à l'instant d'en semer les graines, et cela pour remédier à l'inconvénient d'éventer des semences qui ne devront être employées que plusieurs mois et même une année après leur récolte.

### État *des végétaux qui doivent être transportés en nature.*

#### ARBRES ET ARBUSTES FRUITIERS.

- 1 Pommier de calville rouge.
- 1 Pommier blanc.
- 2 Pommiers de reinette franche.
- 2 Pommiers d'api.
- 1 Poirier de beurré d'Angleterre.
- 2 Poiriers de bon-chrétien.
- 2 Poiriers de crassane.
- 2 Poiriers de Saint-Germain.
- 4 Vignes-chasselas doré.
- 4 Vignes-muscat.
- 2 Vignes-raisin de Corinthe.
- 2 Pêchers-grosse mignonne.
- 1 Pêcher-brugnon.
- 2 Pruniers de reine-claude.
- 1 Prunier de mirabelle.
- 2 Pruniers de gros damas de Tours.
- 2 Abricotiers ordinaires.
- 2 Abricotiers-pêche.
- 3 Figuiers blancs.
- 2 Figuiers-angélique.

2 Figuiers violets.
2 Cerisiers de Montmorenci.
2 Guigniers.
2 Bigarreautiers.
2 Oliviers francs.
2 Coignassiers de Portugal.
1 Mûrier noir.
2 Châtaigniers cultivés.
1 Noyer à coque tendre.
1 Amandier à coque tendre.
2 Framboisiers de Malte.

PLANTES LÉGUMIÈRES.

Pommes de terre des différentes variétés............ ⎫
Topinambour............. ⎬ A prendre à Brest.
Ail................... ⎪
Échalotes.............. ⎭

Patates................ ⎫ A prendre aux îles du cap Vert, au cap de Bonne-Espérance, ou dans l'Amérique septentrionale.
Ignames............... ⎭

ARBUSTES D'AGRÉMENT.

Rosier à cent feuilles.
Lilas.
Tubéreuse.

ÉTAT

# ÉTAT

*Des Marchandises et Effets embarqués sur les bâtimens aux ordres de M. DE LA PÉROUSE, tant pour donner en Présens que pour faire des Échanges.*

Fer en barre............  ⎫
Fer en tôle.............  ⎪
Fer en clous de différentes grandeurs.  ⎪
Paquets de fil d'archal.........  ⎪
Cuivre en feuille............  ⎬  Fournis par le port
Paquets de fil de cuivre........  ⎪  de Brest.
Plomb en lame............  ⎪
Hardes de différentes espèces.....  ⎪
Filets pour la pêche..........  ⎪
&c. &c. &c. &c............  ⎭

Haches de différentes grandeurs, et herminettes, 2000.

Ciseaux et gouges de menuisier, 2500.

Besaiguës de charpentier, 50.

Masses et marteaux de fer, 700.

Coins de fer à fendre le bois, 550.

Scies de long, montées, 50.

Scies en feuille, 500.

Scies à main, 600.

Pinces rondes et plates, et tenailles à arracher les clous, 1000.

Couteaux de différentes espèces et grandeurs, 7000.
Serpettes, 150.
Paires de ciseaux de tailleur, et autres, 1000.
Limes d'acier, 2400.
Rapes à bois, 1200.
Paquets de fil de laiton assorti, pesant 500 livres.
Vrilles, 1000.
Vilebrequins avec leurs mèches, 100.
Hameçons pour la pêche, 9000.
Aiguilles de différentes grandeurs, pour coudre, 50,000.
Épingles assorties, 1,000,000.
Miroirs montés, de différentes grandeurs, 600.
Verres à pied, ou gobelets, 1800.
Carafes de verre, 200.
Tasses et soucoupes de porcelaine des Indes, en couleur et or, 200.
Jattes de porcelaine *idem*, 50.
Rassades ou grains de verre de couleur, assortis, 1400 paquets.
Bagues de verre de couleur, 2000.

600 Gobelets........⎫
100 Aiguières........⎬ d'étain.
600 Assiettes........⎪
100 Plats..........⎭

Briquets, 1000.
Pierres à fusil pour briquets, 30,000.

Amadou, 200 livres pesant.

Colle-forte, 200 livres pesant.

Pots de cuivre pour la colle-forte, 50.

Sonnettes et grelots, 24 paquets.

Peignes de bois, d'os et de corne, 2600.

Soufflets pour le feu, 24.

Grandes orgues d'Allemagne, à grand jeu, 4.

Serinettes, 12.

Casques de dragon, en cuivre, avec aigrettes en plumes, et queue de cheval, 52.

Hausse-cols en cuivre poli, 102.

Casse-têtes en cuivre poli, 12.

Médailles d'argent ou de bronze, à l'effigie du roi, avec l'inscription portant les noms des bâtimens et l'époque du voyage, les unes avec des chaînes de même métal, les autres sans chaînes, 100.

Autres médailles, en argent et cuivre, portant l'effigie du roi, 600.

Boutons de cristal de couleur, montés en cuivre doré, à jour et à brillans, 96 douzaines.

Boutons dorés, argentés, ou de cuivre poli, 720 douzaines.

Vermillon, 2000 paquets.

Plumes rouges, jaunes et blanches; panaches, aigrettes de plumes, &c. pour la valeur de 1100 livres.

Fleurs artificielles, pour la valeur de 300 livres.

Bijouterie fine, consistant en rangs de perles blanches,

de couleur, rayées et opales, et à miroirs; en boucles d'oreilles à poires, et en girandoles de diverses couleurs et de diverses façons; en colliers, bracelets et médaillons pour pendre au cou, de différentes formes et couleurs; en bagues de différentes façons, et lunettes d'approche montées en bois, en cuivre, et en requin; pour la valeur de 5000 livres.

Quincaillerie et bijouterie commune, consistant en lanternes magiques, flacons de cristal unis, à facettes, dorés et de couleur; clous dorés, loupes, verres multiplians, sifflets d'os et de bois; étuis d'os, gravés, à jour, à dentelle et unis; d'autres en carton peint et verni; cœurs et bagues à pierres, croix de chevalier, boucles d'oreilles, jetons, &c. pour la valeur de 900 livres.

Fausses dorures, consistant en galons, réseaux, dentelles, points d'Espagne; brandebourgs, &c. en or, en argent, et en paillons de couleur, en faux, pour la valeur de 2800 livres.

Gazes d'or et d'argent, mêlées de lames de couleur, en faux, pour la valeur de 700 livres.

Rubans de soie, de différentes couleurs, 1200 aunes.

Étoffes de soie à fleurs, damas, lampas, &c. par coupons, 312 aunes.

Calmande, en diverses rayures et diverses couleurs, 100 aunes.

Mouchoirs de soie de couleur, 200.

Mouchoirs de fil de couleur, 500.

Draps communs, cadis, tricots, et molletons de différentes couleurs, 1200 aunes.

Drap écarlate, 100 aunes.

Écarlate des Gobelins, 25 aunes.

Franges rouges, 200 aunes.

Habits d'écarlate, 12.

Serge rouge, blanche, bleue, 50 aunes.

Couvertures de laine, 50.

Toile rayée, blanche et bleue, 150 aunes.

Indiennes, de différens dessins, à grandes fleurs, en coupons, 850 aunes.

Mousseline, en coupons, 100 aunes.

Toile blanche, en coupons, 500 aunes.

Rubans de fil rouge, 72 pièces.

Fil de différentes couleurs, 1200 écheveaux.

Papier-tontisse, de différentes couleurs, à grands dessins, 80 rouleaux de neuf aunes chacun.

Papier à fleurs, 80 mains.

Assortiment de graines de jardinage, dans les différentes espèces (en outre de l'envoi fait par le sieur THOUIN, premier jardinier du jardin royal des plantes), pour la valeur d'environ 400 livres.

La totalité des marchandises embarquées, pour les présens et pour les échanges, se monte à 58,365 livres;

Et l'envoi particulier du sieur THOUIN, en graines, en arbres, arbustes, et en plantes, à 2330 livres.

La totalité des instrumens d'astronomie, de navigation,

de physique [a], &c. et des livres achetés en France, se monte à 17,034 livres.

Il en a été tiré d'Angleterre, pour environ 6000 livres.

Il a été, en outre, embarqué un approvisionnement considérable d'essence de spruce, de malt de bière, et d'autres préservatifs contre le scorbut. Les munitions de ce genre, et d'autres objets destinés à conserver la santé des équipages, peuvent être évalués à 30,000 livres.

L'extraordinaire total de cette campagne, en y comprenant la plus-value des vivres, résultant de leur qualité supérieure, et de l'addition des herbages préparés et donnés en augmentation de ration, n'excédera pas 150,000 livres.

( On n'y comprend pas le traitement des savans et artistes embarqués pour l'expédition.)

# ÉTAT SOMMAIRE

*Des Instrumens d'Astronomie, de Navigation, de Physique, de Chimie, et autres, pour l'usage des savans et artistes employés dans le voyage des découvertes.*

## ASTRONOMIE ET NAVIGATION.

Trois quarts-de-cercle astronomiques.
Un instrument de passage.

---

[a] Non compris les trois quarts-de-cercle qui ont été prêtés par des astronomes.

Trois horloges astronomiques, et deux compteurs.

Plusieurs lunettes astronomiques, lunettes de nuit, et lunettes à prisme.

Cinq horloges marines.

Une montre de poche, anglaise, ou chronomètre, pour les longitudes.

Quatre cercles de réflexion, de M. DE BORDA, pour observer les hauteurs et les distances des astres.

Trois sextans de réflexion, anglais, pour les mêmes usages.

Quatre théodolites, ou graphomètres, à lunette et sans lunette, pour mesurer les angles à terre, et lever les plans.

Deux assortimens de chaînes et de piquets, pour le même usage.

Une toise d'acier, avec son étalon, la même qui a servi pour la mesure du degré du méridien, au Pérou.

Divers instrumens pour mesurer la longueur du pendule.

Deux boussoles anglaises, pour observer la déclinaison de l'aiguille aimantée.

Deux boussoles d'inclinaison, prêtées par le bureau des longitudes d'Angleterre, les mêmes qui ont servi pour le dernier voyage du capitaine COOK.

Une boussole d'inclinaison, exécutée par M. LE DRU.

Plusieurs autres boussoles, à différens usages, telles que boussoles de mineurs, et autres.

Plusieurs assortimens de barreaux magnétiques, dans

leurs boîtes, pour réaimanter les aiguilles, en cas de besoin.

Plusieurs horloges de sable, d'une demi-heure, et d'une demi-minute.

Une caisse assortie de tous les outils d'horlogerie, et autres, pour réparer les instrumens, à l'usage de l'horloger embarqué pour l'expédition.

Plusieurs étuis de mathématiques, à l'usage des astronomes et ingénieurs, et autres instrumens assortis pour le génie et le dessin.

## PHYSIQUE ET CHIMIE.

Une machine pneumatique, à deux corps de pompe, avec tout son équipage.

Une machine électrique, à plateau, de quinze pouces, avec tous ses accessoires.

Un grand nombre de baromètres, thermomètres, hygromètres, de différentes espèces, servant pour diverses expériences.

Un miroir ardent, concave, d'un pied de diamètre.

Deux microscopes universels, de l'invention du sieur DELLEBARRE, avec leurs micromètres.

Un grand nombre de loupes composées, à trois et à deux verres, et de loupes simples.

Deux machines pour mesurer la profondeur de la mer.

Une machine pour connaître le degré de température et de salure, à différentes profondeurs de la mer.

Plusieurs

Plusieurs pèse-liqueurs.

Plusieurs aéromètres.

Un grand ballon en toile, doublé intérieurement de papier-joseph, de vingt-six pieds de hauteur, sur vingt-deux et demi de diamètre.

Trois ballons de papier, et trois ballons de baudruche.

Deux scaphandres.

Une balance hydrostatique, avec tous ses accessoires.

Des bougies phosphoriques.

Un eudiomètre, de VOLTA.

Un eudiomètre, de FONTANA.

Un appareil de chimie.

Un appareil pour les airs, de M. ROULAND.

Un fourneau de réverbère.

Un assortiment de cornues, de matras, creusets, et autres ustensiles pour la chimie.

Une jatte d'argent pour les opérations chimiques.

Un assortiment complet d'acides, d'alcalis, de vinaigres, de chaux, et autres objets nécessaires pour la composition d'un coffre chimique.

BOTANIQUE ET HISTOIRE NATURELLE.

Assortiment de boîtes pour recueillir les plantes.

Papier gris pour dessécher les plantes, 50 rames.

Neuf boîtes renfermant des scalpels, des pinces, des ciseaux, &c. pour les dissections.

Huit filets en acier poli, et en réseaux, pour prendre les insectes.

Assortiment d'arbustes, plantes, graines, &c. portés au mémoire du sieur THOUIN.

Une caisse de minéralogie portative.

### DESSIN.

Plusieurs boîtes assorties en couleurs, en pinceaux, &c.

Papiers assortis de différentes espèces, pour les dessins de botanique, pour les plans, &c.

# ÉTAT

*Des Livres de Voyages, d'Astronomie, de Navigation, de Physique, d'Histoire naturelle, et autres, remis à M. DE LA PÉROUSE, pour l'usage des Officiers et Savans embarqués sous ses ordres.*

### VOYAGES.

Histoire générale des voyages, par l'abbé PRÉVOST.

Histoire des navigations aux terres Australes, par le président DE BROSSES.

*Historical collection of voyages &c.* par DALRYMPLE.

Collection d'HAWKESWORTH, et trois Voyages de COOK, en anglais et en français.

Découvertes des Russes, par COXE.

Voyage des Russes, par MULLER.
— de M. DE CHABERT.
— de M. DE FLEURIEU.
— de MM. DE VERDUN, BORDA et PINGRÉ.
— de PHIPPS, au pôle boréal.
— d'ANSON.
— de BOUGAINVILLE.
— de KERGUELEN.
— de PAGEZ.
— de DAMPIER.
— de LA CONDAMINE.
— d'ULLOA.
— de la Martinique, par CHANVALON.
— en Californie, par l'abbé CHAPPE.
— de M. SONNERAT.
Observations du P. FEUILLÉE.
Découvertes dans les voyages de la mer du Nord.
Question sur les voyages d'Arabie, par MICHAELIS.
Considérations géographiques et physiques sur les nouvelles découvertes.
Découvertes des Européens dans les différentes parties du monde.

ASTRONOMIE ET NAVIGATION.

Histoire de l'astronomie ancienne et moderne, par M. BAILLY.
Astronomie de M. DE LALANDE.

Astronomie de LA CAILLE.
Exposition du calcul astronomique.
Tables de MAYER.
Tables de logarithmes.
Atlas de FLAMSTEED.
*Cœlum australe*, de LA CAILLE.
Méridienne de Paris.
Figure de la terre, par BOUGUER.
Traité d'optique, par le même.
— de navigation, par le même.
— du navire, par le même.
*Nautical almanach*, années 1786, 87, 88, 89 et 90.
Calendrier perpétuel.
Métrologie de PAUCTON.
Dissertation sur les longitudes en mer.
Vocabulaire de marine, par M. LESCALLIER.
Discours du Neptune oriental, de M. DAPRÈS.
Tous les livres usuels pour la navigation.

## PHYSIQUE.

Journal de physique complet, 28 vol. *in-4.°*
Recueil de physique, de DESLANDES.
Cours de physique, par DÉSAGULIERS.
Physique de MUSSCHENBROEK.
Opuscules physiques de M. l'abbé ROCHON.
Lettres physiques sur la terre, par M. DE LUC.

Électricité de M. Sigaud de la Fond.
Rouland, Sur les gaz.

## HISTOIRE NATURELLE.

Histoire naturelle, par M. de Buffon.
Dictionnaire d'histoire naturelle.
Œuvres d'histoire naturelle, de Charles Bonnet.
Sur la formation des montagnes, par M. Pallas.
Mémoire pour rassembler les curiosités d'histoire naturelle.
Tableau physico-météorologique, pour les observations à faire dans le voyage.
Construction de thermomètres.
Histoire des vents, par Bacon.
Recherches sur les modifications de l'atmosphère.
Flux et reflux de la mer, par Deslandes.
Vossius, Sur les courans.
Peyssonnel, Sur les courans et les coraux.
Hygrométrie, par M. de Saussure.
Essai sur l'hygrométrie.
Résistance des fluides, par Bossut.
Instruction sur l'eau de mer potable, par Hales.
Ventilateur, de Hales.
Moyen de conserver la santé aux équipages.
Santé des marins, par M. Pingeron.
Maladie des gens de mer, par M. Poissonnier Desperrières.
Avis pour le transport par mer, des arbres, plantes, &c.

Traité de la végétation, par Mustel.
Lettres philosophiques sur les sels, par Bourguet.
*Systema naturæ, autore* Linnæo.
Linnæi *Genera et Systema plantarum.*
Linnæi *Philosophia botanica.*
Linnæi *Supplementum.*
Forster, *Genera plantarum.*
Plumier, *Plantarum genera.*
Adanson, Familles des plantes.
*Thesaurus Zeylanicus.*
*Herbarium Amboinense.*
Thumberg, *Flora Japonica.*
Burmanni *Plantæ Africanæ.*
Bergii *Plantæ Capenses.*
Piso *et* Marcgravius, *Historia Indiæ.*
Dillenii *Historia muscorum.*
Klein, Règne animal.
Forskal, *Descriptio animalium.*
Lettre sur les animaux, par Leroi.
Pallas, *Spicilegia zoologica.*
Pallas, *Miscellanea zoologica.*
Ornithologie de Brisson.
Derham's *Synopsis of birds.*
Gouan, Histoire des poissons.
L'art de la pêche.
Conchyliologie de Dargenville.
Conchyliologie fluviatile.

KLEIN, Sur les oursins.
PALLAS, *Elenchus zoophitorum.*
FABRICII *Elementa entomologiæ.*
FABRICII *Genera insectorum.*
FABRICII *Species insectorum.*
MULLER, *De vermibus terrestribus.*
Dictionnaire de chimie.
Chimie de M. DE FOURCROY.
Cristallographie de M. ROMÉ DE LISLE.
Essai d'une théorie sur les cristaux.
Œuvres de HENCKEL.
— de DUBOSC D'ANTIC.
— de MARCOTTE.
Carte minéralogique, de GUETTARD.
Origine des langues, par COURT DE GÉBELIN.
Encyclopédie.
Mémoires de l'académie des sciences.

# RELATION[a]

*D'un Voyage intéressant de la frégate la* PRINCESSE, *de Manille à Saint-Blaise* [b], *en 1780 et 1781.*

Aussitôt mon arrivée à Manille, le commandant de la frégate qui m'y avait conduit, débarqua les forces maritimes qu'il avait amenées, les établit au port de Cavite [c] pour le défendre, et me nomma major de ces troupes. Il me chargea en même temps de lever le plan de ce port et de ses environs. Le but de ce travail était de déterminer la situation la plus favorable où l'on pourrait placer les embarcations destinées à s'opposer à la descente des ennemis.

Le gouverneur fit armer la frégate la PRINCESSE, pour une expédition qu'il crut devoir tenir secrète. Lorsque la frégate fut prête à mettre à la voile, je reçus très-inopinément l'ordre d'en prendre le commandement. La surprise que me causa cette nomination inattendue, l'ignorance où

---

[a] Les originaux espagnols de cette relation et de l'extrait de la suivante, ont été envoyés par LA PÉROUSE; la traduction est l'ouvrage de A. G. PINGRÉ, et la carte correspondante, cotée dans l'Atlas, sous le n.° 68, dressée d'après ces relations et les anciens journaux, est due aux soins de BUACHE, membre de l'Institut national. ( N. D. R. )

[b] On sait que Manille, dans l'île Luçon, est la ville capitale des îles Philippines. Saint-Blaise ou S. Blas est un port sur la côte occidentale du Mexique.

[c] Cavite est un port à trois lieues de Manille.

j'étais de l'objet de l'expédition, la crainte de voir ma mission interrompue par la nécessité de quelque combat; furent pour moi la source de mille anxiétés : mais le gouverneur me représenta que cette commission me ferait d'autant plus d'honneur, que l'objet en était plus intéressant; que si l'ennemi se mettait à ma recherche, ce qu'il ne manquerait pas de faire, la sagesse et l'activité de mes manœuvres seraient une preuve de mon intelligence, et qu'enfin le succès de ma commission serait un grand service que je rendrais à notre souverain. Ces expressions m'animèrent si puissamment, que je me tins singulièrement honoré de ce que le gouverneur eût jeté les yeux sur moi pour une expédition semblable, dans des circonstances aussi critiques. J'acceptai le commandement, et je mis à la voile le 24 août, après avoir reçu du gouvernement un paquet cacheté, qui contenait les instructions et les ordres que je devais suivre, et le port où il m'était d'abord ordonné de me rendre. Je ne devais ouvrir ce paquet qu'à douze lieues de distance de Cavite.

Le 25, me trouvant à la distance prescrite, j'ouvris le paquet. Il m'était enjoint de me rendre au port de Sisiran [d], où j'attendrais les derniers ordres du gouvernement, en me tenant toujours sur le qui-vive, prêt à repousser les attaques des ennemis, qui chercheraient sans doute à m'intercepter, s'ils venaient bloquer Manille.

[d] Sisiran est un port de la côte orientale de Luçon, presque directement opposé à Manille, n'étant que de 16 minutes plus austral que cette ville.

1780.
Août.

Les vents mollirent, et devenus contraires, ils s'opposaient à mon débouquement entre les îles. Je me maintins en conséquence, louvoyant bord sur bord, faisant tout mon possible pour gagner au vent ; mais je ne pus vaincre le courant, qui me repoussait avec force, venant de la pointe d'Escarseo[e], qu'il me fut impossible de doubler. Je fus donc obligé de mouiller le 29, à deux heures du matin, près de cette pointe, vis-à-vis le port de Galeras, par 25 brasses, fond de sable.

29.

30.

Le 30, à trois heures et demie du matin, le vent tourna à l'Ouest ; mais il était si violent qu'il me fit chasser sur mes ancres. Je voulus mettre à la voile ; le courant ne le permit pas, il m'entraînait même vers le port. J'étais sur dix brasses de fond ; je laissai tomber une ancre, qui devint le jouet du courant et du vent qui fraîchissait de plus en plus, de sorte que je n'eus bientôt que cinq brasses d'eau. Je laissai tomber une seconde ancre ; et à l'aide de la grande ancre, que je jetai bien vîte, je m'éloignai de la terre, dont je n'étais plus distant que d'environ une longueur de la frégate : et quoique je restasse toujours engagé sur la pointe d'Alagican, qui forme le port des Galères, je pus cependant me mettre à la voile ; mais ce fut en laissant une ancre, une grande ancre, deux câbles et un grand câble, engagés dans les roches[f]. A neuf heures du matin, je doublai la

---

[e] Cette pointe, le port des Galères, les îles Tiaco et Saint-Bernardin, sont situés dans le canal ou détroit qui sépare l'île Luçon des autres Philippines.

[f] J'abrège ici beaucoup, tant parce que le détail serait inutile et ennuyeux, que

pointe; et quoique le vent eût molli, en passant au troisième quart ᵍ, cependant, forçant de voiles, je parvins à mouiller le 31, à huit heures du soir, à l'abri de l'île Tiaco, pour débouquer le lendemain.

Le premier septembre, je remis à la voile, et à quatre heures du soir, je me trouvai à un quart de lieue au Nord de Saint-Bernardin. De là je dirigeai ma route pour passer entre les îles Catanduanès ʰ et Luçon : comme cette route devait me porter au passage le plus étroit entre des battures et cette île, je mis à la cape à dix heures, et je me trouvai le 2, au point du jour, à deux lieues de distance de Catanduanès. Je courus à toutes voiles; et à onze heures et demie, j'avais atteint sa pointe la plus au Nord et à l'Ouest, et je passai à une fort petite distance des derniers îlots voisins de cette pointe. De là je courus à l'Ouest-Sud-Ouest et à l'Ouest, serrant le vent pour gagner Sisiran. J'atteignais presque le port, à six heures du soir. Je courus différentes bordées toute la nuit : le lendemain 3, je mouillai à deux heures du soir, et j'amarrai ma frégate le mieux qu'il me fut possible, dans l'attente des derniers ordres qui devaient m'être adressés.

parce qu'il y a quelques endroits que je n'entends pas, soit faute d'intelligence de ma part, ce que je ne crois cependant pas, soit par la faute du copiste, qui aura estropié son original.

ᵍ Les Espagnols divisent l'horizon en quatre quarts; le 1.ᵉʳ s'étend du Nord à l'Est, le 2.ᵉ de l'Est au Sud, le 3.ᵉ du Sud à l'Ouest, le 4.ᵉ de l'Ouest au Nord.

ʰ Cette île est située vis-à-vis la partie la plus au Sud-Est de l'île Luçon : sa pointe septentrionale est presque sur le même parallèle que Sisiran.

1780.
SEPTEMBRE.

Aussitôt mon arrivée, je m'occupai à exercer mon monde à tout ce qui pouvait contribuer à notre défense, en cas d'attaque, afin que, la chose arrivant, tous fussent suffisamment exercés dans le maniement de nos armes. J'écrivis aussi au gouverneur, pour lui faire part de mon arrivée à Sisiran, et lui demander ses derniers ordres.

Sisiran est situé au voisinage de montagnes très-élevées, qui rendent l'air extrêmement humide. De là proviennent aussi les tourbillons de vents continuels que j'éprouvai pendant mon séjour en ce port. L'humidité constante occasionna des maladies à mon équipage : je perdis même un matelot.

Nous étions à trente ou trente-cinq lieues des peuplades les plus voisines; et pour communiquer avec elles, il fallait franchir des montagnes escarpées, habitées par des barbares qui rendaient cette communication très-difficile. Ce ne fut, en conséquence, qu'avec beaucoup de peine que je parvins à me procurer quelques-uns des rafraîchissemens que je croyais devoir nous être utiles, durant le cours d'une aussi longue campagne.

Pour remplacer les deux câbles et le grand câble que j'avais perdus, je priai l'alcade (ou commandant) de cette province, de m'en faire fabriquer de neufs : il le fit, et me les remit dès qu'ils furent achevés. Je lui avais pareillement demandé quelques ancres; il n'y en avait à sa connaissance

NOVEMBRE.
10.

aucune, dans toute l'étendue de sa juridiction.

Le 10 novembre, un officier vint à mon bord, et me mit

entre les mains une grande boîte contenant des dépêches relatives au service de sa majesté. Le gouverneur général me donnait l'ordre de remettre, le plutôt possible, cette boîte à son excellence le vice-roi de la nouvelle Espagne, et, pour cet effet, de faire voile vers le port de Saint-Blaise, ou vers Acapulco, selon que je le jugerais plus expédient. Je me disposai sur-le-champ à partir; mais deux tempêtes consécutives ne me permirent pas de le faire avant le 21 novembre.

Pour naviguer des îles Philippines à la nouvelle Espagne, il faut partir en juin; les vents d'Ouest, qui soufflent alors, conduisent les navires à l'Est des îles Mariannes : en toute autre saison, l'on se flatterait vainement d'un succès heureux. Je fus donc obligé de me regarder comme à la veille d'entreprendre un voyage absolument nouveau, sur des parages presque inconnus jusqu'alors. En effet, quand il se trouverait que quelque navigateur aurait tenu une route analogue à la mienne, aurait-il eu les mêmes vents? aurait-il suivi les mêmes rumbs? aurait-il parcouru les mêmes parallèles, les mêmes méridiens que moi? Je puis donc conclure que la route que j'ai tenue, n'avait encore été pratiquée par aucun navigateur.

Je n'avais rien de plus à cœur que d'exécuter fidèlement les ordres qui m'étaient donnés, et de rendre mon expédition utile au service de sa majesté et au bien de ses sujets. Ce sentiment m'aida à surmonter les appréhensions que je concevais, d'après l'ignorance absolue où j'étais de la route nouvelle que j'allais tenir. Mes connaissances ne s'étendaient que jusqu'à la nouvelle Bretagne; et dans cette traversée même, je rencontrai une infinité d'îles, dont il n'existait pas le moindre vestige sur les cartes marines.

M. DE BOUGAINVILLE, qui a navigué de l'Est de la nouvelle Guinée jusqu'au cap de Bonne-Espérance dans la même île, ne nous donne la position que de deux petites îles qu'il a nommées *les Anachorètes*, et d'un groupe d'autres îles rases et petites auxquelles il a donné le nom de *Mille-îles*[1]. Il les a, sans aucun doute, placées à leur vraie latitude : mais outre ces îles, il ne se passait point de jour sans que j'en découvrisse d'autres, dont je me trouvais environné, comme on peut s'en convaincre d'après l'inspection de ma carte. Le seul parti qu'il me restait à prendre, et que je pris en effet dès le premier instant de mon expédition, fut d'apporter l'attention la plus scrupuleuse, d'user de la vigilance la plus active pendant tout le cours de notre navigation, pour m'acquitter avec succès de la commission dont j'étais chargé, malgré les risques continuels que je devais courir.

Si je fusse parti d'un port qui eût pu me fournir tout ce qui m'était nécessaire pour un si long voyage, je me serais épargné bien des détresses. Les gens de mon équipage étaient attaqués de maladies plus ou moins aiguës ; les

---

[1] BOUGAINVILLE n'a point donné à ce groupe le nom de *Mille-îles*, mais celui de *l'Échiquier*.

vivres, limités bien précisément à six mois, se trouvèrent piqués d'insectes et pourris pour la plupart ; l'eau était bornée à soixante-dix pipes et quarante barils, provision, vu sur-tout le déchet, insuffisante pour un voyage d'aussi long cours ; les cordages du vaisseau étaient tels qu'ils rompaient dès la première fois qu'on les employait. Je demandai à l'alcade, du goudron, qui nous manquait absolument ; il n'y en avait point du tout dans la province : j'y suppléai avec du brai. Quoique toutes ces raisons me laissassent peu d'espérance, mon zèle pour le service du roi ne souffrit aucun refroidissement : je me disposai à subir toutes les calamités dont la nature de nos provisions et l'état de nos agrès me menaçaient.

*DÉPART du port de Sisiran, situé sur la côte orientale de l'île Luçon, par $14^d$ $20'$ de latitude Nord, $126^d$ $34'$ à l'Ouest de Saint-Lucas ou Lucar, en Californie, $121^d$ $20'$ à l'Est de Paris, $20'$ à l'Ouest de Saint-Bernard ou Bernardin dans le débouquement.*

JE mis à la voile, le 21 novembre, par de jolis vents d'Est-Nord-Est et d'Est, qui ne tardèrent pas à forcer ; et comme ils m'étaient directement contraires, je courus diverses bordées pour m'élever au Nord et m'éloigner de l'île Catanduanès. Ces vents me portèrent jusqu'à la latitude de $16^d$ $14'$, que j'observai le 30. Je fis alors route au Sud-Sud-Est, et je revis l'île le 3 décembre : elle me

1780.
DÉCEMBRE.

restait au Sud-Est quart Sud, à la distance de cinq lieues. Je conclus que les eaux [a] m'avaient rejeté $2^d 26'$ à l'Ouest, nonobstant la correction que j'avais faite de ma route dans le Nord-Nord-Ouest.

Dans cette position où j'étais retenu par les vents, qui ne me permettaient pas de porter au Sud-Est, je fus assailli par une mer grosse et élevée, et par des vents extrêmement forcés, qui m'obligèrent de mettre souvent à la cape sous la misaine, ayant toutes les peines possibles à gagner le dessus du vent, pour pouvoir continuer mon voyage.

9.

Le 9 décembre, après avoir couru plusieurs bordées, je me retrouvai en vue de l'île Catanduanès, et j'y pris mon dernier point de départ, la pointe la plus Sud de l'île me restant à l'Ouest-Nord-Ouest $3^d$ Ouest, à la distance de dix à douze lieues; ce qui me mettait à $13^d 24'$ de latitude, et à $122^d 26'$ de longitude à l'Est de Paris, $46'$ à l'Est de Saint-Bernardin.

Nous eûmes alors des vents assez bons frais, soufflant du troisième quart; j'en profitai pour courir à l'Est jusqu'au 14 décembre, que les vents se remirent à l'Est-Nord-Est, à l'Est et à l'Est-Sud-Est. Ce changement m'obligea de naviguer par les rumbs du deuxième quart les plus près du Sud.

14.

---

[a] Outre les courans, la dérive avait sans doute beaucoup influé sur la direction de la route; mais c'était apparemment sur l'estime de cette dérive que la route avait été corrigée.

Le

Le 18, suivant une des cartes sur lesquelles je dirigeais ma route, je devais être à l'Est de l'île nommée *le Martyr*, à sept lieues de distance; et entre le 20 et le 21, j'aurais dû passer sur celle qu'on nomme *le Triangle*; mais, suivant une autre carte, j'étais, le 19, en la proximité de l'île Yap, ou grande Caroline, et le 20, par le travers des îles Palos, sans que nous ayons eu connaissance d'aucune de ces îles: mais une mer courte et houleuse que nous éprouvions, ne pouvait avoir d'autre cause que la proximité des îles Carolines, ou nouvelles Philippines, telles qu'elles sont placées sur la carte française.

Le 29, je traversai la Ligne, et passai dans l'hémisphère austral. Les vents soufflèrent alors du troisième et du quatrième quart. Ils étaient assez frais, mais entremêlés de calmes fréquens, qui nous incommodèrent beaucoup par les chaleurs excessives qu'ils occasionnèrent. Je suivis alors les rumbs du deuxième et du premier quart voisins de l'Est, ne perdant cependant pas de vue le dessein que j'avais de m'élever insensiblement dans le Sud, pour y rencontrer les vents occidentaux qui devaient régner dans de plus hautes latitudes. Faisant cette route, nous remarquâmes beaucoup de gros tronçons d'arbres, des oiseaux de différente espèce, des foux, et d'autres qu'on nomme *dominicos*.

Dans cette même course, je me proposais de reconnaître les Mille-îles, dont BOUGAINVILLE place, sur sa carte, la plus boréale et orientale, par 1$^d$ 10' de latitude australe, et par..... [b] à l'Est de Paris. Je les reconnus, en effet, le 7 janvier; elles s'étendaient du 38.ᵉ degré du second quart, jusqu'au 9.ᵉ degré du troisième [c]. La latitude de celle qui était le plus au Nord-Est, fut trouvée précisément la même que celle que la carte indiquait; mais sa longitude était, suivant mon point, de 141ᵈ 12′ à l'Est de Paris.

Je me déterminai à côtoyer ces îles à la moindre distance qu'il me serait possible. J'en fis une infinité de relèvemens, lesquels, combinés avec le chemin que faisait la frégate, m'ont mis en état de déterminer, avec la plus grande précision, la position de vingt-neuf de ces îles que nous avons découvertes. Il y en a sans doute beaucoup d'autres dans la partie du Sud, dont nous n'avons pu prendre connaissance. Il n'est pas possible de marquer sur la carte l'étendue de chacune de ces îles; à peine y en a-t-il quelques-unes qui ayent une lieue dans leur plus grande longueur. Toutes sont rases, et couvertes d'arbres : quelques-unes sont environnées de ressifs qui les joignent avec les îles voisines. La mer brise sur ces ressifs; mais ces brisans ne s'aperçoivent qu'à peu de distance. Je continuai à m'approcher de ces îles, de manière que je passai à deux milles de distance de la plus boréale. A sept heures du soir, je découvris beaucoup

---

[b] La longitude est en blanc sur le manuscrit : elle est de 139ᵈ 30′, suivant la carte de BOUGAINVILLE. Au reste, les Mille-îles sont manifestement la même chose que son Échiquier.

[c] Donc elles s'étendaient de l'Est 38 degrés Sud, au Sud 9 degrés Ouest.

de feux sur les îles les plus orientales : je ne pus être que très-étonné de voir que d'aussi petites parcelles de terre fussent habitées.

Quittant ces îles, je fis gouverner à l'Est quart Nord-Est; et le 8, nous découvrîmes au Sud 3 degrés Est, à la distance de cinq à six lieues, deux îlots, que je nommai *les Hermites;* le même jour au soir, nous vîmes les Anachorètes au Nord et à l'Ouest, à la distance de cinq milles : je les trouvai bien précisément par la latitude que Bougainville leur assigne. Nous vîmes, au même instant, quatre petits îlots à l'Est : je les dépassai à minuit, par la partie du Sud, à la distance d'une lieue; je les nommai *les Moines.*

De ce parage, je portai sur le cap Nord de la nouvelle Bretagne : mais le 10, l'aurore commençait à peine à paraître, lorsque je découvris d'autres îles au Sud-Sud-Est[d]. Je courus, ce même jour et le suivant, le long de la plus occidentale, à une distance raisonnable. Je pris toutes les mesures possibles pour m'assurer, à force de relèvemens, de sa véritable situation, et je puis assurer que sa côte du Nord a onze lieues de long. L'île est sans doute large à proportion; car au-delà des plaines qui s'étendent jusqu'au bord de la mer, on voit plusieurs montagnes assez élevées : la carte en représente la perspective. Au large de cette île sont quatre autres

---

[d] Il y a dans le manuscrit *Sudoeste :* il faut sans doute lire *Sudeste* ou *Sud-Sueste,* Sud-Est ou Sud-Sud-Est; toute la suite prouve que cette île ne pouvait rester alors à l'Ouest de la frégate.

1781.
JANVIER.

îles rases, dont les plages se succèdent : elles sont couvertes d'arbres ; les bords de la mer sont francs, libres de ressifs : je ne doute pas que dans les canaux qui séparent ces îles, on ne trouve de bons fonds, où les vaisseaux soient suffisamment à l'abri de la mer et des vents.

11.

Les habitans de ces îles, me voyant, le 11, à la distance de deux milles de leur pointe la plus orientale, firent approcher leurs canots, au nombre de douze, outre plusieurs autres qui ne démarrèrent pas. Curieux de connaître quel était le caractère de ces insulaires, je fis mettre en panne : ils approchèrent, mais ne voulurent absolument point monter à bord ; ils nous demandaient seulement, avec instance, quelque nourriture, et nous pressaient d'aller relâcher entre leurs îles. On leur jeta, de la frégate, quelques cocos et des morceaux de biscuit : ils se jetèrent avidement dessus, et se battirent presque pour les avoir ; mais quand ils aperçurent à la poupe un filet renfermant quelques légumes, ils firent, avec de longues haches de bois, tous leurs efforts pour se les approprier. Tout cela était une preuve sensible du triste état dans lequel ils vivaient : et bien loin d'espérer quelque rafraîchissement de ces insulaires, je vis qu'ils en avaient eux-mêmes plus besoin que moi. Je fis donc servir, contraint de les abandonner dans leur misérable état. Je ne remarquai aucune différence entre eux et les nègres de la Guinée : couleur, cheveux, lèvres, yeux, tout me parut semblable de part et d'autre. Ceux-ci avaient pour toute arme des flèches, mais sans arcs pour les tirer ;

elles étaient armées de pointes de cailloux fort grossières : ils avaient aussi quelques filets de pêcheurs, ce qui leur fournissait, sans doute, le principal aliment qui les faisait subsister.

Poursuivant ma route au sortir de cette île, à laquelle je donnai le nom de *Don Joseph Basco*, j'en découvris le soir du même jour six autres. Je donnai à la plus occidentale des deux les plus au Sud, le nom de *Saint-Michel*, et à la plus orientale celui de *Jesus-Maria*. Leurs côtes sont, sans doute, plus étendues que je ne l'ai conclu des relèvemens que j'en ai pu faire : car leurs montagnes sont très-élevées ; et la distance où j'en étais ne me permettait apparemment pas de découvrir toute l'étendue de ces côtes.

Je côtoyais en même temps le rivage de deux autres îles, à la distance de deux milles ; je nommai la plus occidentale *Saint-Gabriel*, et *Saint-Raphaël* la plus orientale : entre elles et les deux précédentes, il y en avait deux fort petites ; celle du Nord fut appelée *l'île Rase*, et celle du Sud, *l'île du Four*. Enfin, portant toujours à l'Est, je me trouvai à minuit au Nord de trois îles, que je nommai *les trois Rois*.

Le 12, je laissai un très-petit îlot au 38.ᵉ degré du 3.ᵉ quart (Sud 38ᵈ Ouest), à 6 lieues de distance.

Le même jour, à une heure et demie du soir, nous reconnûmes au Nord-Est 3 degrés Est, une autre île, à la distance de huit à neuf lieues. Elle nous présentait

1781.
JANVIER.

une montagne très-élevée; et soupçonnant que c'était l'île Matthias, que la carte française place au Nord de la nouvelle Bretagne, je fis porter à l'Est-Nord-Est, pour m'en approcher, et m'assurer de sa situation. A six heures du soir, la montagne nous restait au 22.ᵉ degré du premier quart ( au Nord 22ᵈ Est), à la distance de six à sept lieues; et sa situation, déterminée d'après nos relèvemens, ne me permit plus de douter que ce ne fût l'île Matthias.

Je continuai de suivre le même rumb, pour reconnaître l'île Orageuse, placée plus à l'Est sur la carte française. Cette île est certainement bien nommée : nous ne cessâmes, toute la nuit, d'éprouver des coups de vent et de mer.

13.

Cependant le 13, malgré les brumes et les ondées fréquentes qui eurent lieu dès le point du jour, nous découvrîmes au Nord-Ouest quart Nord, à sept lieues de distance, une autre île, qui nous parut plus petite que l'île Orageuse n'est représentée sur la carte; mais sa distance, jointe à ce que l'horizon n'était rien moins que net, a pu nous la faire paraître plus petite qu'elle n'est en effet. Je jugeai finalement que c'était ou l'île Orageuse, ou une petite île qui en est très-voisine.

Comme, d'après mes relèvemens, j'ai trouvé que la pointe du Sud de l'île Matthias était par la latitude de 1ᵈ 23', et que la carte française la place par 2ᵈ 10', j'ai cru devoir abandonner celle-ci, et j'ai placé cette île sur ma carte, par la latitude que j'ai conclue de l'observation que je venais de faire à midi, et que je crois très-précise [c]. J'ai corrigé proportionnellement la latitude de l'île Orageuse. La position de ces deux îles, si voisines l'une de l'autre, aura sans doute été sujette à la même erreur.

Comparant ma longitude estimée de l'île Matthias, $144^d$ $20'$ Est de Paris, avec celle de $145^d$ $35'$ qui lui est donnée sur la carte [f], j'ai trouvé que mon point, suivant la carte, était en erreur de $1^d$ $15'$ vers l'Ouest. Supposant que ceux qui ont découvert cette île, avaient exactement déterminé sa distance au cap de Bonne-Espérance de la nouvelle Guinée [g], je corrigeai la longitude de $143^d$ $39'$ à l'Orient de Paris, que j'avais obtenue à midi, contre celle de $144^d$ $54'$, qui résultait de la longitude de l'île Matthias. J'ai distribué cette correction convenablement sur la position des îles que j'avais précédemment découvertes. Je fixe donc mon nouveau point de départ, par $144^d$ $54'$ de longitude.

Le même jour, 13 janvier, nous eûmes connaissance d'une grande côte : l'horizon, au second et au troisième quart (dans toute la partie du Sud), était chargé de nuages

---

[c] La latitude de la pointe Sud de l'île Matthias est de $1^d$ $38'$ sur la carte de BOUGAINVILLE.

[f] La longitude de la même pointe est, sur la même carte, de $145^d$ $10'$. L'île Orageuse y est représentée double ; le milieu de l'île la plus orientale y est par $1^d$ $45'$ de latitude, et $145^d$ $37'$ de longitude. BOUGAINVILLE a vu, mais il n'a pas observé ces îles.

[g] Les navigateurs modernes se seraient plutôt réglés sur la distance de cette île au cap Saint-George, dont la position géographique est mieux déterminée que celle du cap de Bonne-Espérance de la nouvelle Guinée.

1781.
JANVIER.

épais, de brume, de tourbillons de vent. S'il survenait une éclaircie, elle disparaissait bientôt; de sorte qu'il ne me fut pas possible de déterminer quelle terre je voyais. Je crois cependant que c'était la côte de la nouvelle Bretagne, tant parce que les jours suivans nous continuâmes de découvrir des parties de terre, qui ne pouvaient appartenir qu'à une grande île ou à un continent, que parce qu'en côtoyant ces terres, nous y découvrions de fort hautes montagnes, telles qu'on n'en voit que bien rarement dans de petites îles.

14.

Le 14, après midi, nous vîmes au Sud-Ouest une haute montagne, et une côte qui s'étendait assez loin à l'Est et à l'Ouest. Il n'y avait aucun doute que ce ne fût une côte de la nouvelle Bretagne. Je ne pus m'assurer bien précisément de son gisement, en étant à douze lieues de distance. Je passai en même temps au voisinage de trois îles qui me restaient au Sud un quart Sud-Ouest. La plus boréale, que je nommai *Saint-François*, était à deux lieues et demie de distance; celle du milieu fut nommée *Saint-Joseph*, et la troisième, *Saint-Antoine* : celle-ci était distante de sept lieues et demie. Après les avoir dépassées, nous vîmes à minuit une petite île, à 10$^d$ du second quart (à l'Est 10$^d$ Sud); je la nommai *Saint-Pierre*.

15.

Le 15, nous vîmes deux îles; à midi, elles nous restaient au Sud-Ouest 8$^d$ Sud, à la distance de dix lieues. La plus occidentale fut nommée *Saint-Laurent*, la plus orientale *Saint-Blaise*.

Du

Du 15 au 17, les vents furent faibles et variables du premier au quatrième quart : le 17, nous eûmes connaissance d'une petite île, que je nommai *Saint-Hyacinthe;* elle nous restait à 58 degrés du 3.ᵉ quart (ou à l'Ouest 32 degrés Sud), à la distance de dix lieues.

Le 18, nous découvrîmes à huit milles de distance, trois autres îles, dont l'une courait du Nord au Sud; la plus à l'Ouest fut nommée *Sainte-Rose;* la grande, *île du Refuge;* et la petite, très-voisine de la précédente, *la Madeleine.* Le même jour, nous vîmes au Sud-Ouest de l'île du Refuge, une côte couverte de montagnes très-élevées. Je me supposai à douze lieues de distance du rivage, dans la direction de 65 degrés, au 1.ᵉʳ et au 3ᵉ quart ( Nord 65 degrés Est, et Sud 65 degrés Ouest ) : c'est l'unique secours que j'aye eu pour déterminer la position de cette île.

Je doutai d'abord si cette terre ne faisait point partie de la nouvelle Bretagne : mais je fus ensuite assuré que c'était l'île de Saint-Jean, que la carte française représente comme une grande île, et qu'elle place par le parallèle où je l'ai observée [h]; d'autant plus que nous avions vu une infinité

1781.
JANVIER.
17.

18.

---

[h] Je voudrais savoir quelle est cette carte française sur laquelle notre navigateur dirigeait sa route. L'île Saint-Jean est placée, suivant une carte de FLEURIEU, par 3ᵈ 45' de latitude, 150ᵈ 32' à l'Est de Paris : mais suivant le Voyage de CARTERET ( édition française *in-4.°* ) dont la carte est à plus grand point, la latitude est de 4ᵈ 19', la longitude 153ᵈ 3' Est de Greenwich, 150ᵈ 43' Est de Paris. CARTERET avait reconnu cette île. L'auteur des *Découvertes des Français, page 286,* se décide pour 4ᵈ 0' de latitude, et 151ᵈ 30' Est de Paris.

1781.
JANVIER.

19.

20.

de petites îles, depuis l'île Matthias, et que nous n'en avions reconnu aucune que sa latitude et sa distance à l'île Matthias pussent faire prendre pour l'île de Saint-Jean.

Le 19, au lever du soleil, nous vîmes deux îles très-rases, qui couraient l'une et l'autre du Nord-Ouest au Sud-Est, à la distance de six lieues : elles étaient séparées par un canal étroit, qui regardait le Sud-Ouest ; nous les nommâmes *les Caïmans*.

Le même jour, à l'entrée de la nuit, nous eûmes connaissance au Sud, de deux îles : la plus au Nord était fort petite ; elle eut nom *Sainte-Anne*, et l'autre, *Sainte-Barbe* ; suivant mes relèvemens, la côte de celle-ci avait sept milles de longueur.

Le 20, au point du jour, le milieu d'une grande île, à laquelle je donnai le nom de *Don Manuel Flores*, nous restait au Sud 5 degrés Ouest, à 13 lieues de distance : on y remarquait une montagne assez élevée ; sa côte apparente courait de l'Est-Sud-Est à l'Ouest-Nord-Ouest, l'espace de six lieues.

A huit heures du matin, nous eûmes la vue de neuf îlots, que je ne doutai point être l'Ontong-Java de la carte française. La latitude de ces îles est précisément la même que celle qu'on donne au centre d'Ontong-Java, sur la carte. Je fis courir sur ces îles pour m'en approcher le plus qu'il me serait possible ; et j'observai qu'elles étaient environnées d'un banc de sable qui ne peut être reconnu qu'à moins de deux milles de distance de la côte. Près des acores de ce banc, on voit au-dessus de l'eau, de distance en distance, quelques petites roches très-peu éloignées du banc.

Le banc laisse du côté du Sud une ouverture étroite, vis-à-vis de laquelle nous observâmes 4ᵈ 53′ de latitude ; nous n'étions qu'à deux encablures de cette entrée : elle conduit à un golfe où la mer est parfaitement tranquille, et où l'on trouverait un port assuré, si l'on voulait s'y arrêter pour faire de l'eau ou du bois. Ce golfe est abrité au Nord par les îlots : nous lui donnâmes le nom de *port de la Princesse*. Nous donnons sur la carte un plan très-précis de ce port ; nous en avons passé assez près pour pouvoir répondre de l'exactitude avec laquelle nous l'avons dessiné [i].

De ces îlots, qui ne sont pas à un mille de distance les uns des autres, sortirent plus de soixante canots, qui s'approchèrent de nous à une petite portée de fusil : mais comme le vent était favorable, je ne crus pas devoir perdre

---

[i] L'Ontong-Java (ou Jaba, c'est la même chose pour les Espagnols) fut découvert, dit-on, en 1616, par LEMAIRE et SCHOUTEN. Ils y comptèrent douze ou treize îles : mais il s'en faut de beaucoup qu'ils ayent observé ces îles d'aussi près que notre navigateur. Dans l'éloignement, ils n'auront pas aperçu des langues de terre fort basses, qui joignaient deux parties d'une même île, et d'une seule île ils en auront fait deux. En 1767, CARTERET découvrit dans ces mêmes parages neuf îles, qu'il crut être l'Ontong-Java de SCHOUTEN. Ces îles s'étendaient du Nord-Ouest quart Ouest au Sud-Est quart Est, sur un espace d'environ quinze lieues, et une d'entre elles est très-étendue ; au lieu que l'Ontong-Java n'a pas trois lieues d'étendue, et que toutes les îles qui le composent sont très-petites. Malgré cela, nous tâcherons de prouver ailleurs que les neuf îles de notre navigateur, celles de CARTERET et celles de LEMAIRE et SCHOUTEN, sont un seul et même groupe, différent de l'Ontong-Java de TASMAN.

le temps à les attendre; je fis servir, toujours sur le même rumb : ils retournèrent à leurs îlots, sur lesquels il me paraissait impossible que des créatures humaines pussent subsister. Nous y vîmes un assez grand nombre de palmiers, qui, sans doute, leur produisent des fruits, avec lesquels, et le secours de la pêche, ces insulaires traînent leur misérable vie.

Après avoir quitté Ontong-Java, je continuai ma route avec des vents doux et favorables durant le jour, mais impétueux pendant la nuit; ce qui me forçait à veiller avec la plus grande attention sur tout ce qui pouvait s'offrir à notre vue, et à recommander une égale vigilance aux gens de mon équipage. Ils concevaient facilement la grandeur des risques que nous courions : en conséquence, un objet était-il aperçu à l'horizon, on avertissait aussitôt; l'île était reconnue, et le danger était évité.

Je naviguai jusqu'au 22, sans avoir la connaissance d'aucune terre; mais ce même jour, la nuit étant obscure, nous entendîmes, à dix heures, un mugissement affreux dans la partie du Nord-Est, et nous vîmes au large de la hanche du vaisseau, et à une assez petite distance, la mer toute blanche d'écume. Je fus obligé de porter au Sud-Ouest, jusqu'à ce que nous eussions cessé d'ouïr le bruit de cet écueil, que je nommai *le Ronfleur* [k]. Je fis remettre ensuite le cap à l'Est, tel qu'il était auparavant.

[k] FLEURIEU pense que ce Ronfleur est le même écueil que les basses de la Chandeleur de MENDAÑA, ce qui n'est pas hors de vraisemblance.

Si l'on fait réflexion aux divers incidens qui ont traversé ma navigation, on se fera facilement une idée de la constance avec laquelle j'ai toujours eu pour but invariable de satisfaire à deux objets également indispensables, et directement opposés l'un à l'autre. Ma commission demandait la plus grande célérité, et m'obligeait par conséquent de forcer de voiles, sans perdre un seul instant. D'autre part, les tourbillons de la Ligne n'avaient lieu que la nuit; les vents fraîchissaient alors extrêmement, rendaient l'air noir et ténébreux, et lançaient la foudre et les éclairs. Ces vents étaient tout le jour presque calmes : je ne pouvais donc profiter que de la nuit pour avancer. Je rencontrais des terres pendant le jour; j'en rencontrais durant la nuit. La prudence aurait, sans doute, exigé que je ne m'exposasse pas à des dangers qui pouvaient, en un instant, me faire manquer absolument le but de mon voyage; mais cela m'aurait occasionné un retard, peut-être préjudiciable à l'objet de ma commission. Je pris donc le parti de suppléer au défaut d'une prudence oisive, par la vigilance la plus active sur tous les obstacles qui pourraient survenir, et de profiter des vents, tant qu'ils seraient favorables.

1781.
JANVIER.

Tout le reste de janvier, les vents furent faibles, et soufflèrent d'entre le Nord-Nord-Ouest et le Nord-Est; je ne pus suivre d'autres rumbs que celui de l'Est, ou ceux du 2.ᵉ quart les plus voisins de l'Est. Ma latitude augmentait donc du côté du Sud, sans qu'il me fût possible de me relever au Nord, le vent venant constamment du

1.$^{er}$ quart, sauf quelques grains qui soufflèrent du 4.$^e$ et du 2.$^e$ quart, et dont je profitai pour me rapprocher de la Ligne : mais les calmes furent si fréquens, que mon plus long chemin, en vingt-quatre heures, ne fut que de soixante-dix milles.

Dès le commencement de février, les calmes furent plus constans : du 6 au 17, notre chemin le plus long fut de quarante milles ; il n'était communément que de douze à quinze milles. Ces calmes me retardèrent beaucoup. Je voulus en vain passer au Nord de la Ligne, espérant doubler à l'Ouest les basses de Saint-Barthelemi [1] : les vents mous du Nord, du Nord-Nord-Ouest et du Nord-Nord-Est, me forcèrent à suivre, dans le 4.$^e$ quart, un rumb si voisin de l'Ouest, que je perdais la longitude que j'avais gagnée à l'Est, au prix de risques si multipliés. Ces raisons m'engagèrent à reprendre la route dans le 1.$^{er}$ quart, espérant que des vents d'Est faciliteraient bientôt ma traversée au Nord de la Ligne.

Comme mon voyage traînait de plus en plus en longueur, j'avais eu, dès le 20 janvier, la précaution de retrancher deux onces de pain de la ration ordinaire de ceux qui composaient mon équipage, outre une once qui se diminuait sur chaque livre, depuis le premier instant de notre embarquement : mais le 16 février, voyant que le temps n'améliorait pas, considérant qu'on ne nous avait donné

[1] Ici je devine ; le manuscrit ne présente aucun sens raisonnable : je crois deviner juste.

de vivres que pour six mois ; que soixante-dix pipes et quarante barriques d'eau, qu'on avait embarquées, ne suffisaient pas même, à beaucoup près, pour cet espace de temps ; qu'au point où j'étais alors, par $3^d$ $32'$ de latitude Sud, et par $174^d$ $8'$ de longitude à l'Est de Paris, il ne me restait guère de vivres que pour trois mois, et une quantité d'eau très-insuffisante, je conclus que j'étais dans la nécessité de diminuer encore la ration, ce que je fis, la réduisant, dès ce même jour, aux deux tiers.

Ce qui augmentait encore infiniment notre détresse, était la quantité innombrable de cancrelas [m] dont notre bord était infecté. Le biscuit pesait beaucoup moins que quand il fut embarqué : mais ce qui me décourageait le plus, c'était l'état de notre provision d'eau ; nous trouvions souvent des futailles vides, et non-seulement leur eau était entièrement écoulée, mais les futailles même étaient hors de service ; les cancrelas en avaient criblé les douves par des trous de deux doigts de circonférence.

Faisant les plus sérieuses réflexions sur toutes ces circonstances, je conçus qu'il ne m'était pas possible de continuer ma route vers le Nord de la Ligne, sans relâcher à quelque île où je pusse remplacer l'eau que j'avais perdue. Gagner à temps les îles Mariannes, je ne pouvais

---

[m] Le cancrelas ou kakerlaque est un insecte coléoptère, assez semblable au hanneton, mais plus large et beaucoup plus plat ; il salit et dévore tout. On l'appelle, dit-on, *ravet*, dans les Antilles : cependant le cancrelas de l'île de France m'a paru beaucoup plus grand que le ravet de Saint-Domingue ; d'ailleurs, c'est la même peste.

m'en flatter. Il résulta de mes réflexions, que je pris le parti de me rendre aux îles de Salomon : je m'en faisais à cent sept lieues de distance à l'Ouest ; j'espérais que les vents qui soufflaient de la partie du Nord, me permettraient cette relâche, et que de là je pourrais, avec plus d'assurance et de célérité, gagner le présidio de Monterey.

Je fis donc voile vers les îles de Salomon ; mais les vents du 1.<sup>er</sup> quart, voisins du Nord, soufflant sans la plus légère interruption, me faisaient dériver insensiblement vers le Sud. Le 20 février, je me trouvai dix-sept lieues à l'Ouest du cap de Sainte-Croix ou Guadalcanar. Nous commençâmes alors à éprouver les brises de l'Est-Nord-Est et de l'Est, ce qui me fit perdre l'espérance de relâcher aux îles de Salomon, et même de les reconnaître. Me trouvant donc par la latitude de 12 degrés Sud, je pris forcément le parti de m'élever dans l'hémisphère austral, persuadé que je rencontrerais des îles où nous pourrions remédier à l'extrême disette à laquelle nous étions réduits ; espérant en même temps, qu'après avoir parcouru 20 ou 22 degrés en latitude, nous trouverions des vents favorables, pour courir à l'Est, ce que je ne pouvais me promettre en naviguant par la partie du Nord, à moins que de pousser jusqu'à 44 à 46 degrés, en serrant toujours le vent, ce qui m'eût fait perdre un temps infini ; et même en prenant ce parti, il m'aurait toujours fallu relâcher aux Mariannes.

D'après ces réflexions et d'autres qui ne cessaient de me tourmenter, je pris le parti de mettre le cap dans le

second

second quart (entre l'Est et le Sud), en suivant les aires que les vents d'Est me permettaient de suivre. Le 26 février, je vis une petite île ; je fis porter dessus, dans l'espérance d'y pouvoir jeter l'ancre et d'y faire de l'eau. L'équipage tressaillit de joie, il lui semblait que cette île allait devenir le terme de ses privations ; leur alégresse égalait la détresse où ils étaient, mais elle ne fut pas longue : arrivés à deux milles de distance de l'île, nous vîmes clairement que non-seulement il n'y avait point d'ancrage, mais qu'une chaloupe même ne pouvait y aborder. Elle était de plus absolument stérile ; sur sa montagne, qui n'était pas petite, on ne voyait pas un seul arbre. Cette île fut nommée *l'Amertume*.

Le 27, nous découvrîmes une île sur laquelle nous avions le cap : sur cette île était une montagne fort élevée, dont la cime paraissait brûlée, mais dont la pente, couverte d'arbres, offrait une agréable verdure. Nous y distinguâmes beaucoup de cocotiers ; ils fortifièrent le désir que j'avais d'y relâcher : mais la faiblesse du vent ne me permit pas d'en approcher plus près que d'une lieue, vers la partie de l'Ouest. De cette même partie sortirent plusieurs canots avec des cocos et des bananes : les échanges s'établirent aussitôt. Les Indiens, pleins de confiance en nous, montèrent à bord ; celui qui les commandait nous manifesta la plus tendre amitié ; il dansa sur le tillac, il chanta des chansons : entre autres présens, il me donna une espèce de vaste courtepointe, ressemblant à du papier brouillard, mais composée de deux ou trois feuilles ajustées l'une sur l'autre, pour

1781.
FÉVRIER.

procurer au tissu plus de solidité. Je correspondis à son honnêteté, et il se retira très-satisfait. Il me dit que cette île s'appelait *Latté*, qu'il en était le chef, qu'elle était fertile en fruits de différentes espèces, et abondante en eau douce, et que je pouvais y trouver un bon fond. Ces nouvelles me firent plaisir; mais, dans la réalité, je ne voyais aucun lieu où je pusse être à l'abri.

Dans les bordées que nous courûmes pour trouver un mouillage commode, nous découvrîmes à l'Est-Nord-Est, à la distance de douze lieues, d'autres îles moins hautes, mais qui s'étendaient davantage, laissant entre elles plusieurs canaux : le vent était faible, mais favorable pour m'en approcher. La perspective de ces îles me promettait des secours plus abondans; je portai sur elles.

MARS.
1.ᵉʳ
4.

Des calmes, et quelques petits vents contraires, que j'éprouvai dès le 1.ᵉʳ mars, continuèrent pendant plusieurs jours; mais enfin, le 4, après quelques bordées, j'enfilai une entrée que ces îles forment au Nord-Ouest, et je mouillai par quarante-cinq brasses, à peu de distance de la terre. De notre mouillage on voyait en-dedans d'un golfe, des maisons, d'abondantes plantations de bananiers et de cocotiers, des apparences d'eau très-satisfaisantes, et c'est ce que nous avions de plus à cœur. Enfin, nous apercevions, dans l'intérieur de ce groupe d'îles, divers ports où les vaisseaux pouvaient être à l'abri de la fureur de la mer et des vents; de manière que nous nous persuadions que nous touchions à la fin de notre triste situation.

Le même jour, au soir, nous chassâmes sur l'ancre, et comme aussitôt le fond augmenta considérablement, je gagnai le large, en relevant l'ancre jusqu'au capon (ou à fleur d'eau), pour qu'elle fût prête à être remouillée. Dès qu'elle fut relevée, je revirai vers le port, et le 5, au point du jour, je mouillai par trente-huit vares (environ vingt-trois brasses [n]), fond de sable et de cailloutage, à deux encablures du rivage, dans l'anse où la veille j'avais vu des maisons.

Durant le temps que je perdis à m'approcher de ces îles, il venait tous les jours à notre bord, de cinquante à cent canots, qui nous apportaient des cochons, des poules, des bananes, des cocos, des patates qui avaient le goût de flan [o] : telles de ces patates avaient cinq vares ( quinze pieds) de long, et leur grosseur égalait celle de la cuisse d'un homme qui a de l'embonpoint ; les moindres pesaient trois livres. On nous offrait aussi des toiles tissues d'écorce de palmier, d'autres plus fines, et enfin de ces mantes ou courtepointes semblables à du papier brouillard, dont j'ai déjà parlé ; ils attachaient, sur-tout, le plus haut prix à ces courtepointes. Tout le commerce se faisait à la hanche de la frégate. Les insulaires, en échange de leurs fruits et des produits de leurs manufactures, auraient désiré des haches, des herminettes, d'autres instrumens tranchans ;

---

[n] Mais je crois qu'il faut lire trente-huit brasses.

[o] Le terme espagnol *popa* ou *papa*, signifie une espèce de panade faite avec du lait, et qu'on donne aux enfans. Il nous semble d'ailleurs très-permis de soupçonner de l'exagération dans la longueur qu'on donne à ces patates.

mais je défendis, sous les peines les plus sévères, de leur en céder, et je crois avoir été obéi. Ils furent donc obligés de se contenter de morceaux de toile ou d'étoffe. Mes gens découpaient en bandes, leurs chemises, leurs chausses, leurs vestes; et avec ces banderoles, ils se procuraient des cochons et d'autres rafraîchissemens. Vu ces provisions, je suspendis la ration de viande, et je réduisis celle de pain à la moitié.

Les Indiens qui venaient à bord, me pressaient d'entrer dans l'intérieur de leur archipel; chacun me montrait son île, et m'assurait que j'y trouverais de l'eau, et tout ce dont j'aurais besoin : les *équis* ou capitaines me témoignaient la plus grande amitié, à mesure qu'ils arrivaient, et je tâchais de ne pas demeurer en reste avec eux. Plusieurs acceptèrent ma table; mais ils ne mangèrent que de leurs fruits. Je m'imaginai que ces insulaires étaient divisés en un grand nombre de castes ou de peuplades, vu le nombre des équis qui commandaient; mais j'observai d'ailleurs entre tous un très-bon accord.

Nous eûmes aussi des visites de femmes; leur visage ne nous parut pas du tout désagréable. Leur vêtement consistait dans une espèce de jupe qui leur prenait depuis la ceinture jusqu'en bas : les hommes étaient habillés de même. J'admirai la belle corpulence de ceux-ci : quelques-uns, que je fis mesurer, étaient hauts de six pieds quatre pouces, et gros à proportion, et ce n'étaient pas les plus grands de tous ces Indiens. Ce qui est certain, c'est que les plus petits d'entre eux égalaient les plus grands et les plus forts de mon équipage. En général, ces insulaires sont grands et robustes.

Dès que nous eûmes jeté l'ancre, je reçus un présent de fruits, envoyé par le tubou; et le commissionnaire était, me dit-on, son fils. Ce nom de *tubou*, que les équis répétaient avec une affection toute particulière, que pouvait-il signifier ? Je crus alors qu'il désignait apparemment l'équi de l'île près de laquelle nous étions, qui devait avoir quelque prééminence sur les autres équis, vu le respect avec lequel ceux-ci parlaient de lui. Quel qu'il pût être, je fis le meilleur accueil possible à son fils, dans le dessein de me concilier son amitié, afin de n'éprouver aucune entrave dans nos opérations, lorsque nous nous disposerions à faire de l'eau, et afin qu'il les favorisât, au contraire, de toute son autorité.

Dès huit heures du matin, la frégate était entourée de plus de cent canots : les cris de ceux qui les montaient, et qui y tenaient leur marché, étaient si perçans, qu'à bord il ne nous était pas possible de nous entendre. Cependant, à cette même heure, ils nous avertirent que le tubou venait nous rendre visite. Dès qu'il approcha, tous les canots qui ceignaient la frégate à tribord, s'écartèrent. Je reçus le tubou avec toute l'honnêteté possible. Son âge et sa grosseur énorme lui avaient fait perdre l'agilité nécessaire pour monter à mon bord; de sorte qu'il fallut que ces équis, que j'avais regardés jusqu'alors comme de petits rois, le soulevassent par les épaules, pendant qu'il montait l'escalier. Il était suivi de sa femme, dont le visage surpassait en beauté celui de toutes les autres femmes que nous avions vues sur cette île ; et j'aurais presque juré dès-lors, qu'elle était fille de quelque Européen, tant étaient touchantes les grâces que je remarquais en elle : comme elle était tout au plus dans sa vingt-cinquième année, la jeunesse ajoutait encore à ses agrémens. Ils s'assirent l'un et l'autre sur le banc de la patience [P] ; et tous les autres, profondément prosternés, baisèrent les pieds du tubou. Il m'apportait en présent un canot [q] plein de patates. Par reconnaissance, je les revêtis l'un et l'autre d'une écharpe de soie de couleur de feu, descendant du cou à la ceinture, à laquelle je suspendis, à l'aide d'un ruban incarnat, deux piastres fortes, portant l'empreinte de l'image de notre auguste souverain. Je distribuai, en même temps, plusieurs réales [r] à la même empreinte, pour être, dans la suite des temps, des témoins irréfragables de notre relâche dans ces îles. La subordination des équis envers le tubou, était telle qu'aucun d'eux n'osa s'asseoir en sa présence : son fils même, qui affectait, avant son arrivée, une gravité majestueuse, était maintenant aussi respectueux que les autres. Je puis

[P] Le banc de patience des Espagnols est apparemment celui que nous appelons *banc de quart*.

[q] Je traduis toujours le terme espagnol *canoa* par *canot*; mais ces canots de la mer du Sud n'étaient probablement que des pirogues.

[r] La piastre contient vingt réales ; la réale vaut un peu plus de cinq sous de notre monnaie.

dire, avec vérité, que le tubou daigna à peine les honorer d'une ou de deux paroles. Je les conduisis à la grande chambre; ils furent ravis d'admiration à la vue de l'armement de la frégate et des autres choses que je leur montrai. Enfin, très-satisfaits de notre bon accueil, ils partirent, après nous avoir donné les assurances les moins équivoques de la plus étroite amitié, et après mille baisers et embrassades que le bon vieillard ne cessait de me donner.

1781.
MARS.

Pour éviter les désordres auxquels les équipages se livrent souvent lorsqu'ils descendent à terre, je publiai un ban, par lequel je menaçais des peines les plus sévères, quiconque inquiéterait, de quelque manière que ce fût, ces insulaires.

J'avertissais cependant mes gens de se tenir, à tout événement, sur leurs gardes; et pour donner aux Indiens une idée de la force de nos armes, je fis tirer quelques coups de canon contre les rochers : les éclats que les boulets et la mitraille enlevèrent, leur causèrent la plus grande frayeur; ils me supplièrent de ne pas réitérer. Cette décharge, faite en présence de douze ou quinze cents personnes, produisit l'effet que je désirais; elle leur inspira la crainte de nos armes, et j'espérai que dans la suite ils ne me mettraient pas dans la nécessité de les employer contre eux.

Le 6, je pris parmi les gens de mon équipage quinze hommes bien armés de fusils, pistolets, sabres, cartouches, et je m'embarquai avec eux dans la chaloupe, armée de quatre pierriers. Nous descendîmes sur la plage, que je trouvai couverte d'hommes et de femmes; je les fis écarter,

6.

et je fis ranger mes gens en ordre et sous les armes, à dix vares [5] de distance de la chaloupe : les pierriers furent braqués contre le groupe des Indiens, pour servir en cas que nous nous aperçussions de quelque mouvement hostile.

Le fils du tubou s'offrit pour conduire un de mes gens à une source d'eau vive : mais comme, après avoir marché une demi-heure et monté une petite colline, il lui dit qu'il leur restait encore autant de chemin, mon envoyé prit le parti de revenir à la plage, où je l'attendais. J'avais cependant fait creuser un puits sur le rivage : quand il fut au niveau de la mer, il donna de l'eau ; mais elle n'était pas potable. J'en fis creuser un autre à vingt vares de la plage : mon but était d'éviter la nécessité de lever l'ancre et de me porter, avec la frégate, plus dans l'intérieur de l'archipel, où ils m'assuraient que je trouverais de l'eau. Il fallait employer pour cela plusieurs jours, et je voulais ménager le temps.

Le 7, je fus, dans ma chaloupe, avec un détachement bien armé, et accompagné d'un Indien, à un des lieux où l'on m'avait dit que je trouverais de l'eau ; mais cette eau était à une trop grande distance de la frégate. Je fis remplir quelques barils, et retournai au port, dans la résolution de faire reprendre l'excavation du puits commencé : je descendis à terre le même jour, toujours avec les mêmes précautions; l'ouvrage du puits avançait, je le laissai en état de donner de l'eau le lendemain.

---

[5] La vare est d'environ trois pieds de roi.

Le tubou ou roi vint me rendre visite en grand cortége: les équis étaient rangés sur deux files; l'extrémité de chaque file était occupée par les vénérables anciens; ceux-ci marchaient auprès du roi. Le tubou, pour preuve de sa tendre amitié, me fit les plus grandes caresses, et m'embrassa cent fois. Son cortége s'assit, formant un grand cercle, dans le même ordre qu'il était arrivé. On apporta deux tapis de palmes; le roi s'assit sur l'un, et me fit asseoir sur l'autre, à sa droite. Tous gardaient un profond silence: seulement ceux qui étaient près du tubou, que leur grand âge rendait sans doute les plus respectables, répétaient fidèlement toutes ses paroles. On apporta bientôt des racines, avec lesquelles on fit, dans des espèces d'auges, une boisson qui devait sans doute être fort amère, à en juger par les gestes de ceux qui en burent. Ce rafraîchissement fut servi dans des vases faits de feuilles de bananier. Trois ou quatre jeunes Indiens nous en offrirent à moi et au tubou les premiers : je n'en goûtai point; la vue seule m'en répugnait. L'insulaire le plus voisin du tubou désigna ceux qui en devaient boire; on n'en servit point aux autres. On mit ensuite devant moi des patates grillées et des bananes parfaitement mûres : j'en mangeai. Peu après, je vis paraître deux canots remplis de provisions semblables, destinées à être réparties entre mes soldats.

Après ce rafraîchissement, le tubou se retira chez lui : je lui rendis visite, laissant à la tête de ma troupe le premier pilote, avec ordre de n'en laisser approcher personne, sous quelque prétexte que ce pût être.

Le tubou me fit le meilleur accueil possible : la reine parut aussitôt, précédée de huit à dix jeunes filles, âgées de seize à dix-huit ans : toutes la servaient ; les unes écartaient les mouches qui pouvaient l'incommoder ; elle s'appuyait sur les autres : elle était enveloppée de plusieurs mantes, qui la grossissaient extrêmement. Elle nous accueillit avec un visage riant; elle répéta gracieusement le mot *liley, liley, liley,* qui signifie *fort bien, à la bonne heure.* Depuis cette première visite, j'en fis peu d'autres au tubou, de peur qu'il ne se dépouillât de tous ses habits, pour m'en revêtir, ce qu'ils tiennent pour une insigne faveur. Le roi me donna deux grandes dorades [t], et une de ses armes, qui n'était autre chose qu'un bâton d'*acana* [v] peint de diverses couleurs. Je me retirai à bord, dans l'espérance de faire de l'eau le lendemain.

Le 8 au soir, notre puits fut terminé ; nous puisâmes de l'eau, au grand étonnement des Indiens : mais elle était si mauvaise, qu'il fallut renoncer à en faire provision.

Je rendis, ce même jour, une seconde visite au roi et à la reine, qui ne cessèrent point de m'envoyer tous les soirs une grande quantité de patates grillées ; ayant sans

---

[t] *Dos dorados.* Le mot espagnol *dorado*, pris adjectivement, signifie *doré :* substantif, je ne lui connais d'autre signification que *dorade,* poisson connu.

[v] Je ne connais pas ce bois.

doute égard au grand nombre de personnes que j'avais à nourrir.

Dès que j'eus la certitude de l'insalubrité de l'eau dans le voisinage de la mer, sans espérance d'en pouvoir trouver à une plus grande distance du rivage vu la proximité de la montagne, je levai l'ancre, et je fus mouiller dans une autre baie, à une lieue et demie ou deux lieues de distance. Quand une des ancres eut quitté le fond, son câble, qui servait pour la première fois, manqua absolument, les torons qui le composaient ayant tous été rompus : le câble se trouva entièrement pourri dans toute sa longueur et hors de tout service. J'essayai de repêcher l'ancre, mais inutilement. Je ne pouvais rester là long-temps, et la profondeur de l'eau ne permettait pas d'espérer qu'on rencontrât facilement l'ancre.

La nouvelle baie était parfaitement abritée contre les coups de vent et de mer; je l'éprouvai quelques jours après : il fit au large un très-gros temps, venant du Nord et du Nord-Ouest; nous n'en ressentîmes d'autres effets que quelques bouffées, qui nous arrivaient dans cette direction. Je mouillai par trente-deux brasses, fond de sable et de cailloutage; des coteaux qui forment le port du côté du Nord, nous mettaient à l'abri : autour de nous le fond était de roche.

Le 9, nous commençâmes à faire de l'eau : elle n'était qu'à cinq vares de distance de la plage. La besogne avança plus vîte que je ne l'espérais, les équis ayant ordonné à leurs Indiens, de rouler nos barriques : le tubou arriva, et personne n'osa plus donner aucun ordre.

Les 10, 11 et 12, nous eûmes fait toute l'eau que nous voulions embarquer : une infinité de canots venaient cependant à la frégate pour faire des échanges, et leur confiance en nous était telle, que plusieurs passaient la nuit et dormaient à bord.

Ces mêmes jours, le roi m'invita à une fête qu'il avait dessein de me donner. Quand je débarquai le 12, je vis dans le bois touffu qui avoisinait le port, un vaste espace circulaire qu'on avait fait essarter, de manière qu'il n'y restait plus le moindre tronc. Peu après, les Indiens, deux à deux, se rendirent à la maison du tubou, portant sur leurs épaules de longues perches d'où pendaient beaucoup de patates, de bananes, de cocos et de poissons. Le tubou fit conduire ces provisions au camp nouvellement défriché : on en fit un monceau de forme cubique, haut de deux vares.

Les équis et les vénérables anciens arrivèrent pour conduire le tubou, qui me prit par la main ; et nous nous rendîmes au vaste cercle, où nous étions attendus par plus de deux mille Indiens. Nous nous assîmes sur des tapis de palmes préparés à cet effet : tout le peuple en fit autant, mais en conservant toujours la distinction des castes ou familles, les unes ne se mêlant point avec les autres.

Le roi m'offrit alors tous ces fruits, et les fit porter à

la chaloupe, qui en fut entièrement remplie. Les porteurs étant de retour à leurs postes respectifs, on fit un profond silence pendant que le roi parlait : ceux à qui leur âge ou leur dignité avait donné le droit d'être assis près du roi, répétaient toutes ses paroles.

Je ne savais à quoi tout cela aboutirait ; et cependant j'ordonnai à ceux de mes soldats qui avaient à leur tête le premier pilote, de se tenir prêts à faire feu de leurs fusils et de leurs pistolets, s'ils s'apercevaient de quelque mouvement hostile.

Il sortit aussitôt des rangs un jeune homme, fort et robuste, la main gauche sur la poitrine, et frappant de la droite sur son coude. Il fit autour de la place beaucoup de gambades vis-à-vis des groupes qui n'étaient pas de sa tribu. Un autre de ceux-ci s'étant présenté en faisant les mêmes gestes, ils commencèrent à lutter, se prenant corps à corps, se poussant et repoussant avec tant d'animosité, que leurs veines et leurs nerfs paraissaient très-gros. Enfin, un des deux tomba si violemment, que je crus qu'il ne pourrait jamais se relever : il se releva cependant tout couvert de poussière, et se retira sans oser détourner la tête. Le vainqueur vint présenter son hommage au roi ; et ceux de sa tribu chantèrent, je ne sais si c'était à l'honneur du vainqueur, ou à la honte du vaincu.

Ces combats de lutte durèrent deux heures ; un des combattans eut un bras rompu ; j'en vis d'autres recevoir des coups terribles. Pendant que cette lutte continuait, d'autres champions se présentèrent, les poignets et les mains enveloppés de grosses cordes, ce qui leur servait comme de cestes. Cette espèce de combat était bien plus terrible que la lutte : dès les premiers coups, les combattans se frappaient au front, aux sourcils, aux joues, à toutes les parties du visage; et ceux qui recevaient ces fières décharges, en devenaient plus impétueux et plus ardens : j'en vis qui étaient renversés du premier coup de poing qu'ils recevaient. Les assistans regardaient ces combats avec un certain respect; et tous n'y étaient pas indifféremment admis.

Des femmes, celles sur-tout qui servaient la reine, assistèrent à cette fête. Je les trouvai tout autres qu'elles ne m'avaient paru jusqu'alors : je ne les avais pas jugées désagréables; mais ce jour, elles s'étaient parées de leurs plus beaux atours, ayant leurs mantes bien repliées et assujetties par un nœud sur le côté gauche, portant des chapelets à gros grains de verre à leur cou, les cheveux bien arrangés, le corps lavé et parfumé d'une huile dont l'odeur était assez suave, et la peau si propre qu'elles n'auraient pu y souffrir le plus léger grain de sable; elles fixèrent toute mon attention, et me parurent beaucoup plus belles.

Le roi commanda que les femmes se battissent au poing comme les hommes; elles le firent avec tant d'acharnement, qu'elles ne se seraient pas laissé une dent, si de temps en temps on ne les eût séparées. Ce spectacle me toucha l'ame; je priai le roi de mettre fin au combat : il accéda à ma prière, et tous célébrèrent la compassion que j'avais eue de ces jeunes demoiselles.

Le tubou fit ensuite chanter une vieille femme qui portait au cou une burette d'étain : elle ne cessa de chanter pendant une demi-heure, accompagnant son chant, d'actions et de gestes, qui auraient pu la faire prendre pour une actrice déclamant sur un théâtre.

Enfin le jeu se termina, et nous retournâmes à la maison du roi. J'y trouvai la reine, qui me reçut avec les marques accoutumées de sa bienveillance : je lui demandai pourquoi elle n'avait pas assisté à la fête ; elle me répondit que ces sortes de combats lui déplaisaient.

Les nœuds de notre amitié ainsi resserrés, de manière que le tubou m'appelait son *hoxa*, c'est-à-dire, son fils, je pris congé de lui et de la reine, et je retournai m'embarquer. La plage était toute couverte d'Indiens, qui faisaient mille caresses à mes gens, sur ce qu'ils avaient bien voulu assister à leur fête. Les vainqueurs même me prirent sur leurs épaules et me placèrent dans la chaloupe. Le tubou, qui de sa maison voyait cette multitude, et qui savait combien je souffrais lorsque les Indiens se mêlaient avec mes gens, ordonna à ses capitaines de poursuivre ces insulaires ; et il entra lui-même en une telle colère, qu'il sortit avec un gros bâton, frappant tous ceux qui tombaient sous sa main. Tous se sauvèrent dans le bois : deux, plus maltraités que les autres, furent laissés comme morts sur la place ; j'ignore s'ils se sont rétablis.

1781.
MARS.
13.

15.

Rien ne me manquait plus pour mettre à la voile ; ce que je résolus de faire le 13 : mais un coup de vent du Nord et du Nord-Ouest, qui s'éleva ce même jour, et qui enfilait presque directement le canal par lequel il me fallait sortir, ne me le permit pas. Le vent forçait de plus en plus, et cependant à notre mouillage la mer était à peine un peu plus agitée qu'à l'ordinaire ; malgré cela, et nonobstant trois amarres sur lesquelles je me soutenais, le gros cable manqua, et je restai avec l'espérance [x] et la troisième ancre.

Le 15, le vent s'était radouci ; mais lorsque je manœuvrais pour appareiller, le câble de l'espérance se rompit, de sorte que pour me soutenir, je n'avais plus d'autre ressource que la troisième ancre. Ces accidens, joints aux traverses que j'avais éprouvées dans le cours de ma navigation, me déconcertaient. Tous mes câbles étaient pourris, ainsi que les drisses, écoutes, amures, bras, balancines, en un mot, toutes les manœuvres [y]. Ce mauvais état de mes agrès me laissait dans la triste attente de perdre la seule ancre qui me restait ; et le cas arrivant, je ne pouvais plus qu'envisager ma perte comme certaine dans ces climats éloignés.

Pour remédier au plus pressé, je fis porter un câble sur

---

[x] C'est le nom d'une ancre en Espagne.

[y] Je passe ici un long détail des avaries des manœuvres, et une kyrielle de complaintes de l'auteur ; tout cela n'amuserait pas le lecteur : d'ailleurs, il y a beaucoup de fautes dans le manuscrit, et je ne suis pas assez versé dans la marine, pour les corriger toutes.

une roche voisine ; il servit à me soutenir conjointement avec celui de l'ancre qui me restait. J'employai aussi du monde pour tâcher de découvrir et de relever les deux ancres perdues : on travailla vingt-quatre heures, mais inutilement ; l'eau était trop profonde.

1781.
MARS.

Les peines qui me tourmentaient, ne me permirent pas d'accéder à une invitation, que me fit le tubou, d'assister à une fête semblable à celle qu'il m'avait déjà donnée : mais ce prince, qui m'appelait son fils, et qui sans doute m'aimait comme si je l'eusse réellement été, n'oublia pas de m'envoyer tous les soirs deux paniers de patates, quelques poules et du poisson. Il me fit porter toute la grande quantité de provisions qu'il avait pu rassembler pour cette nouvelle fête : il vint plusieurs fois sur la frégate ; il y dîna souvent avec moi ; il faisait ensuite la sieste à bord.

Le 16, j'essayai de partir : le vent étant contraire, je courus des bordées ; et quoique le courant contrariât aussi ma route, et que le goulet fût si étroit qu'il laissait à peine assez d'espace pour revirer de bord, je me trouvai, à la dernière bordée, au vent de toutes les pointes : mais une furieuse rafale qui venait de notre avant, me rejeta sur les roches entre lesquelles je naviguais. Je me vis plus embarrassé que jamais : je n'eus d'autre parti à prendre que de retourner à mon ancien port, de laisser tomber l'ancre, et de porter promptement un câble à terre, pour me soutenir du mieux qu'il m'était possible.

16.

Le 18, j'envoyai mon premier pilote dans la chaloupe,

18.

pour sonder un autre canal, abrité il est vrai par plusieurs îles, mais qui, malgré cela, paraissait nous promettre un débouquement facile, par le vent qui régnait alors. Le pilote, de retour, nous assura que dans tout ce canal, le fond était bon, libre de toute batture, le passage assez large pour courir des bords, s'il était nécessaire. Je me disposai donc à sortir le 19; et ce jour-là, à deux heures du soir, j'avais paré toutes les îles : c'est ce que je pouvais alors désirer de mieux.

Les Indiens et le tubou ne s'attendaient pas à cette séparation; elle leur fut, sans doute, très-sensible : le roi et la reine prirent congé de moi avec les plus grandes démonstrations de tristesse; et les Indiens, dans leurs canots, nous accompagnèrent jusqu'à ce que nous fussions hors de leur archipel.

Ce port, que je nommai *port du Refuge*, est formé par trois îles assez grandes, et par beaucoup d'autres plus petites. Je donnai à tout le groupe le nom de *don Martin de Mayorga*. Le port est situé par 18$^d$ 36' Sud, et par 179$^d$ 52' à l'Orient de Paris. On y trouve en tout temps le plus favorable abri : les vents souffleraient en vain avec la plus grande furie, la mer n'y serait pas moins tranquille; l'ouragan même y est sans force. Lorsque l'on embouque entre ces îles, soit par le canal du Nord-Ouest, soit par celui du Sud-Ouest, on est sur cinquante à cinquante-cinq brasses, fond de cailloutage ou de gravier : ce même fond vous conduit jusqu'au centre du golfe, à deux encablures de la terre, et vous ne trouvez plus que trente-cinq à quarante brasses ; le fond diminue même jusqu'à douze et quinze brasses dans quelques criques. Il n'y a en cet endroit ni basses, ni ressifs : il faut cependant choisir, la sonde à la main, le lieu du mouillage, parce que, dans quelques anses, le fond est en partie de terre [z], en partie de sable.

La fertilité de la terre y est telle, que sa culture ne peut que promettre une favorable récolte. Par-tout on voit une infinité de cocotiers, de superbes bananiers, rangés en file dans le plus bel ordre, beaucoup de plantations de patates, comme on peut le conclure de la grande quantité qui en fut envoyée à bord, d'autres racines très-douces et presque de la même espèce, des limoniers, des cannes à sucre, des fruits assez ressemblans à la pomme, des oranges, des pampelmouses. Enfin, deux ou trois équis m'ayant une fois conduit à une campagne fertile, j'admirai l'ordre avec lequel tout était disposé ; ils ne souffrent entre les plants aucune mauvaise herbe : leurs chemins sont entretenus avec un soin digne d'être imité par les nations les mieux policées. Voyant le zèle qu'ils avaient pour l'agriculture, je leur donnai des féveroles, du maïs, des graines de piment, et du riz ; leur expliquant l'usage de ces graines, et les assurant qu'elles réussiraient dans leurs meilleures terres.

Ils cultivent aussi des arbrisseaux, rangés dans le même ordre que les bananiers : l'écorce de ces arbrisseaux leur sert

---

[z] Ne faudrait-il pas *roche*, au lieu de *terre* ?

à ourdir leurs mantes ou courtepointes ; ils en travaillent aussi des espèces de jupes.

La conduite qu'ils tinrent durant tout le temps de notre relâche, prouve la confiance qu'ils avaient en nous : il ne me fut pas possible de leur rendre, sur ce point, la pareille. Je ne descendais à terre qu'avec un détachement armé qui leur inspirât la terreur. Aussi ne nous donnèrent-ils aucun sujet de plainte, si ce n'est par leur inclination au vol, passion que les Indiens ne peuvent surmonter. Toutes les fois qu'ils montaient à bord, les hardes, les ferrures qui tombaient sous leurs mains, étaient regardées par eux comme de bonne prise. Ils attiraient à eux par les sabords ou fenêtres, tout ce qui pouvait être à leur portée. On vola jusqu'aux chaînes du gouvernail : j'en portai mes plaintes au roi; il me permit de tuer celui que je surprendrais sur le fait; et l'on m'assura qu'il avait découvert et fait mourir les auteurs du vol dénoncé. Notre vigilance devint plus active; nous surprîmes des insulaires qui s'efforçaient d'arracher les nouvelles chaînes du gouvernail : nous leur tirâmes un coup de pistolet ; un d'eux tomba mort : ce fut une leçon pour ceux qui étaient à bord ou à la hanche de la frégate; ils se disaient, *chito* ( voleur ) *fama* ( mort ).

Je fis tous mes efforts pour découvrir s'ils avaient quelque espèce de religion, s'ils adoraient quelque créature ou quelques faux dieux : nous ne remarquâmes rien qui pût seulement nous le faire soupçonner.

Nous prononcions facilement les termes de leur langue;

ils prononçaient aussi aisément ceux de la nôtre : un séjour de quelques mois nous aurait mis les uns et les autres en état de nous servir indifféremment des deux langues. Si nos malheurs ne m'avaient pas totalement absorbé, j'aurais rassemblé tous les mots de leur langue qui peuvent servir à lier conversation avec ces Indiens. Dans le peu d'entretiens que j'ai eus avec eux, j'avais recueilli les noms de toutes les parties du corps humain, et ceux des nombres jusqu'à dix.

1781.
MARS.

Ils m'assurèrent que deux frégates avaient relâché à leurs îles ; que les capitaines, avec cinq ou six officiers de chacune, avaient couché à terre ; qu'ils en avaient reçu des chapelets à grains de verre, des haches [aa], des herminettes. Le 16 mars, lorsque je me disposais à partir, ils me dirent que deux embarcations semblables à la mienne, faisaient alors voile au Nord-Ouest ; et ils entrèrent dans un tel détail, qu'il ne me fut pas possible de douter de la vérité du fait.

Les équis portent habituellement une coquille de nacre suspendue à leur cou : ils ont les deux petits doigts des mains coupés jusqu'à la racine.

Le tubou faisait tous ses efforts pour m'engager à me rendre, avec la frégate, au lieu de son séjour ordinaire, où je trouverais une bien plus grande abondance de comestibles. J'aurais certainement acquiescé, dès la première

[aa] On peut conclure de là que les frégates étaient espagnoles, et probablement aussi les deux embarcations dont on va parler.

invitation, à son désir; d'autant plus que j'y aurais trouvé un meilleur abri, et plus de secours pour réparer mes manœuvres, comme il me l'assurait, ainsi que tous les autres Indiens : mais la nature de ma commission ne le permettait pas.

Dans le peu de temps que je restai dans ce port, je ne pus découvrir quelles étaient les fonctions des équis, comment ils étaient distribués, de quelle nature était l'autorité du tubou, jusqu'où s'étendait son pouvoir. Dans les derniers jours, sur-tout, de ma relâche, mon chagrin était tel, que je ne pensais à autre chose qu'à mettre à la voile. Et en vérité, je puis assurer que, sans le funeste accident de la rupture de mes câbles, qui m'exposait à mille dangers, je n'aurais jamais fait une plus heureuse relâche; puisqu'outre une provision suffisante d'eau, et la réparation de vingt-cinq pipes vides et hors de service, nous avions trouvé, pour l'équipage, plus de rafraîchissemens que nous n'en aurions eu même dans nos propres ports : aussi ne regretta-t-on pas la demi-ration que je cessai de faire distribuer; on était pourvu pour plusieurs jours : des scorbutiques qui, suivant le témoignage du chirurgien, étaient désespérés, avaient recouvré la santé. Nous avions enfin rencontré un prince tellement porté à nous favoriser, qu'il ne cessait de me prendre entre ses bras, et de m'offrir toutes ses provisions.

*Départ du port du Refuge, dans les îles de D. Martin de Mayorga, par la latitude de 18ᵈ 38′ Sud, 179ᵈ 52′ à l'Est de Paris.*

Le 20 mars, ayant paré toutes les îles, je serrai le vent d'Est-Nord-Est, le plus qu'il me fut possible, courant au Sud-Est, ou aux rumbs les plus voisins. Dans cette course, nous découvrîmes à l'Est-Sud-Est 7 degrés Sud, une île très-haute, distante de quinze à seize lieues; et au coucher du soleil, on vit trois autres îles qui s'étendaient du Sud à l'Ouest-Sud-Ouest 5 degrés Ouest, à cinq lieues de distance de la plus Est. Cette vue m'obligea de virer de bord à neuf heures du soir. A une heure, je repris la bordée du Sud, pour me rapprocher de ces îles. Nous aperçûmes, dans les îles les plus voisines, plus de quarante-huit feux.

Le 21, au lever du soleil, nous comptâmes dix îles à tribord, et six à bâbord : nous les traversâmes au Sud, par de larges canaux qu'elles forment entre elles. Nous n'en vîmes aucune à l'avant, jusqu'à ce que parvenus dans un vaste golfe, nous découvrîmes, à la distance de cinq ou six lieues, une infinité d'îles qui formaient une circonférence très-étendue, dont nous occupions le centre. En traversant un des détroits formés par ces îles, nous avions vu le fond ; la sonde jetée nous avait rapporté cinq brasses, mais pour un instant seulement : le moment d'après, le fond avait augmenté.

1781.
MARS.

Me voyant environné par tant d'îles rases ou de petits îlots, qui laissaient entre eux divers canaux, je tentai de déboucher par quelques-unes de ces ouvertures : mais à leur approche, nous apercevions qu'elles étaient obstruées par de rudes brisans, qui ne me permettaient pas de déboucher par la partie du Sud. Je résolus de porter à l'Ouest, vers cette île très-élevée que nous avions reconnue la veille à une grande distance. Je ne doutais pas que je ne dusse trouver en son voisinage un passage libre pour sortir de cet archipel.

Dès le lever du soleil, arrivèrent successivement divers canots chargés des mêmes fruits et provisions que ceux des îles précédentes. Le marché s'établit; des rognures de toile furent le prix de leurs denrées.

Le tubou de ces îles m'envoya deux cochons et quelques cocos : il m'invitait à me rendre à l'île où il résidait. Il vint enfin lui-même à bord; il m'y assura qu'il me donnerait le plaisir du jeu de la lutte, et qu'il y ferait élever pour mon équipage, un monceau de patates aussi haut que notre grand mât. Il paraissait jaloux du bon accueil que nous avait fait le tubou de Mayorga.

Je lui faisais espérer que je le satisferais, sitôt que je serais au Sud des îles qui étaient à notre avant : mais ils s'accordèrent tous à me dire que les passages étaient fermés par des basses et des ressifs, et qu'au contraire, je trouverais un bon fond en prenant la route de l'île du tubou, et de la haute île, sur laquelle j'avais déjà le cap.

Quoique

Quoique tous me témoignassent que ce grand équi était souverain de quarante-huit îles qu'ils me nommaient même dans le plus grand détail, je ne m'aperçus point qu'on eût pour lui les mêmes égards, le même respect qu'on avait pour celui du Refuge. Dès qu'il fut à bord, il me mit au cou sa coquille de nacre, en signe d'étroite amitié; et après avoir passé cinq ou six heures à bord, il se retira dans une des îles, espérant que je le joindrais le lendemain.

1781. MARS.

Je côtoyai beaucoup de battures, et au coucher du soleil, je me trouvai à l'Est de l'île Saint-Christophe [a], à la distance de six lieues, paré de toutes les petites îles rases : mais comme le vent fraîchissait de l'Est, je me maintins toute la nuit sous peu de voiles, pour ne pas m'exposer à échouer sur quelque îlot que je n'aurais pas vu.

Je donnai à tout ce groupe d'îles le nom de *don Joseph de Galvez*. Le cap austral de l'île du tubou gît par 19$^d$ 39′ de latitude, et 179$^d$ 38′ de longitude à l'Ouest de Paris.

Le 22, au point du jour, je forçai de voiles, courant au plus près vers le Sud, ou vers les rumbs voisins ; et en suivant cette route, nous vîmes devant nous deux îles que je nommai *les Couleuvres* : en-deçà d'elles, on découvrait une grande batture, dont on apercevait de loin le brisant; elle nous restait à cinq lieues de distance.

22.

Les vents régnaient de l'Est, et tiraient du Nord-Est. Poussés par eux, nous continuions notre navigation avec

---

[a] Qu'est-ce que cette île de Saint-Christophe! serait-ce l'île haute dont on a parlé, et à laquelle on aurait donné ce nom! il fallait en avertir.

1781.
MARS.
24.

27.

28.

29.

AVRIL.
3.

un esprit plus tranquille, nous trouvant délivrés des dangers où nous avions été exposés, tantôt par des îles, tantôt par des battures. Nous ne vîmes rien jusqu'au 24 ; mais ce jour, nous découvrîmes, dans le 3.ᶜ quart (entre le Sud et l'Ouest), à la distance de sept lieues, une petite île, que je nommai *la Seule.* Le 27, nous en aperçûmes une autre à l'Ouest-Sud-Ouest 3 degrés Ouest, à la distance de dix lieues ; je lui donnai le nom de *Vasquez*.

La nuit du 27 au 28, le vent devint furieux et la mer très-grosse. A minuit, je fus obligé de mettre à la cape jusqu'au point du jour : le temps alors devint serein, et je fis porter à l'Ouest, par un vent faible de Nord-Est.

Le 29, me trouvant par 25ᵈ 52′ de latitude Sud, et m'estimant à 179ᵈ 17′ à l'Orient de Paris, le vent se mit au Couchant : j'en profitai pour faire route au Sud-Est quart Est, voulant m'élever davantage vers le Sud, et en même temps gagner de la longitude vers l'Est. Je suivis cette route jusqu'au 3 avril que, par 30ᵈ 0′ de latitude, et 174ᵈ 22′ de longitude à l'Ouest de Paris, le vent devint presque absolument calme.

Dans cette circonstance, et sur les plaintes continuelles qu'on faisait, que le pain de l'équipage n'était pas mangeable, je m'avisai de le visiter par moi-même. Quand je vis l'état où il était, je ne pus que me regarder comme placé dans la situation la plus affreuse où puissent être réduits ceux qui voguent sur des mers inconnues, sans espoir d'aucun secours. Jamais je ne me rappellerai ce triste moment, sans que le souvenir du spectacle qui frappa alors ma vue, ne me perce et me déchire le cœur. Je puis assurer, avec vérité, que si Dieu ne m'avait pas soutenu dans ce douloureux instant, je serais tombé dans le dernier désespoir, ne voyant aucune apparence de pouvoir continuer notre navigation.

Je fis venir le premier pilote, don JOSEPH VASQUEZ, le second, don JEAN D'ECHEVERRIA; j'assemblai tous les officiers mariniers; et je nommai le chirurgien, don PÈDRE CARVAJAL, rapporteur du conseil que nous allions tenir, et des délibérations qu'on y prendrait. Je les conduisis les uns après les autres aux soutes à pain. Nous y trouvâmes des millions de cancrelas : il faut l'avoir vu de ses propres yeux, pour se faire une idée du nombre de ces insectes. Cette peste avait tellement infesté la frégate, que le père aumônier fut obligé de les conjurer à plusieurs reprises. De mon côté, j'avais l'attention de distribuer dans les chambres, dans les soutes, dans toutes les parties du vaisseau, des vases [b] intérieurement enduits de miel mêlé de sucre : chaque jour me rapportait une tinette bien pleine de ces insectes. J'y consommai presque tout mon miel, et leur nombre ne paraissait pas diminué.

Le pain, à l'ouverture de la soute, paraissait intact; mais près des cloisons, tout le biscuit avait disparu ; et le fond ne présentait qu'un amas de son et de poussière. Eu égard à la diminution de la ration, que j'avais ordonnée le

---

[b] Dans le texte il y a, *des crachoirs*.

1781.
AVRIL.

16 février, et au retranchement d'une once sur chaque livre, qui avait été fait même dès notre départ de Sisiran, il devait me rester trois cent vingt-neuf arrobes [c] de pain, sans compter les autres provisions, qui étaient assez abondantes : mais je me vis ce jour-là réduit à deux grandes caisses pleines de poussière plutôt que de pain [d]. Je fis ouvrir les trois caissons de réserve, qui étaient bien reliés de bons cerceaux, et bien brayés : il n'y avait pas d'apparence qu'ils eussent jamais contenu du pain; ils n'étaient remplis que de cancrelas.

J'eus d'abord la précaution de faire trier autant de pain qu'il fut possible, et de le faire serrer dans les caisses des pavillons et des armes. On le pesa, et il s'en trouva quarante arrobes. En second lieu, je fis ramasser tout ce que l'équipage pouvait encore avoir de patates : mais la provision en était faite depuis quinze jours; à peine put-on en remplir deux paniers. Troisièmement, je fis tuer les cochons et les autres animaux, excepté quelques poules que l'on conserva pour les malades. Je gardai pour le même service le peu de miel qui me restait de la provision que j'en avais faite à Sisiran. La quatrième précaution que je crus devoir prendre, fut de suspendre à l'instant même la ration de pain, et de distribuer par tête aux gens de l'équipage, une petite ration de patates, prise sur la provision que j'en avais faite chez les Indiens, trois onces de porc et une de riz. Je n'avais en tout

[c] L'arrobe pèse vingt-cinq livres; la livre est de 16 onces.
[d] J'abrège encore ici.

cela d'autre objet que de leur conserver la vie jusqu'à ce que je pusse être en état de leur accorder des secours plus abondans. Enfin je me déterminai à partager avec eux mes provisions, réservant pour dernière ressource les deux caisses, que je regardais comme sacrées.

Après avoir pris toutes ces résolutions, je tins conseil avec les officiers que j'ai déjà désignés. Je leur représentai ce que j'avais fait depuis le 20 janvier, ce qui devait nous rester de pain, et ce qui nous en restait réellement. Je leur dis que je leur rendais d'autant plus volontiers compte des précautions que je me proposais de prendre, qu'ils avaient eux-mêmes souffert des retranchemens que j'avais cru devoir faire, retranchemens qui m'avaient fait traiter de tyran, de mauvais cœur, d'homme qui avait dépouillé tout sentiment d'humanité ; que nous étions actuellement à dix-sept cent soixante lieues du Pérou, à douze cent quarante de Guaham dans les îles Mariannes ; que les vents seraient favorables pour suivre l'une ou l'autre de ces deux routes, sauf quelques calmes ou quelques contrariétés auxquelles il fallait toujours s'attendre dans de tels voyages ; qu'ils avaient eux-mêmes sous les yeux l'état de nos vivres ; qu'enfin je les priais de me dire quel parti ils prendraient, s'ils commandaient un vaisseau dans de pareilles circonstances. Tous répondirent unanimement que la mort seule était pire que l'état où nous nous trouvions ; que des deux routes proposées, quoique ni l'une ni l'autre ne donnât que bien peu d'espérance de salut, on ne pouvait se dispenser de choisir celle des

1781.
AVRIL.

Mariannes, et d'essayer si l'on ne pourrait pas se procurer quelque secours aux îles de Martin de Mayorga; que nous n'avions pas de vivres pour un mois. Enfin le premier et le second pilote appuyèrent tout ce que l'on m'avait représenté; et persuadé moi-même que leur avis était le meilleur, ne voulant point d'ailleurs contribuer à la perte de tant d'infortunés, ni me roidir contre ce qui me paraissait plus conforme aux intérêts du roi, je fis gouverner vers le Nord, dans le dessein de me mettre quarante lieues à l'Est des îles où j'avais déjà trouvé et où j'espérais trouver encore des rafraîchissemens. Je ne pris cependant cette résolution qu'avec une peine plus sensible que celle que j'avais ressentie à l'inspection de nos vivres : j'aurais désiré plutôt mourir que de remonter au Nord; et si je ne me fusse laissé vaincre par la raison, j'aurais pris la folle résolution de poursuivre notre navigation vers l'Est. Le calme de mon esprit disparut; j'étais loin d'éprouver cette tranquillité d'ame avec laquelle j'ai enduré une infinité de traverses dans les très-pénibles voyages que j'ai entrepris pour faire de nouvelles découvertes [e]. La réflexion que nous ne pouvions prendre un autre parti, ne suffisait pas pour me tranquilliser, sur-tout quand je considérais que cet état de détresse s'était manifesté précisément lorsque nous avions surmonté les difficultés de notre navigation, lorsque nous avions atteint une latitude par laquelle nous ne pouvions qu'espérer des vents

---

[e] Quels services ce navigateur ne rendrait-il pas à la géographie, s'il daignait faire part au public de ses découvertes!

favorables, et sous laquelle je croyais que nous pouvions terminer notre voyage. Il est cependant certain que si la fantaisie de voir par moi-même l'état de nos provisions, m'eût pris quinze jours plus tard, notre plus grand bonheur eût été de rester dans quelque île déserte, si nous en eussions rencontré. Et dans la situation même où nous nous trouvions, si les rafraîchissemens que les Indiens nous avaient fournis eussent été moins abondans, il ne me serait resté d'autre parti à prendre que de chercher quelque terre où nous eussions pu nous réfugier. Ce fut donc véritablement par un coup de la providence, que nous avions rencontré ces îles de Mayorga, d'où nous avions tiré de si puissans secours.

Avec des vents variables qui soufflèrent de tous les points de l'horizon, je suivis, depuis le 4 avril, la route du Nord, ou celles qui en approchaient le plus dans le premier quart (entre le Nord et l'Est). Le 9, la brise du Sud-Est au Nord-Est commença à régner : j'en profitai pour me mettre à quarante lieues à l'Est des îles, afin de les trouver ensuite plus facilement, en suivant leur parallèle.

Le 16, le vent calma; le 18, il força, et fut accompagné d'un temps noir et de pluies abondantes ; nous fûmes toute la nuit à la cape. Au point du jour, nous courûmes sur les îles : mais le courant nous avait portés quelques minutes au Nord ; le mauvais temps ne nous avait permis aucune observation ; ces îles sont d'ailleurs fort rases, nous ne les aperçûmes point. Nous vîmes au Nord-Ouest l'île qui est

1781.
AVRIL.

au Sud-Ouest 7 degrés Sud de l'île Latté; nous en étant approchés, nous reconnûmes Latté à la distance de six lieues. Il résultait de là que mon point était de trente milles en arrière de la frégate, et que par conséquent nous avions passé entre les deux groupes d'îles de Galvez et de Mayorga, à peu de distance des unes et des autres, et que des brumes continuelles et un horizon nébuleux n'avaient pas permis de les voir.

Comme la seule espérance qui soutenait le courage de mes matelots, était de pouvoir gagner les îles de Mayorga, je serrai le vent le plus qu'il me fut possible, et fis prendre les ris dans les huniers : mais la mer était grosse, le vent fort, la nuit obscure; je fus obligé de renoncer à aborder ces îles, persuadé que je ne pouvais en approcher ( ce qui d'ailleurs était fort douteux ) sans perdre plusieurs jours. Mon équipage cependant se décourageait dans la vue de l'état malheureux où il était : sa faiblesse était telle, que pour hisser une voile de hune, il fallait souvent que les gens des deux gaillards missent tous ensemble la main à l'œuvre. La diète la plus rigoureuse qu'on puisse faire dans un hôpital, ne les aurait pas affaiblis davantage. Pour les rassurer, je leur faisais considérer que, par la route que nous tenions, nous rencontrerions infailliblement d'autres îles, où ils répareraient leurs forces; que les vents étaient favorables, et que nous avancions chaque jour à pleines voiles vers le terme de nos souffrances. Ces raisons les tranquillisèrent; ils prirent patience.

Le

Le 21, nous découvrîmes au Nord-Nord-Est et à l'Est-Nord-Est deux îles que je nommai *de Consolation*, parce que mon équipage y trouva quelque soulagement, s'y étant pourvu de patates, de cochons, de cocos, de bananes et de poules, que les insulaires nous apportèrent; pendant trente heures que je restai à peu de distance de leur rivage. Si le temps eût été moins dur, les rafraîchissemens eussent été plus abondans ; cependant l'équipage, par des échanges dans lesquels les hardes ne furent pas ménagées, et au risque de se trouver absolument nu, fit des provisions pour plus de huit jours de navigation : nos matelots recouvrèrent par-là leurs forces, et furent plus en état de supporter le dernier malheur qui les attendait.

Comme à notre approche de l'île, nous vîmes venir à notre rencontre un très-grand nombre de canots chargés de provisions, je suspendis la faible ration de comestibles que je leur fournissais de ma propre soute : on conçoit facilement le but de cette épargne.

Les Indiens de ces îles parlent la même langue que ceux du Refuge, et leur caractère d'esprit est le même. Leur confiance en nous était telle, que dix-neuf d'entre eux couchèrent à bord, sans que nous ayons pu les en empêcher; et le jour suivant, il fallut recourir à la force pour nous en débarrasser.

Ils voulaient m'engager à débarquer dans leur île, où ils échangeraient avec nous beaucoup de gros cochons, la petitesse de leurs embarcations ne leur permettant de nous

1781.
AVRIL.

en amener que de petits; mais comme mon temps était précieux, je me contentai de veiller à ce que personne ne se négligeât, et qu'on fît toutes les provisions que les circonstances permettaient.

22.

Le 22 au soir, je fis route au Nord-Nord-Ouest avec un vent doux du Nord [f]; et dans cette route, je découvris le 24, une autre île, que je nommai *Maurelle*. Le vent calma, sauf quelques grains et quelques courtes bouffées du Nord-Est; ce qui m'empêcha de porter vers l'île avant le coucher du soleil : le Sud-Est ayant alors pris le dessus, je m'en approchai à la distance de trois lieues; mais la nuit, et cette distance, trop grande pour les petites embarcations de ces Indiens, firent rétrograder deux canots qui venaient à la voile, chargés sans doute de rafraîchissemens.

24.

MAI.
5.

Les vents continuèrent à souffler du premier et du second quart ( du Nord à l'Est, et de l'Est au Sud ), tantôt frais, tantôt si faibles qu'ils dégénéraient enfin en calme. Je profitai des momens favorables, et je me trouvai, le 5 mai, par la latitude de 6 degrés. Dans cette position, nous trouvâmes une île très-rase, environnée d'une plage sablonneuse qui aboutissait à un ressif impénétrable, au voisinage duquel je ne trouvai point de fond avec une ligne de plus de cinquante brasses. L'île était couverte d'un plant épais de

---

[f] Il y a ici quelque erreur; je ne crois pas que par un vent de Nord, les Espagnols ayent pu faire route au Nord-Nord-Ouest : il faut sans doute lire, *un vent de Nord-Est*, ou *route à l'Ouest-Nord-Ouest*.

cocos [g]. Cette vue fit d'autant plus de plaisir à l'équipage, que les provisions faites à l'île de Consolation, étaient ce jour-là même épuisées.

J'envoyai la chaloupe armée, pour nous amener, s'il était possible, plusieurs voitures de cocos; le brisant du ressif ne le permit pas : la frégate avança néanmoins à une telle proximité de la côte, que les insulaires nous parlaient de dessus le rivage; mais nous ne vîmes aucun moyen de pousser plus avant. Cependant les Indiens jetèrent leurs canots à la mer, non sans une peine extrême, vu l'obstacle du ressif. Ils arrivèrent à bord en grand nombre; la difficulté de la navigation ne leur avait permis que de se charger d'un très-petit nombre de cocos. Ils essayèrent de remorquer la frégate, en amarrant divers câbles à la proue; et voguant tous ensemble vers l'île, d'où l'on jetait même des cordages, pour nous tirer vers la terre. Voyant qu'en six heures de temps on n'avait pu réussir, et n'espérant aucun succès ultérieur, je fis voile au Nord-Ouest.

Les habitans de cet îlot commençaient déjà à varier beaucoup dans la prononciation de plusieurs mots communs aux autres îles. Ils vinrent à bord, tellement barbouillés, qu'on aurait été tenté de les prendre pour des figures de démons. La plupart avaient des barbes si longues, qu'elles leur pendaient jusque sur la poitrine. Près du plant de cocos, il y avait un si grand nombre de cases, disposées en

---

[g] On verra plus bas qu'on nomma cette île, *île du Cocal*. Cocal signifie un plant de cocos : je n'ai osé hasarder le terme de *cocotaie*.

1781.
MAI.

6.

13.

un fort bel ordre, qu'on pouvait en conclure que cette île est extrêmement peuplée.

Le 6, je me vis forcé de réduire les rations à cinq onces de pain, trois de chair de porc, et deux de féveroles, que je tirai de ma provision particulière, n'y en ayant plus dans celle du roi; et quoique je crusse qu'il était impossible que les gens de mon équipage se soutinssent avec dix onces d'une mauvaise nourriture, le triste état de nos provisions ne me permettait pas de leur en accorder davantage.

Le même jour au soir, nous vîmes une autre île plus rase, mais plus grande que la précédente : je la nommai *Saint-Augustin;* je la laissai au Sud-Ouest à la distance de six lieues.

Le 13, nous eûmes, en repassant la Ligne, des grains de toutes les parties de l'horizon. Toutes les remarques que j'avais faites, depuis l'île du Cocal, sur l'état de l'horizon, me persuadèrent que depuis cette île, nous avions laissé à l'Est beaucoup de terres, qui forment sans doute, avec les îles de Salomon, une cordelière plus ou moins ouverte, au Sud de la Ligne équinoxiale.

Pendant le peu de temps que la ration de pain fut bornée à cinq onces, je n'eus pas un seul de mes gens qui n'éprouvât un relâchement d'estomac. Tous étaient si faibles, que ceux des deux gaillards, rassemblés, ne pouvaient qu'avec beaucoup de peine hisser les voiles ; ce qui nous obligea plusieurs fois de supprimer des manœuvres qui auraient pu nous être très-utiles.

Le 22, je me faisais sur les basses de Saint-Barthelemi. La prudence aurait demandé, sans doute, que j'eusse mis quelquefois à la cape durant la nuit, d'autant plus que le vent était non-seulement bon frais, mais même forcé : mais j'étais trop affecté du triste état de mes gens, dont la plupart étaient attaqués du scorbut, occasionné par la mauvaise qualité du pain. Je ne voulus pas perdre un moment ; je forçai de voiles, et l'extrême vigilance que je recommandai à tout l'équipage, suppléa aux précautions que j'aurais prises dans toute autre circonstance.

Le 24, notre latitude était de 13$^d$ 16′ Nord, et tous les dangers étaient passés. Je gouvernai donc à l'Ouest quart Nord-Ouest, sur Guaham, capitale des îles Mariannes, où je mouillai le 31, en rade d'Umata ; et j'y reçus aussitôt les secours nécessaires pour alimenter convenablement mon équipage.

Comme je n'avais qu'une seule ancre, secours insuffisant pour me maintenir en rade, j'envoyai un exprès à don PHILIPPE ZÉRAIN, gouverneur de l'île. Je lui faisais part de l'état actuel de mon vaisseau, et de l'objet de ma commission ; je le priais de me mettre, le plutôt qu'il serait possible, en état de faire voile ; je lui déclarais que quelque détériorés que fussent mes agrès, j'étais néanmoins résolu de me rendre à la nouvelle Espagne, pour remettre entre les mains de son excellence le viceroi du Mexique, les importantes dépêches dont j'étais chargé. J'espérais, ajoutais-je, qu'il me faciliterait les provisions de vivres indispensables pour une si longue navigation. Au reste, je ne demandais pas les vivres qu'on a coutume de fournir aux vaisseaux du roi (on ne les aurait pas trouvés dans ce préside), mais ceux qu'on pouvait recueillir dans l'île, pourvu que leur quantité fût telle, qu'on pût les regarder comme équivalant aux provisions ordinaires.

Le gouverneur voulut juger par lui-même de tout ce qui était nécessaire au succès de ma commission. Concevant de quelle conséquence il était que la force du vent ne nous fît pas dérader, attendu que mon équipage était dépourvu de vivres, il envoya à bord pour quinze jours de provisions en riz, maïs, et cochons, sans qu'on discontinuât les rafraîchissemens journaliers qu'on nous fournissait pour le rétablissement de nos scorbutiques, et pour disposer mon équipage à une nouvelle campagne. Il fit aussi conduire du préside distant d'Umata de dix lieues, une très-vieille ancre: il y manquait, il est vrai, le quart de la barre; mais je la réparai de manière qu'elle fût en état de servir; et à l'aide d'une autre ancre de bois que je construisis, aidé de mon charpentier, nous nous vîmes, au bout de huit jours, soutenus sur trois ancres, non pas cependant à l'entière satisfaction de l'équipage.

Il ne nous restait plus qu'à faire de l'eau, pour assurer notre subsistance, tant à l'ancre que sous voiles. Dès mon arrivée, j'avais fait successivement mettre à terre toutes nos futailles : il n'y avait pas long-temps que nous les avions remplies aux îles de Mayorga. Quel fut donc notre étonnement, quand nous trouvâmes que nous n'avions plus que deux pipes d'eau ; et même il manquait un baril entier à l'une de ces pipes. J'invitai le gouverneur, son major, et tout mon équipage, à se rendre, de leurs propres yeux, témoins de cet énorme déchet. Tous rendirent grâce à Dieu de ce qu'il nous avait sauvés du danger imminent dont nous étions menacés.

Comme toutes les douves, tous les fonds de nos futailles étaient rongés dans toutes leurs parties, nous fûmes obligés de les réparer à neuf : mais après ce travail, les pipes, qui étaient auparavant de six barils, n'en contenaient plus que quatre. Nous ne pûmes d'ailleurs obtenir de ces débris que quarante-huit pipes. Le gouverneur, comprenant l'insuffisance de cette provision, fit porter à mon bord trente cannes, contenant chacune huit quartillos [h]. Ce secours ne remédiait pas sans doute au ravage que nous avions lieu de craindre de la part de nos misérables insectes. Je pris cependant courage, espérant que dans l'abondance de nos provisions, ils prendraient facilement le change.

Les vivres que je me procurai sans qu'il en coutât rien au trésor royal, furent cent quarante anègues [i] de maïs,

[h] Il y a là probablement quelque erreur. Suivant PAUCTON (*Traité des mesures, poids, &c.*), les trente cannes, de huit quartillos chacune, n'auraient contenu que cent vingt-cinq pintes de Paris ; et plus de la moitié moins, ou soixante pintes seulement, suivant le Dictionnaire de SÉJOURNART. Ç'aurait été un bien faible secours : il faut apparemment lire *huit cents* ou *huit mille* quartillos.

[i] L'anègue, ou plutôt la fanègue, contient à très-peu près quatre boisseaux et demi de Paris.

1781.
JUIN.

soixante de riz, trente cochons, vingt jeunes taureaux (ou bœufs peut-être), quarante-cinq a.... [k] de viande sèche, du beurre, du sel, de l'huile du pays pour les lampes, de l'eau-de-vie de cocos pour l'équipage, soixante cocos pour les cochons, et tous les autres menus objets nécessaires sur un vaisseau. Dans des circonstances plus favorables, nous ne nous serions pas contentés de telles provisions. Je me disposai donc à partir le 20 juin 1781, pour la nouvelle Espagne, afin d'achever de remplir une commission dont le résultat pouvait être très-utile au bien de l'état.

*DÉPART de la rade d'Umata, en l'île de Guaham, capitale des îles Mariannes, située par $13^d\ 10'$ de latitude Nord, $21^d\ 28'$ à l'Est de Manille.*

20.

J'APPAREILLAI donc le 20 juin, et j'éprouvai encore une fois combien était grande la faiblesse de mes câbles, et spécialement de celui qui soutenait l'ancre que le gouverneur m'avait procurée. L'ancre fut à peine hors de l'eau, que le câble rompit; et comme le navire avait fait son abattée à une distance où le fond était très-bas, elle retomba à une profondeur où le câble ne pouvait atteindre.

La saison permettait de prendre la route du Nord; les vents d'Est et d'Est-Nord-Est me portèrent jusqu'à la

---

[k] Cet abrégé *a...* signifie probablement *anègues*. Cependant l'auteur l'a employé ailleurs pour *arrobes*. L'arrobe de matières non liquides, est un poids de vingt-cinq livres : ainsi quarante-cinq arrobes ne feraient que onze cent vingt-cinq livres, ce qui ne serait pas une grande provision.

latitude de 20ᵈ 10'. Nous eûmes ensuite sept jours entiers de calme plat, pendant lesquels nous n'eûmes d'autre mouvement que celui des courans, qui nous portaient au Nord-Ouest.

1781.
JUIN.

Le 3 juillet, par 24ᵈ 26' de latitude, les vents du quatrième quart (d'entre l'Ouest et le Nord) commencèrent à souffler, tantôt avec assez de force, tantôt plus faiblement; ils me portèrent, le 7, à la latitude de 25ᵈ 9', et je me supposais alors sur l'île du Grand-Volcan. Nous continuâmes la route jusqu'au 11, que me trouvant par 27ᵈ 52' de latitude, je jugeai que j'étais à vingt-cinq lieues à l'Est de l'île du Mauvais-Abri, et que j'avais paré toute la cordelière des Mariannes. Les vents tournèrent alors au 3.ᵉ quart (entre le Sud et l'Ouest), et je portai au Nord-Est, cherchant toujours à m'élever en latitude, pour rencontrer enfin les bons vents frais de la partie de l'Ouest : parvenu à 40 degrés de latitude, je gouvernai à l'Est quart Nord-Est, autant que les vents le permirent; mais me trouvant par 43 degrés de latitude, 179ᵈ 28' à l'Est de Paris, le vent passa au 2.ᵉ quart (entre l'Est et le Sud), et il devint si violent, que je fus obligé de me tenir deux jours à la cape.

JUILLET
3.

7.

11.

Le 5 août, le vent vint du Nord-Ouest; je gouvernai à l'Est quart Sud-Est jusqu'au 13. Dans cet intervalle, les vents soufflèrent de tous les points de l'horizon, et se fixèrent enfin dans le 2.ᵉ et le 1.ᵉʳ quart. Je profitai, autant qu'il me fut possible, de ces variations pour m'avancer vers l'Est.

AOÛT.
5.
13.

Le 30, je me trouvai par 37ᵈ 5' de latitude Nord, et

30.

TOME I.                          S s

1781.
Septembre.

je m'estimais à 144ᵈ 17′ à l'Ouest de Paris, et à deux cent soixante lieues de distance du cap Mendocin. Les vents s'établirent alors dans le 4.ᵉ quart ; je portai à l'Est

3. jusqu'au 3 septembre, que nous vîmes du goëmon et des troncs de pin flotter sur l'eau, premier signe de la proximité des côtes septentrionales de la Californie. Pour m'en approcher, je portai à l'Est-Sud-Est.

4. Le 4, la mer changea de couleur ; et la vue de quelques petits oiseaux nous confirma que nous n'étions pas loin de terre, et que nous ne tarderions pas d'en avoir connaissance.

8. Le 8, je me trouvai sur la pointe de Pédernales (ou des Pierres à fusil), à la distance de cinq lieues. Ce relèvement me mettait par 123ᵈ 3′ de longitude à l'Ouest de Paris ; je m'estimais par 130ᵈ 34′ : mon estime était donc en erreur de cent vingt-deux lieues que je me faisais trop à l'Ouest.

De la vue de cette pointe, je fus à la recherche du cap Saint-Lucas. Dans la route, je passai à l'Est de l'île Guadeloupe, à la distance de huit lieues. J'eus quelques jours de

20. calme, après lesquels j'eus connaissance, le 20, du morne
22. de Saint-Lazare, et le 22 j'étais près le cap Saint-Lucas.

25. Le 25, après quelques calmes, pendant lesquels j'eus presque toujours en vue la terre de ce cap, il survint un terrible ouragan, qui, dans l'espace de six heures, courut de l'Est, par le Nord et l'Ouest, jusqu'au Sud, avec une telle furie, que malgré la lame impétueuse qui nous venait de l'avant, nous faisions sept milles et demi par heure, ne

portant que la seule misaine. Il n'y a point de doute que nous n'eussions été démâtés, si l'ouragan eût duré plus long-temps.

Le même jour, quand l'ouragan fut calmé, je fis larguer toutes les voiles, et je portai sur les îles Maries. Je les doublai au Nord le 26; et le 27, à la nuit, je mouillai en rade de Saint-Blaise, par 21$^d$ 30' de latitude, 134$^d$ 54' à l'Est de Manille, 107$^d$ 6' à l'Ouest de Paris. J'ai eu le bonheur d'amener mon équipage sain et sauf, malgré les horribles dégâts que les cancrelas avaient faits dans nos provisions, et la misère qui s'en était suivie; n'ayant perdu que deux hommes, dont l'un était mort au port même de Sisiran avant notre départ, et l'autre était attaqué de phthisie quand il s'est embarqué.

A Saint-Blaise, le 27 septembre 1781, à bord de la frégate la Princesse. F. A. MAURELLE [1].

---

[1] Je n'ai voulu joindre aucune remarque à la relation de ce voyage qualifié d'*intéressant* par MAURELLE : mais comme en hydrographie on tire parti des journaux les moins exacts, malgré le jugement un peu rigoureux qu'en porte LA PÉROUSE dans l'extrait de sa correspondance inséré au IV.$^e$ volume, j'ai pensé qu'il pourrait devenir utile à quelques navigateurs, ou servir d'éclaircissement à quelques discussions géographiques. ( N. D. R. )

# VOYAGE

## EXTRAIT

*De la Relation d'un voyage fait en 1779, par don FRANÇOIS-ANTOINE MAURELLE, Enseigne de frégate, au service du roi d'Espagne, pour la découverte des côtes occidentales de l'Amérique septentrionale.*

DEPUIS quelques années, les Espagnols ont entrepris trois voyages pour reconnaître les côtes occidentales de l'Amérique septentrionale. Dans le premier, don JEAN PEREZ, premier pilote, s'éleva jusqu'à 55 degrés de latitude; et à son retour, il reconnut deux fois la côte entre ce point et le port de Monterey.

Le second voyage date de l'année 1775 : on avait armé pour cet effet une frégate et une goëlette. La goëlette était commandée par don JEAN-FRANÇOIS DE LA BODEGA Y QUADRA, lieutenant de vaisseau. Don MAURELLE, qui accompagnait don DE LA BODEGA, et qui n'était alors que second pilote, avait tracé une relation de cette expédition. Une copie de cette relation est parvenue entre les mains des Anglais; sir DAINES BARRINGTON l'a publiée en Angleterre, traduite sans doute en anglais : le capitaine COOK la cite dans la relation de son troisième voyage. Mais le capitaine DIXON, dans la relation du voyage qu'il a fait en ces mêmes parages, accuse don MAURELLE de

mensonge manifeste; il est incontestable, suivant lui, que cet officier n'a point été dans les parages où il se vante d'avoir fait des recherches infructueuses. L'accusation est forte : si elle est bien fondée, don MAURELLE ne mérite aucune confiance. « Nous essayâmes, dit ce navigateur, de
» trouver le détroit de l'amiral DE FONTE, quoique n'ayant
» pas encore découvert l'archipel de Saint-Lazare à travers
» duquel il navigua... Après toutes les peines que nous nous
» sommes données inutilement, nous pouvons prononcer que
» ce détroit n'existe pas ».— « Or, dit le capitaine DIXON,
» la situation des îles de la Reine-Charlotte, qui s'étendent
» du 54.ᵉ degré au 51.ᵉ degré 56 minutes de latitude Nord,
» prouve clairement que ce sont celles qui composent l'ar-
» chipel de Saint-Lazare ». Mais est-il bien prouvé que ce que le capitaine DIXON nomme *les îles de la Reine-Charlotte*, soit réellement un groupe de plusieurs îles? « Il y a tout
» lieu de le croire, nous dit-on, en considérant le grand
» nombre de petits détroits qu'on a vus en rangeant la côte ». Mais ces petits détroits peuvent n'être que des criques; on n'a pénétré dans aucun. Le capitaine DIXON avait bien d'autres affaires; son but n'était pas de faire des découvertes, mais d'acheter à bon marché de belles fourrures, et de les vendre cher à la Chine. Aussi n'est-il pas l'auteur de la relation : elle est, est-il dit dans l'introduction, d'une personne aussi peu exercée dans la carrière littéraire, que peu accoutumée à la vie maritime. Mais le capitaine DIXON nous dit dans l'introduction, qu'il a corrigé soigneusement ce qui

a rapport à la navigation. Tout, sans doute, est fort bien corrigé ; mais pour soutenir l'opinion erronée où l'on paraît être de la réalité des découvertes de l'amiral DE FONTE, il ne fallait pas taxer d'imposture un navigateur qui n'avait eu d'autre vue que de faire de nouvelles découvertes.

Les découvertes faites par MAURELLE dans cette seconde expédition, s'étendaient jusqu'au 58.ᵉ degré de latitude. Don MAURELLE les avait détaillées sur une carte qui probablement ne sera point parvenue entre les mains des Anglais ; les Espagnols la publieront peut-être, et l'on pourra combiner alors les découvertes de MAURELLE avec celles de COOK et de DIXON. Don DE LA BODEGA et don MAURELLE avaient découvert entre autres, par 55ᵈ 18′ de latitude, l'entrée d'un port qu'ils jugèrent devoir être fort bon : ils avaient donné à l'entrée le nom d'*entrée de Bucarelli*, en l'honneur de frère don ANTOINE-MARIE BUCARELLI Y URSUA, vice-roi du Mexique, qui n'épargnait rien de ce qui dépendait de lui pour faciliter le succès de ces expéditions. Ils avaient aussi découvert deux havres très-bons, celui de Guadalupe, par 57ᵈ 11′, celui de los Remedios, par 57ᵈ 18′. COOK, dans son troisième voyage, en 1778, reconnut ces havres ; mais il ne s'y arrêta pas.

Une troisième expédition fut ordonnée par le roi d'Espagne, en 1777 : il s'agissait de terminer la reconnaissance de la côte au Nord-Ouest de l'Amérique, depuis le 58.ᵉ degré jusqu'au 70.ᵉ Don BUCARELLI fit armer deux frégates. Don IGNACE ARTEAGA, lieutenant de vaisseau, commanda la Princesse; la Favorite fut aux ordres de don DE LA BODEGA, qui prit pour second capitaine don MAURELLE, alors enseigne de frégate. Ils convinrent de se rendre d'abord à l'entrée de Bucarelli, où ils feraient du bois, de l'eau, &c.

Ils partirent le 11 février 1779, du port de Saint-Blaise, qu'ils placent par 21$^d$ 30' Nord, et 107$^d$ 6' Ouest de Paris. Ils arrivèrent, le 3 mai, à l'entrée de Bucarelli, dont la situation géographique est, suivant eux, par 55$^d$ 18' Nord, et 139$^d$ 15' Ouest de Paris. Il ne paraît pas y avoir lieu de révoquer en doute l'exactitude des latitudes déterminées par don MAURELLE : il n'en est pas de même des longitudes, qui n'étaient probablement déterminées que par estime. Suivant un relèvement que COOK avait fait, l'année précédente, des côtes voisines de l'entrée de Bucarelli, cette entrée doit être à très-peu près 227 degrés à l'Est de Greenwich, ou 135 degrés un tiers à l'Ouest de Paris.

L'entrée de Bucarelli introduisit les Espagnols dans un vaste golfe; ils y mouillèrent le 3 mai, dans un port tel qu'il n'en est pas, disent-ils, de meilleur en Europe; ils lui donnèrent le nom de *port de la Croix*.

Le 18 mai, don MAURELLE fut dépêché avec les deux chaloupes pour faire le tour du golfe. Dans cette expédition, qu'il ne termina que le 12 juin, il releva tous les caps, toutes les îles, toutes les principales parties du grand golfe; il dessina toutes les criques, toutes les baies, tous les ports particuliers. Toutes ces baies, tous ces ports, dit-il, sont bons et sûrs. Il donna des noms à toutes ces parties; il dressa enfin un grand plan très-exact de tout le grand golfe : il serait bien à désirer que ce plan fût publié, ainsi que la carte que don Maurelle a dressée des côtes et des îles que les Espagnols ont reconnues dans la suite de leur expédition. La carte serait cependant moins essentielle que le plan, les mêmes côtes ayant été visitées l'année précédente par Cook; mais on pourrait y trouver quelques détails qui auraient échappé à l'argonaute anglais [a].

Don Maurelle, dans son expédition, rencontra peu d'habitations : il ne vit qu'un seul village situé au haut d'une montagne escarpée; on ne pouvait y monter que par un escalier ou plutôt une échelle de bois; si le pied manquait, on tombait dans le précipice.

Les Espagnols ne furent pas long-temps dans le port de la Croix, sans recevoir la visite des Indiens voisins du port. Les échanges furent établis; les Indiens cédaient leurs pelleteries et diverses bagatelles, pour des grains de verre et des morceaux de vieux fer, &c. De ce commerce, il résulta que les Espagnols purent prendre une connaissance assez exacte de leur génie, de leurs armes offensives et défensives, de leurs manufactures, &c.

[a] On trouve une réduction de ce plan dans l'Atlas du Voyage de LA PÉROUSE, n.º 26. ( N. D. R. )

Leur couleur est olivâtre-clair; plusieurs d'entre eux ont cependant le teint régulièrement blanc : leur visage est bien proportionné dans toutes ses parties. Ils sont robustes, courageux, arrogans, belliqueux.

Ils se vêtent d'une ou de plusieurs peaux crues ( avec leur poil apparemment); ce sont des peaux de loutre, de loup marin, de benade ( c'est une espèce de cerf), d'ours, ou d'autres animaux qu'ils prennent à la chasse. Ces vêtemens les couvrent du cou jusqu'à mi-jambe : il y en a cependant parmi eux plusieurs qui portent des bottes de peau unie, assez semblables aux bottes anglaises, si ce n'est que celles de ces Indiens s'ouvrent par le devant, et qu'on les ferme en y entrelaçant un cordon. Ils portent sur la tête des chapeaux tissus de menues écorces d'arbres, et dont la figure est celle de la partie supérieure d'un entonnoir ( ou d'un cône). Aux poignets, ils ont des bracelets de cuivre ou de fer, ou, au défaut de ces métaux, de barbe de baleine, et autour du cou, des colliers de petits fragmens d'os de poissons ou d'autres animaux, ou même des colliers de cuivre, de la grosseur de deux doigts. Ils portent des pendans d'oreille de nacres, ou de plaques de cuivre sur lesquelles est relevée en bosse une résine de couleur de topaze, et qui sont accompagnées de grains de jais. Leurs cheveux sont longs et épais : ils se servent d'un peigne assez analogue aux nôtres, pour les réunir en une petite queue depuis leur milieu jusqu'à leur extrémité ; un ruban étroit, de grosse toile tissue à cet effet, leur sert de ligament.

Ils portent aussi, pour se couvrir, des espèces d'écharpes [b], longues d'une vare et demie [c], et larges d'une vare, tissues comme les peillons [d] du Pérou ; tout autour règne une frange large d'un demi-quart de vare, et dont le fil est régulièrement tors.

Les femmes, dans leur habillement, donnent des preuves de leur modestie et de l'honnêteté de leurs mœurs. Leur physionomie est agréable, leur teint assez frais, leurs joues vermeilles, leurs cheveux longs; elles les réunissent en une longue tresse. Elles portent une longue robe de peau unie, ceinte au-dessus des reins, et assez semblable à celle de nos religieux; elle les couvre depuis le cou jusqu'aux pieds; les manches s'étendent jusqu'aux poignets. Sur cette robe elles mettent diverses peaux de loutre ou d'autres animaux, pour se défendre des injures de l'air. Mieux habillées, plusieurs d'entre elles pourraient disputer d'agrément avec les plus belles femmes espagnoles; mais peu contentes de leurs charmes naturels, elles ont recours à l'art, non pour s'embellir, mais pour se défigurer. Toutes les femmes mariées ont une grande ouverture à la lèvre inférieure, et cette ouverture est occupée par un morceau de bois taillé

---

[b] Il y a dans l'espagnol, *algunas presadas*. Je ne sais si *presada* signifie autre chose que couleur verte; peut-être a-t-on écrit *presadas* pour *frazadas*, couvertures ; les *p* pour des *f*, et les *s* pour des *z* se rencontrent très-fréquemment dans le manuscrit.

[c] La vare espagnole a environ trois de nos pieds de longueur.

[d] Le peillon espagnol est une espèce de robe ancienne, qui est encore en usage au Pérou; je n'ai pu découvrir quelle était sa tissure.

en ovale, dont le petit diamètre est presque d'un pouce; plus une femme est avancée en âge, plus ce bel ornement a d'étendue : cela les rend affreuses, les vieilles sur-tout, dont la lèvre, privée de son ancien ressort, et entraînée par le poids de ce beau bijou, pend nécessairement d'une manière très-désagréable. Les filles portent seulement une aiguille de cuivre, qui leur traverse la lèvre au lieu où l'ornement doit par la suite être placé.

Ces Indiens portent en guerre des cuirasses et des épaulières d'un travail semblable à celui des corps de baleine des Européennes. Des ais fort étroits forment en quelque façon la trame de cette tissure, et des fils en sont la chaîne : le tout est, de cette manière, très-flexible, et laisse aux bras un libre mouvement pour le maniement des armes. Ils portent au cou un gros et large gorgerin qui les couvre jusqu'au dessous des yeux; et leur tête est défendue par un morion, fait ordinairement de la tête de quelque animal féroce. De la ceinture jusqu'en bas, ils ont une espèce de tablier, de même tissure que leur cuirasse. Une belle peau [e] enfin, pend de leur épaule presque jusqu'au genou. Avec cette armure, ils sont invulnérables aux flèches de leurs ennemis : mais ainsi armés, ils ne peuvent changer de position avec autant d'agilité que s'ils étaient moins chargés.

Leurs armes offensives sont des flèches; des arcs dont la corde est tissue comme le bourdon (ou grosse corde)

---

[e] Il y a dans le manuscrit *quera :* je ne crois pas que ce mot soit espagnol; j'ai supposé qu'il fallait lire *cuera,* nom d'une espèce de vêtement de peau.

des meilleurs instrumens de musique; des lances longues de quatre vares, armées de languettes de fer; des couteaux de même métal, plus longs que les baïonnettes européennes, arme cependant qui chez eux n'est pas commune; de petites haches de silex, ou d'une pierre verte si dure, qu'elle fend les bois les plus compacts sans que son fil soit altéré.

La prononciation de leur langue est extrêmement difficile: ils parlent de la gorge avec un mouvement de la langue contre le palais. Le peu d'usage que les femmes peuvent faire de leur lèvre inférieure, nuit beaucoup chez elles à la netteté du langage. Les Espagnols ne pouvaient ni prononcer ni écrire les mots qu'ils entendaient.

De la vivacité d'esprit de ces Indiens, et de leur attention à bien fournir le marché établi au port, on peut conclure qu'ils sont assez laborieux. Ils apportaient continuellement des étoffes bien tissues et nuancées de diverses couleurs, des peaux de loups terrestre et marin, de loutre, d'ours et d'autres animaux plus petits : de ces peaux, les unes étaient crues, les autres corroyées. On trouvait aussi à ce marché, des couvertures [f] de grosse toile, nuancées de couleurs brune et blanche, très-bien tissues, mais en petite quantité; de larges rubans de la même toile, qui pouvaient aller de pair avec la toile des matelas des officiers espagnols; des écheveaux du fil dont cette toile était tissue; des plateaux de bois joliment travaillés; de petits canots (ou pirogues)

---

[f] Il y a encore ici *presadas* : j'ai supposé qu'il fallait *frazadas*, des couvertures de lit.

peints de diverses couleurs, dont les dessins représentaient des têtes avec toutes leurs parties; des grenouilles de bois parfaitement imitées, qui s'ouvraient comme des tabatières, et qui leur servaient à serrer leurs bagatelles; des boîtes formées de petites planches, de forme cubique, ayant trois quarts de vare de chaque côté, bien dessinées au dehors, représentant divers animaux, avec des couvercles fabriqués comme les étuis de Flandre, ayant un rebord crénelé, propre à s'emboîter dans le corps de la boîte; des animaux de bois, tant terrestres que volatiles; des figures d'hommes de la même matière, coiffées de morions représentant la tête de divers animaux féroces; des rets et filets destinés à la pêche; des colliers de cuivre et des bracelets de fer, dont ils ne voulaient se dessaisir qu'à un prix excessif; et des becs, dont ils tiraient des sons comme d'une flûte traversière. Les principaux officiers prirent de ces marchandises celles qui leur agréaient le plus, laissant les autres à la disposition de l'équipage.

Comme les Indiens s'aperçurent que les Espagnols étaient très-friands de poisson, ils ne les en laissèrent pas manquer: la plus grande abondance fut de saumons, et d'une espèce de sole ou de turbot long de trois vares et un quart, large et épais à proportion; on apporta aussi au marché, des morues, des sardines, des poissons ressemblans à la truite. Il en résulte que ce golfe doit être très-poissonneux: les rivages sont d'ailleurs bordés de coquillages.

La quantité de nacres que ces Indiens dépècent pour en

faire des pendans d'oreille, éveilla la curiosité des Espagnols; ils tâchèrent de découvrir si ces peuples n'avaient pas en leur possession, si leur pays ne produisait pas, des perles ou quelques pierres précieuses : leurs recherches furent inutiles ; ils trouvèrent seulement quelques pierres qu'ils jugèrent être métalliques, et qu'ils embarquèrent, n'ayant pas les secours nécessaires pour dégager le métal qu'elles pouvaient contenir.

Ces Indiens se nourrissent de poisson frais ou sec, bouilli ou rôti ; d'herbes et de racines que leurs montagnes leur fournissent, et particulièrement de celle qu'on nomme en Espagne persil de mer ; et enfin de la chair des animaux qu'ils prennent à la chasse : et leur chasse est sans doute très-abondante, vu la quantité de chiens qu'ils nourrissent à cet effet.

Les Espagnols n'ont aperçu chez eux aucun vestige de culte, sinon qu'ils s'inclinent quelquefois vers le soleil : mais le font-ils par acte de religion ? c'est ce qu'on n'a pu vérifier.

Don MAURELLE, dans son expédition autour du golfe, trouva, dans deux îles, trois cadavres couchés dans des boîtes de forme semblable à celles qu'on a décrites plus haut, et parés de leurs fourrures. Ces bières étaient placées dans une petite hutte, sur une estrade de branches d'arbres.

Le pays est très-montueux ; les montagnes sont très-élevées, et leur pente s'étend presque par-tout jusqu'à la mer. Le sol, de roche vive, est cependant couvert d'une forêt impénétrable de pins très-élevés, très-gros et très-droits. Comme ils ne peuvent s'enfoncer beaucoup en terre, la violence des vents en déracine souvent : ils se pourrissent et se changent en un terreau léger, sur lequel croît un hallier épais, dans lequel on trouve des orties, de la camomille, du céleri sauvage, de l'anis, une espèce de chou, de la chélidoine, du sureau, de l'absinthe, de l'oseille, et sans doute beaucoup d'autres plantes le long des rivières.

Les Espagnols virent des canards, des mouettes, des plongeons, des milans, des corbeaux, des oies, des grues, des chardonnerets, et d'autres petits oiseaux à eux inconnus.

Le commerce entre les Espagnols et les Indiens fut assez tranquille : les premiers se tenaient toujours sur leurs gardes, prêts à se défendre si on les attaquait; les autres se contentaient de voler le plus qu'ils pouvaient, secrètement s'ils n'étaient pas observés, publiquement s'ils se croyaient les plus forts. Pour le maintien de la paix, les Espagnols fermaient les yeux sur les petits vols : mais s'il s'en commettait quelqu'un qui leur fût trop préjudiciable, ils saisissaient ou quelque pirogue, ou quelque personnage de marque, et ne le relâchaient qu'après la restitution faite; mais il n'y eut aucune effusion de sang.

Le désir de se procurer du fer, du drap, d'autres étoffes, fut, chez quelques Indiens, plus fort que l'amour paternel; ils vendirent leurs enfans pour quelques vares d'étoffes, ou pour quelques débris de cerceaux de fer. Les Espagnols achetèrent ainsi trois jeunes garçons, l'un de cinq à six ans, l'autre de quatre, le troisième de neuf à dix, non pour en faire des esclaves, mais pour en faire des chrétiens : ils espéraient d'ailleurs en tirer des éclaircissemens utiles sur la nature du pays et de ses habitans. Ces enfans furent si contens d'être avec les Espagnols, qu'ils se cachaient, lorsque leurs pères venaient à bord, dans la crainte d'être rendus à leurs parens. L'on avait aussi acheté, dans la même vue, deux petites filles, l'une très-laide, âgée de sept à huit ans, l'autre plus jeune, mieux faite, mais malade et presque aux portes de la mort.

Le plus âgé des garçons paraissait avoir une vivacité d'esprit, une intelligence peu commune; il se fit bientôt goûter de tout l'équipage. Il avertissait, par des signes très-expressifs, de ce que méditaient ses compatriotes, de ce qu'ils devaient faire, du but qu'ils se proposaient : il prenait les soldats par la main, les conduisait au dépôt des armes, leur mettait en main les fusils, et leur faisait signe de les charger, et de faire feu sur telle ou telle pirogue, mais d'épargner telle ou telle autre, qui appartenait à des amis. Les environs de ce port sont donc habités par diverses tribus ennemies les unes des autres.

En nouvelle et pleine lune, la mer monte au port de la Croix, de dix-sept pieds trois pouces anglais; la haute mer est alors à midi un quart : les plus petites marées sont de quatorze pieds trois pouces; les marées de la nuit excédaient d'un pied neuf pouces celles du jour.

Les

Les vents de Sud, Sud-Est et Sud-Ouest étant toujours accompagnés de brouillards et de pluies continuelles, les Espagnols quittèrent, le 15 juin, le port de la Croix, et gagnèrent celui de Saint-Antoine, dans la vue de déboucher plus facilement du golfe, au premier vent de Nord-Ouest; ce qu'ils ne purent exécuter que le 1.<sup>er</sup> juillet.

Le 16 juillet, ils découvrent, à une demi-lieue sous le vent, une batture qu'ils estiment être par 59$^d$ 2' de latitude, et 147$^d$ 46' de longitude [g] : ils voyaient au loin le mont Saint-Élie, dont le sommet, disent-ils, peut égaler en hauteur celui d'Orisaba.

Le 17, à midi, le cap de Saint-Élie restait à l'Ouest 40 degrés Nord, distance trois lieues : ils estiment sa latitude 59$^d$ 53', sa longitude 149$^d$ 20'. Les cartes représentent une île au voisinage de ce cap : la pointe de cette île la plus voisine du cap, restait au Nord 18 degrés Ouest, distance cinq lieues. Les deux pointes formaient entre elles une entrée de canal, large de trois lieues. Depuis le cap, la côte court au Nord, inclinant un peu vers le Nord-Ouest: ils découvrent, dans cette partie, de grandes baies, où ils pensent qu'il doit y avoir des ports bien abrités.

L'île, dit don MAURELLE, est plus grande qu'elle n'est représentée sur les cartes : les Espagnols n'en étant qu'à une demi-lieue, y découvrirent une batture au Sud-Ouest.

Le 18, ils reconnurent un très-vaste golfe à l'Ouest du

---

[g] Toutes les latitudes sont au Nord, les longitudes à l'Ouest de Paris. Nous avons déjà remarqué qu'on ne pouvait faire fond sur ces longitudes.

cap Saint-Élie; ce golfe a dix lieues de profondeur. Le 20, ils furent abordés par deux canots de singulière structure : des ais ou planchettes très-minces en forment la charpente ; ces ais sont liés les uns aux autres par des cordes médiocrement fortes, et laissent cependant entre eux des vides ; de sorte que, sans la fourrure, cela formerait un vrai squelette de canot. On entoure ce squelette, en totalité, de peaux d'animaux, en ne laissant dans la partie supérieure qu'une ouverture ronde, dont les bords doivent servir de ceinture à celui qui conduit le canot; et pour que l'eau ne puisse pas s'y introduire par cette ouverture, le conducteur se revêt d'une chemise de vessies, cousues très-délicatement ensemble, et convenablement liées sur les bords de l'ouverture : on conçoit que ces canots doivent être d'une grande légèreté. Leur forme est exactement celle d'une harpe; leur proue a la même courbure que celle qu'on pratique sur la harpe pour en assurer les cordes.

Les Indiens conducteurs de ces canots étaient revêtus d'une tunique de peau, qui les garantissait suffisamment du froid : leurs chapeaux ressemblaient à ceux des habitans du port de Bucarelli ; de gros grains de verre étaient leurs pendans d'oreille. Leurs instrumens de pêche sont des flèches travaillées comme au tour avec une extrême délicatesse, une grande perche, une vessie enflée, un harpon dont la pointe est d'os, et une longue corde faite de boyaux d'animaux et convenablement tordue. Ils lancent le harpon contre la loutre ou le loup marin : l'animal percé veut s'enfoncer, la vessie ne le lui permet pas; l'Indien l'a bientôt attiré à lui. Les jeunes Indiens embarqués à Bucarelli, voulurent s'entretenir avec ceux-ci : ils ne s'entendaient mutuellement pas.

Ces deux canots engagèrent les Espagnols à relâcher sur la côte voisine : ils y mouillèrent le 20 juillet à minuit; mais dès le lendemain, ils gagnèrent une anse qui leur restait au Nord, à la distance d'une lieue. Ils y étaient abrités depuis le Nord-Ouest, passant par le Nord, jusqu'au Sud : un peu plus enfoncés, ils auraient été à l'abri de tous les vents. Ce port, auquel ils donnèrent le nom de *port Saint-Jacques*, gît par 60ᵈ 13' de latitude, et 157ᵈ 52' de longitude. Pour s'assurer s'ils étaient près d'une île ou près du continent, ils détachèrent la chaloupe, qui après avoir navigué six ou sept lieues au Nord-Nord-Ouest, rapporta que la côte tournait alors vers l'Est; d'où l'on concluait que la terre près de laquelle on mouillait, était une île [h].

Six canots d'Indiens, longs d'environ vingt-six coudées, larges de quatre, doublés de peaux blanches, et d'ailleurs de construction assez analogue à celle des canots européens, rendirent visite aux Espagnols. Avant d'approcher,

---

[h] Tout sérieusement examiné, je pense que ce port est près du cap Hinchinbroke. COOK n'a fait aucune observation aux environs de ce cap, non plus que le capitaine DIXON. La chaloupe aura peu pénétré dans la baie, qui est appelée *baie de Rose* sur la carte de DIXON; et la voyant entièrement fermée à l'Est, elle aura continué sa route vers la côte suivante au Nord-Nord-Ouest. Je pense, au reste, que le copiste a pu écrire pour longitude 157ᵈ 52', pour 153ᵈ 52' : le manuscrit fourmille de fautes.

ils arborèrent trois bannières, la première incarnate, la seconde blanche, la troisième bleue; mais ils les amenèrent avant d'aborder. Ils étaient accompagnés de leurs femmes, dont le sexe se distingue par des grains de verre ou autres colifichets qui leur pendent des deux côtés de la bouche. D'ailleurs elles sont mises à peu près comme les femmes de Bucarelli.

Le commandant ayant été une fois à la pêche avec la chaloupe, ils la remplirent, en peu de temps, d'un poisson assez agréable au goût, qu'on leur nomma *pargo mulato* : mais le poisson le plus abondant dans ce parage est le saumon ; le *pargo mulato* n'abonde qu'au fond des petites anses qui bordent le rivage.

Les Indiens qui habitent ce pays, sont robustes, de haute stature, gros à proportion, industrieux, voleurs. Les pointes de cuivre dont toutes leurs flèches sont armées, font croire aux Espagnols qu'il y a dans le pays, des mines de ce métal.

Le 28 juillet, nos navigateurs appareillèrent pour doubler une pointe qu'ils voyaient au Sud-Ouest 5 degrés Sud, à la distance de 11 lieues ( probablement la pointe Sud de l'île Montagu ). Ils voulaient conserver la vue de la terre; mais la pluie, les brouillards ne le permirent pas toujours.

Le 30, ils mirent à la cape jusqu'au 31, qu'ils se trouvèrent au voisinage d'un groupe d'îles qui s'étendaient du Sud-Sud-Ouest au Sud-Sud-Est : ils mouillèrent, le 1.$^{er}$ août, au Sud d'une de ces îles, à laquelle ils donnèrent le nom d'*île de Regla* (île de la Règle); ils la placent par 155$^d$ 52' de longitude estimée, et 59$^d$ 8' de latitude observée [i]. Don MAURELLE croit que ces îles forment ce qui, sur la carte de BELLIN, gravée en 1766, est appelé *cap de Saint-Ermogène :* la latitude est la même. Les Russes, observant ce groupe de loin, n'auront pas remarqué les canaux intermédiaires qui le divisent en plusieurs îles, et l'auront pris pour une pointe de terre-ferme. L'île de Regla en avait beaucoup d'autres vers le Sud.

Le 3 août, le ciel étant clair, on vit au Nord-Ouest 7 degrés Nord, à la distance de plus de vingt lieues, une montagne certainement plus haute que le pic de Ténériffe, toute couverte de neige. Le soir, à la lueur du crépuscule, on observa qu'elle vomissait des torrens de fumée épaisse : le foyer d'où partaient ces torrens était un peu plus oriental que le sommet de la montagne; on jugea que c'était un volcan. Près de cette montagne, on en remarquait une autre trèsélevée, sur laquelle on ne voyait aucun vestige de neige ; celle-ci gisait à l'Ouest-Nord-Ouest 8 degrés Ouest, à la distance de quinze lieues. Enfin, on en remarqua deux autres, dont la plus grande fut relevée à l'Ouest-Sud-Ouest

---

[i] Sur la carte de l'entrée du Roi-Guillaume ( *III.*$^e$ *volume* du troisième Voyage de COOK ), il est un lieu où l'on pourrait supposer le groupe d'îles dont l'île Regla fait partie; c'est au Sud-Ouest de l'île Montagu, vers 59$^d$ 8' de latitude, et 210$^d$ 30 à 40' de longitude à l'Est de Greenwich (ou 151$^d$ 40 à 50' à l'Ouest de Paris). COOK aura passé à une quinzaine de lieues à l'Ouest de ces îles; DIXON, autant à leur Est : ces îles peuvent n'être pas assez hautes pour être vues à cette distance ; elles sont peut-être aussi plus occidentales qu'on ne le pense.

4 degrés Sud, distance 13 lieues : ces deux-ci, quoique hautes, l'étaient moins que les précédentes, et cependant elles étaient totalement couvertes de neige.

On trouva sur l'île de Regla, de petites cabanes, des loups marins nouvellement écorchés, un grand nombre de têtes d'oiseaux, mais pas un seul habitant. Après deux ou trois jours de relâche, un canot parut à une des pointes voisines; les Indiens proférèrent quelques paroles, mais ils ne voulurent pas accoster les frégates.

L'expédition des Espagnols se termina à cette île. Ils la quittèrent le 7 août, et vinrent mouiller à Saint-Blaise le 27 novembre. Depuis le cap Saint-Élie jusqu'à l'île de Regla, ils avaient relevé, avec la plus scrupuleuse exactitude, toutes les îles, les caps, les baies dont ils avaient eu connaissance: mais les vents et les courans, très-fréquens et très-violens dans ces parages, les éloignaient de la côte plus souvent qu'ils ne voulaient, et nuisaient même à la précision de leur route estimée. Cependant, s'ils publient la carte qu'ils ont construite d'après leurs relèvemens; leurs observations, jointes à celles du capitaine COOK, de LA PÉROUSE et du capitaine DIXON, ne contribueront pas peu à perfectionner la géographie de cette partie des côtes de l'Amérique septentrionale.

FIN DU TOME PREMIER.

# TABLE

## Des Pièces contenues dans ce Volume.

DÉCRET de l'Assemblée nationale, du 9 Février 1791, relatif à un armement de bâtimens destinés à la recherche de LA PÉROUSE........................... Page 1.

DÉCRET de l'Assemblée nationale, du 22 Avril 1791, concernant l'impression des relations et cartes envoyées par LA PÉROUSE, de son voyage jusqu'à Botany-Bay.. 3.

ÉTAT général et nominatif des officiers, savans, artistes et marins embarqués sur les frégates la BOUSSOLE et l'ASTROLABE aux ordres de MM. DE LA PÉROUSE et DE LANGLE, en Juillet 1785............................. 4.

MÉMOIRE du Roi pour servir d'Instruction particulière au sieur DE LA PÉROUSE, capitaine de vaisseau, commandant les frégates la BOUSSOLE et l'ASTROLABE.... 13.

 I.re PARTIE. *Plan du voyage, ou projet de Navigation.* 14.

 II.e PARTIE. *Objets relatifs à la Politique ou au Commerce*.................... 30.

 III.e PARTIE. *Opérations relatives aux sciences et aux différentes branches de l'histoire naturelle*. 42.

 IV.e PARTIE. *De la conduite à tenir avec les naturels des divers pays*................. 50.

# TABLE

V.<sup>e</sup> PARTIE. *Des précautions à prendre pour conserver la santé des équipages*........ Page 55.

EXTRAIT *des Instructions générales données à* M. DE LA PÉROUSE............................ 61.

NOTES *géographiques et historiques, pour être jointes au Mémoire du Roi servant d'Instruction particulière à* M. DE LA PÉROUSE......................... 62.

 *Océan méridional*.......................... ibid.
 *Grand Océan austral*....................... 82.
 *Grand Océan équatorial*.................... 94.
 *Grand Océan boréal*....................... 123.

LETTRE *de* M. *le maréchal* DE CASTRIES *à* M. DE CONDORCET, *secrétaire perpétuel de l'Académie des Sciences*................................. 155.

MÉMOIRE *rédigé par l'Académie des Sciences pour servir aux savans embarqués sous les ordres de* M. DE LA PÉROUSE........................... 157.

 *Géométrie, Astronomie, Mécanique*............... 158.
 *Physique, Chimie*................... 160, 164.
 *Anatomie, Zoologie*................. 165, 167.
 *Minéralogie*............................ 168.
 *Botanique*............................. 171.
 *Observations particulières*................... 173.

QUESTIONS

# DES PIÈCES.

QUESTIONS *proposées par la Société de Médecine, aux savans qui accompagnent* M. DE LA PÉROUSE *dans son voyage autour du monde*.................. Page 180.

    §. I.er *Anatomie, Physiologie*.................... ibid.

    §. II. *Hygiène*........................... 185.

    §. III. *Des Maladies*....................... 188.

    §. IV. *De la Matière médicale*................ 191.

    §. V. *Chirurgie*.......................... 194.

PROJET *d'Expériences à faire pour préserver de corruption l'eau qu'on embarque, communiqué à* M. DE LA PÉROUSE; *par M. l'abbé* TESSIER, *de l'Académie des Sciences et de la Société de Médecine*...................... 197.

MÉMOIRE *pour diriger le Jardinier dans les travaux de son voyage autour du monde; par* M. THOUIN, *premier jardinier du Jardin des Plantes*.................. 205.

ÉTAT *des Marchandises et Effets embarqués sur les bâtimens aux ordres de* M. DE LA PÉROUSE, *tant pour donner en présens que pour faire des échanges*.......... 241.

ÉTAT *sommaire des Instrumens d'astronomie, de navigation, de physique, de chimie et autres, pour l'usage des savans et artistes employés dans le voyage de découvertes*... 246.

ÉTAT *des Livres de voyages, d'astronomie, de navigation, de physique, d'histoire naturelle et autres, remis à* M. DE

LA PÉROUSE *pour l'usage des officiers et savans embarqués sous ses ordres* .................... Page 250.

RELATION *d'un voyage de la frégate la* PRINCESSE, *de Manille à Saint-Blaise, par* F. A. MAURELLE.... 256.

EXTRAIT *de la Relation d'un voyage de* F. A. MAURELLE *sur les côtes occidentales de l'Amérique septentrionale*. 324.

FIN DE LA TABLE DES PIÈCES.

IMPRIMÉ
Par les soins de P. D. Duboy-Laverne, directeur de l'imprimerie de la République.

Printed in the USA
CPSIA information can be obtained
at www.ICGtesting.com
LVHW081629060823
754484LV00041B/337